Arbeits- und Sozialrecht
Band 168

Laura Visser | Philipp Voigt | Marko Vraetz

Das Recht auf Homeoffice in der Pandemie

Nomos

Onlineversion
Nomos eLibrary

Die Deutsche Nationalbibliothek verzeichnet diese Publikation in der Deutschen Nationalbibliografie; detaillierte bibliografische Daten sind im Internet über http://dnb.d-nb.de abrufbar.

ISBN 978-3-8487-8299-4 (Print)
ISBN 978-3-7489-2690-0 (ePDF)

1. Auflage 2021

Vorwort

Die vorliegende Untersuchung ist im Rahmen eines durch die Argelander Grants für den wissenschaftlichen Nachwuchs geförderten Forschungsprojekts an der Universität Bonn in der Zeit von Juli 2020 bis März 2021 entstanden und beleuchtet das Recht auf Homeoffice in der aktuellen Coronavirus-Pandemie, aber auch in vergleichbaren Krisensituationen. Der Text befindet sich auf dem Stand vom 31.5.2021 (BGBl. I, S. 1192).

Am 4. Februar 2021 wurden die wesentlichen Ergebnisse der Untersuchung im Rahmen eines halbtägigen Online-Symposiums vorgestellt und diskutiert. Ein herzlicher Dank gilt den Referent*innen, die nach ihren Impulsreferaten in drei Panels diskutiert haben. Sie haben die Veranstaltung mit ihrer Expertise und ihrem Erfahrungsschatz sehr bereichert.

Nach einem Grußwort von Herrn *Professor Dr. Raimund Waltermann* (Universität Bonn) wurde die Arbeit im Homeoffice in Pandemiezeiten aus rechtspolitischer Perspektive von Herrn *Dr. Daniel Hlava* (Hugo Sinzheimer Institut der Hans-Böckler-Stiftung) und Herrn *Kai-Uwe Hemmerich* (Mitglied des Bundesvorstands der Christlich-Demokratischen Arbeitnehmerschaft) beleuchtet. Zu den arbeitsschutz- und sozialversicherungsrechtlichen Auswirkungen sprachen Frau Richterin *Dr. Annemarie Aumann* (München) und Frau Akad. Rätin *Dr. Katja Chandna-Hoppe* (Universität Bonn). Abschließend gaben uns Frau *Dr. Alexandra Mergener* (Bundesinstitut für Berufsbildung Bonn) und Herr *Dr. Christian Zimpelmann* (IZA – Institute of Labor Economics, Bonn) einen Überblick über die Ergebnisse der aktuellen wirtschafts- und sozialwissenschaftlichen Forschung.

Weiterer Dank gebührt Herrn Wiss. Mit. *Fabiano Collu*, der uns während der Zeit der Entstehung dieses Bandes unterstützt und so zum Gelingen des Symposiums und dieser Untersuchung beigetragen hat.

Abschließend möchten wir besonders Herrn *Professor Dr. Raimund Waltermann* danken, der uns nicht nur bei dem Online-Symposium unterstützt hat, sondern uns darüber hinaus während der gesamten Projektzeit wissenschaftlicher Ansprechpartner war.

Bonn, im August 2021 *Laura Visser, Philipp Voigt und Marko Vraetz*

Inhaltsverzeichnis

Teil 1 – Die Arbeitsform des Homeoffice

Seit einigen Jahren sind die bessere Vereinbarkeit von Familie und Beruf aufseiten der Arbeitnehmer[1] und der Wunsch nach Flexibilisierung und Effizienzsteigerung aufseiten der Arbeitgeber Triebfeder für den Wunsch nach Implementierung eines Rechtsanspruchs auf die Verlagerung der Tätigkeit in das Homeoffice als Form des flexiblen Arbeitens in die deutsche Arbeitsrechtsordnung. Auch der im März 2018 unterzeichnete Koalitionsvertrag der Bundesregierung formuliert das Ziel, einen rechtlichen Rahmen zu schaffen, um mobile Arbeit zu fördern und zu erleichtern.[2] Die Coronavirus-Pandemie[3] hat das Thema mit der Erwartung, durch die Ausweitung von Homeofficetätigkeit die Infektionsrisiken zu reduzieren und das Infektionsgeschehen besser kontrollieren zu können, noch einmal stärker in den Fokus der öffentlichen Wahrnehmung gerückt.

Die vorliegende Untersuchung widmet sich nach einem Überblick über die Datenlage (Teil 1) und einer Analyse der Grundrechtspositionen von Arbeitnehmern und Arbeitgebern mit Blick auf die Arbeit im Homeoffice in Zeiten der Pandemie (Teil 2) der Frage, welche Interessen die Arbeitsvertragsparteien an der Einführung von Homeoffice haben (Teil 3) und welche Möglichkeiten das geltende Recht für eine Versetzung in das Homeoffice bietet (Teil 4). Daran schließt sich eine Analyse des vom Bundesministerium für Arbeit und Soziales (BMAS) geplanten „Mobile-Arbeit-Gesetzes“ an; abschließend wird auf der Grundlage des § 28b Abs. 7 IfSG herausgearbeitet, welche Anforderungen eine pandemiebezogene Homeoffice-Regelung erfüllen muss (Teil 5).

---

1 Aus Gründen einer verbesserten Lesbarkeit wurde bei Personenbezeichnungen die männliche Form verwendet, nichtsdestoweniger beziehen sich die Ausführungen auf Angehörige aller Geschlechter.

2 Ein neuer Aufbruch für Europa – Eine neue Dynamik für Deutschland – Ein neuer Zusammenhalt für unser Land, Koalitionsvertrag zwischen CDU, CSU und SPD für die 19. Legislaturperiode, S. 41 (abrufbar unter: http://www.cdu.de/, http://www.csu.de/ und http://www.spd.de/, zuletzt abgerufen am 31.5.2021).

3 Die Coronavirus-Pandemie (auch COVID-19-Pandemie oder Corona-Pandemie) ist die weltweite Verbreitung der Erkrankung COVID-19, deren Ausbruch am 31.12.2019 in Wuhan (China) bestätigt wurde. Am 11.3.2020 stufte die Weltgesundheitsorganisation (WHO) die weltweite Ausbreitung des Virus offiziell als Pandemie ein.

A. Potenziale und Risiken

Die Möglichkeit, der Arbeit im häuslichen Umfeld nachgehen zu können, bietet für die Arbeitnehmer eine Reihe von Vorteilen: Sie sparen Anfahrtswege und damit Pendelzeiten, können die Arbeit flexibel nach individuellen Bedürfnissen gestalten und haben es leichter, Kinderbetreuungs- und Arbeitszeiten miteinander zu vereinbaren. Möglicherweise lässt sich in der Wohnung ungestörtes Arbeiten besser realisieren als in der Betriebsstätte. Nicht zuletzt profitieren Personen, deren Mobilität eingeschränkt ist, weil sie die Chance auf einen Arbeitsplatz erhalten. Für die Arbeitgeber wirkt sich positiv aus, dass sie in der Betriebsstätte keine ausgestatteten Räumlichkeiten für die Arbeit in Präsenz zur Verfügung stellen müssen, wodurch Potenzial für Kosteneinsparungen gegeben ist. Aus gesamtgesellschaftlicher Perspektive haben CO_2-Einsparungen und ein verringertes Pendleraufkommen in den Städten einen positiven Effekt auf die Gesundheit und die Umwelt.[4]

Gleichzeitig sollten auch die Risiken, die mit einer kompletten Verlagerung des Arbeitsorts in die Wohnung des Arbeitnehmers einhergehen, in die Überlegungen einbezogen werden: Für die im Homeoffice Tätigen besteht die Gefahr der sozialen Isolation und der zunehmenden Auflösung der Grenze von Arbeit und Privatleben mit der Folge, dass sie sich zu einer ständigen Erreichbarkeit für den Arbeitgeber angehalten fühlen. Dies kann mit negativen Folgen für die Gesundheit der Beschäftigten einhergehen. Es ist nicht fernliegend, dass auch die Einbindung in die betriebliche – auch die informelle – Kommunikation leidet.[5] Die Arbeitgeber sehen sich mit hohen Kosten für eine sachgerechte Ausstattung des Arbeitsplatzes in der Wohnung des Arbeitnehmers und begrenzten Möglichkeiten zur Überwachung der Arbeitsleistung konfrontiert.[6]

---

4 BMWi (Hrsg.), Digitalisierung in Deutschland – Lehren aus der Corona-Krise, S. 6 (abrufbar unter: https://www.bmwi.de/Redaktion/DE/Publikationen/Ministerium/Veroeffentlichung-Wissenschaftlicher-Beirat/gutachten-digitalisierung-in-deutschland.pdf?__blob=publicationFile&v=12, zuletzt abgerufen am 31.5.2021).

5 BMWi (Hrsg.), Digitalisierung in Deutschland – Lehren aus der Corona-Krise, S. 7 (abrufbar unter: https://www.bmwi.de/Redaktion/DE/Publikationen/Ministerium/Veroeffentlichung-Wissenschaftlicher-Beirat/gutachten-digitalisierung-in-deutschland.pdf?__blob=publicationFile&v=12, zuletzt abgerufen am 31.5.2021).

6 Siehe den Überblick bei Schaub/*Vogelsang*, ArbRHdB, § 164 Rn. 9 ff.

B. Verbreitung und Akzeptanz

Obwohl 40 % der abhängig Beschäftigten einer Tätigkeit nachgehen, die zumindest teilweise das Arbeiten im häuslichen Kontext zulässt, sind vor dem Ausbruch der Pandemie lediglich 12 % schon einmal im Homeoffice tätig gewesen.[7] Im europäischen Vergleich lag die Bundesrepublik in Bezug auf die Erwerbstätigen, die zumindest gelegentlich von zu Hause aus arbeiten, unter dem Durchschnitt im Mittelfeld (15,2 %).[8]

Die Möglichkeit der Arbeit im Homeoffice wurde während der Coronavirus-Pandemie deutlich häufiger und intensiver genutzt als in den Jahren zuvor, wobei die Art der Tätigkeit, die Bildung und das Gehalt der Arbeitnehmer starken Einfluss auf die Verbreitung hatten: So gingen schon im Januar 2021 knapp ein Viertel der Erwerbstätigten (24 %) ihrer Arbeit vorwiegend oder ausschließlich im Homeoffice nach.[9] Vermutlich findet die steigende Akzeptanz der Arbeitsform Homeoffice ihren Grund in der breiten öffentlichen Diskussion in Zusammenhang mit der Coronavirus-Pandemie, in einer angestrebten Verringerung der Infektionsrisiken und in der von Bundesarbeitsminister *Hubertus Heil* mit Wirkung vom 26. Januar 2021 erlassenen SARS-CoV-2-Arbeitsschutzverordnung (Corona-ArbSchV)[10]. Die Zahl derer, die ihrer Arbeit im häuslichen Bereich nachgehen, war während des ersten Lockdowns im Frühjahr 2020 (27 %) höher als zu Beginn des zweiten Lockdowns (14 % im November, 17 %

---

7 *Brenke*, Home-Office: Möglichkeiten werden bei weitem nicht ausgeschöpft, in: DIW (Hrsg.), Wochenbericht 5/2016, S. 95, 99 (abrufbar unter: https://www.diw.de/documents/publikationen/73/diw_01.c.526036.de/16-5.pdf, zuletzt abgerufen am 31.5.2021).

8 European Labour Force Survey (ELFS), 2018 (abrufbar unter: https://ec.europa.eu/eurostat/statistics-explained/index.php?title=Employment_-_annual_statistics#Remote_work_significantly_up_in_2020, zuletzt abgerufen am 31.5.2021).

9 Hans-Böckler-Stiftung (Hrsg.), Ergebnisse der vierten Welle der Erwerbspersonenbefragung der Hans-Böckler-Stiftung, Deutlicher Anstieg: 24 Prozent der Erwerbstätigen arbeiten aktuell vorwiegend oder ausschließlich im Homeoffice, Pressemitteilung v. 16.2.2021 (abrufbar unter: https://www.boeckler.de/de/pressemitteilungen-2675-deutlicher-anstieg-30681.htm, zuletzt abgerufen am 31.5.2021).

10 SARS-CoV-2-Arbeitsschutzverordnung (Corona-ArbSchV) v. 21.1.2021, BAnz AT 21.1.2021 V1; Erste Verordnung zur Änderung der SARS-CoV-2-Arbeitsschutzverordnung v. 11.3.2021, BAnz AT 12.3.2021 V1; Zweite Verordnung zur Änderung der SARS-CoV-2-Arbeitsschutzverordnung v. 14.4.2021, BAnz AT 15.4.2021 V1; Dritte Verordnung zur Änderung der SARS-CoV-2-Arbeitsschutzverordnung v. 22.4.2021, BAnz AT 22.4.2021 V1.

im Dezember 2020).[11] Diese Entwicklung erhielt nach Erlass der Corona-ArbSchV einen deutlichen Schub: Mitte Februar 2021 arbeitete fast jeder zweite abhängig Beschäftigte (49 %) zumindest stundenweise im Homeoffice, gut jeder dritte (36 %) sogar überwiegend oder ausschließlich.[12]

Trotz der widrigen Umstände während der Pandemie zeigten sich 87 % der im Homeoffice tätigen Arbeitnehmer nach einer im Auftrag des BMAS im Juli und August 2020 durchgeführten repräsentativen Beschäftigtenbefragung alles in allem zufrieden oder sehr zufrieden mit ihrer Arbeitssituation im häuslichen Umfeld,[13] darunter auch viele Beschäftigte, die während der Pandemie erstmals im Homeoffice gearbeitet haben.[14] Das liegt nicht zuletzt daran, dass viele Beschäftigte positiv auf ihre Erfahrungen im Homeoffice blicken, während sie vor der Pandemie davon überzeugt waren, ihre konkreten Aufgaben seien mit einer Tätigkeit im häuslichen Kontext unvereinbar.[15] Gut ein Drittel der im Homeoffice Beschäftigten mit Care-Aufgaben berichten allerdings von stärkeren Beeinträchtigungen, die aus der Betreuung von Kindern oder pflegebedürftigen Angehörigen neben der Arbeit im Homeoffice resultieren.[16] Probleme in Bezug auf die technische Ausstattung oder einen schlecht eingerichteten Arbeitsplatz beklagen nur wenige Arbeitnehmer.[17]

Eine große Mehrheit der Befragten (93 %) äußert den Wunsch, auch nach dem Ende der Pandemie die Möglichkeit zu haben, von zu Hause aus zu arbeiten.[18] Einen Rechtsanspruch auf einen Wechsel in das Homeoffice bewertet die Mehrheit zwar positiv,[19] jedoch ist eine vollständige Verlagerung der Arbeit in den häuslichen Kontext mehrheitlich nicht gewünscht.

---

11 Ergebnisse der vierten Welle der Erwerbspersonenbefragung der Hans-Böckler-Stiftung (Fn. 9).

12 BMAS (Hrsg.), Arbeitssituation und Belastungsempfinden im Kontext der Corona-Pandemie, Forschungsbericht 570, S. 16, 27 (abrufbar unter: https://www.bmas.de/SharedDocs/Downloads/DE/Publikationen/Forschungsberichte/fb-570-arbeitssituation-belastungsempfinden-corona-pandemie.pdf?__blob=publicationFile&v=2, zuletzt abgerufen am 31.5.2021).

13 BMAS (Hrsg.), Verbreitung und Auswirkungen von mobiler Arbeit und Homeoffice, Forschungsbericht 549, S. 13, 118 Abb. 26 (abrufbar unter: https://www.bmas.de/SharedDocs/Downloads/DE/Publikationen/Forschungsberichte/fb-549-pdf-verbreitung-auswirkung-mobiles-arbeiten.pdf?__blob=publicationFile&v=1, zuletzt abgerufen am 31.5.2021).

14 BMAS (Fn. 13), S. 13, 118 Abb. 26.

15 BMAS (Fn. 13), S. 13, 124 Abb. 31.

16 BMAS (Fn. 13), S. 13, 130 Abb. 35.

17 BMAS (Fn. 13), S. 13, 111, 112 Abb. 21, 22.

18 BMAS (Fn. 13), S. 14.

19 BMAS (Fn. 13), S. 14, 128 Abb. 34.

C. Homeoffice, mobile Arbeit und Telearbeit

Im allgemeinen Sprachgebrauch hat sich in den letzten beiden Jahrzehnten der Begriff Homeoffice[20] als Bezeichnung für die Tätigkeit im häuslichen Arbeitszimmer etabliert. Der Scheinanglizismus Homeoffice[21] setzt sich aus den Substantiven *home* und *office* zusammen und bezeichnet im weiteren Sinn die Erbringung der Arbeitsleistung in den privaten Räumen des Arbeitnehmers. Die in der Rechtswissenschaft verwendeten Begriffe der Telearbeit (§ 2 Abs. 7 ArbStättV) und der mobilen Arbeit (§ 111 Abs. 1 S. 2 GewO-E[22]) spielen im allgemeinen Sprachgebrauch eine untergeordnete Rolle.[23] Sie alle lassen sich unter dem Oberbegriff der ortsflexiblen Arbeit zusammenfassen.[24] Zum Teil wird synonym zum Homeoffice der Begriff Heimarbeitsplatz verwendet.[25] Davon ist wegen der Sonderregelungen des Heimarbeitsgesetzes (HAG) für in Heimarbeit Beschäftigte abzusehen.

Das konstitutive Element des Homeoffice besteht darin, dass die berufliche Tätigkeit in den privaten (Wohn-)Räumen des Arbeitnehmers geleistet wird. In Anlehnung an den Wohnungsbegriff des Art. 13 Abs. 1 GG sind darunter Stätten des privaten Lebens und Wirkens zu verstehen.[26] Systematisch stellt die Arbeit im Homeoffice damit einen Unterfall der mobilen Arbeit dar, die maßgeblich dadurch gekennzeichnet ist, dass der Arbeitnehmer die Arbeit an einem Ort seiner Wahl erbringen kann (vgl. § 111 Abs. 1 S. 2 Nr. 1 GewO-E). Da die Wahl des Arbeitsorts durch die gesetzliche oder behördliche Anordnung eines Lockdowns begrenzt sein kann, sind der mobilen Arbeit während der Coronavirus-Pandemie recht-

---

20 *Bertram/Walk/Falder*, Home Office, S. 9 f., sprechen im Zusammenhang mit der Coronavirus-Pandemie auch vom „Corona Office".

21 Im Englischen wird die Arbeit im häuslichen Umfeld als „working from home" bezeichnet.

22 Referentenentwurf eines Gesetzes zur mobilen Arbeit (Mobile-Arbeit-Gesetz – MAG) v. 14.1.2021 (abrufbar unter: https://www.bmas.de/SharedDocs/Downloads/DE/Gesetze/Referentenentwuerfe/ref-mobile-arbeit-gesetz.pdf?__blob=publicationFile&v=1; zuletzt abgerufen am 31.5.2021).

23 Eine Suchabfrage bei www.google.de erbringt für „Homeoffice" ca. 28,2 Mio. Ergebnisse, während „Telearbeit" und „mobile Arbeit" zusammen nicht einmal auf 1 Mio. Resultate kommen (Stand: 31.5.2021); dazu zuletzt auch LAG Köln 23.4.2021 – 9 TaBV 9/21, BeckRS 2021, 13339 Rn. 26.

24 Von diesem Verständnis geht wohl auch der Gesetzgeber aus, vgl. BT-Drs. 19/18111, S. 24.

25 So bspw. *Köhler/Schürgers*, BB 2020, 2613.

26 Dreier/*Hermes*, GG, Art. 13 Rn. 16.

liche und tatsächliche Grenzen gesetzt. Darüber hinaus sollen Arbeitnehmer in Zeiten der Pandemie ihre Arbeit isoliert von anderen Personen verrichten.[27] Die vorliegende Untersuchung ist daher auf die Arbeit im Homeoffice beschränkt.

Weiterhin setzt der Begriff des Homeoffice voraus, dass es eine vertraglich geschuldete Arbeitsleistung ist, die in den privaten Räumen des Arbeitnehmers erbracht wird. Die Arbeit im Homeoffice ist daher auf Tätigkeiten, die in persönlicher Abhängigkeit erbracht werden (vgl. § 611a Abs. 1 BGB), beschränkt. Selbstständige können ihre Tätigkeit dagegen im Wesentlichen frei gestalten und die Arbeitszeit bestimmen, vgl. § 84 Abs. 1 S. 2 HGB. Setzt die Art der Tätigkeit nicht bereits die Anwesenheit an einem bestimmten Ort voraus (zB bei einem Installateur), sind sie grundsätzlich frei darin, die Tätigkeit an dem Ort ihrer Wahl zu erbringen. Entscheidet sich der Selbstständige für die eigene Wohnung als Tätigkeitsort, kann es sich bei Vorliegen weiterer Voraussetzungen um Heimarbeit gemäß § 2 Abs. 1 HAG handeln.[28]

Nicht erforderlich ist die Einrichtung des Homeoffice-Arbeitsplatzes durch den Arbeitgeber. Dies unterscheidet das Homeoffice vom Telearbeitsplatz, der gemäß § 1 Abs. 4 S. 1 iVm §§ 3, 6 ArbStättV weitere Arbeitgeberpflichten auslöst.[29] Gemäß § 2 Abs. 7 ArbStättV sind Telearbeitsplätze vom Arbeitgeber fest eingerichtete Bildschirmarbeitsplätze im Privatbereich[30] der Beschäftigten, für die der Arbeitgeber die wöchentliche Arbeitszeit und die Dauer der Einrichtung in Abstimmung mit den Beschäftigten festgelegt hat.[31] Der Abschluss einer Homeoffice-Vereinbarung begründet allein noch keinen Telearbeitsplatz; erst die Bereitstellung notwendiger

---

27 *Wulff*, in: Helm/Bundschuh/Wulff, Krisenzeiten, § 8 Rn. 4.

28 BAG 14.6.2016 – 9 AZR 305/15, NZA 2016, 1453 ff.

29 In der Verordnungsbegründung zur ArbStättV wurde bereits anerkannt, dass nicht jede Form mobiler Arbeit der Verordnung unterfällt, vgl. BR-Drs. 506/16, S. 36.

30 Unter Privatbereich werden auch Arbeitsplätze in Räumlichkeiten außerhalb der Wohnung des Arbeitnehmers verstanden, die seiner Kontrolle unterliegen (zB ein externes Arbeitszimmer), vgl. Landmann/Rohmer/*Wiebauer*, GewO, § 2 ArbStättV Rn. 67.

31 Gemäß § 5 Abs. 1 S. 1 BetrVG erstreckt sich der persönliche Anwendungsbereich des BetrVG ausdrücklich auch auf Arbeitnehmer, die in Telearbeit beschäftigt werden. Die Hervorhebung der Telearbeit dient aber nur der Klarstellung, vgl. *Richardi*, in: Richardi, BetrVG, § 5 Rn. 63. An die Eigenschaft als Telearbeiter knüpfen zwar arbeitsschutzrechtliche Vorschriften an, der Erwerbsstatus bestimmt sich aber weiterhin nach den allgemeinen Kriterien gemäß § 611a Abs. 1 BGB.

Arbeitsmittel (etwa Notebook oder Smartphone) und des Mobiliars bzw. die Überprüfung des vorhandenen Mobiliars durch den Arbeitgeber lösen die auf Telearbeitsplätze anwendbaren Pflichten des Arbeitgebers aus.[32]

Typischerweise gegeben und dennoch keine Voraussetzung ist die informationstechnologische Vernetzung mit dem Betrieb.[33] Außerbetriebliche Arbeit ist nicht auf Bildschirmarbeit beschränkt, auch die Arbeit mit Papier und Bleistift muss berücksichtigt werden;[34] die klassische Lektorentätigkeit bspw. würde sonst nicht unter den Begriff des Homeoffice fallen.

Der Begriff der Arbeit im Homeoffice umfasst demnach die Erbringung der vertraglich geschuldeten Arbeitsleistung in den privaten Räumen des Arbeitnehmers.[35]

---

32 *Bertram/Walk/Falder*, Home Office, S. 8 f.; *Hidalgo*, NZA 2019, 1449 (1451); vgl. auch *Schlegel*, in Schlegel/Meßling/Bockholdt, COVID-19, 2020, § 18 Rn. 40, 43; aA im Fall regelmäßigen Arbeitens im Homeoffice *Hey/Pikkemaat*, in: Geck/Hey, Telearbeit, S. 19 (25).

33 So aber § 111 Abs. 1 S. 2 GewO-E. Siehe auch die Begründung zum MAG-E v. 14.1.2020, S. 13 (abrufbar unter: https://www.bmas.de/SharedDocs/Downloads/DE/Gesetze/Referentenentwuerfe/ref-mobile-arbeit-gesetz.pdf?__blob=publicationFile&v=1, zuletzt abgerufen am 31.5.2021); vgl. dazu *Giesen*, ZfA 2021, 177 (184 ff.).

34 *Aumann*, Arbeitsunfall 4.0, S. 144.

35 Siehe auch die in der SARS-CoV-2-Arbeitsschutzregel (C-ASR) idF v. 29.4.2021, GMBl. 2021, S. 622, enthaltene (engere) Definition, wonach Homeoffice eine Form des mobilen Arbeitens ist, die es den Beschäftigten ermöglicht, nach vorheriger Absprache mit dem Arbeitgeber zeitweilig im Privatbereich, zB unter Nutzung tragbarer IT-Systeme (wie Notebooks) oder Datenträger, für den Arbeitgeber tätig zu sein, vgl. Nr. 2.2. Abs. 3 C-ASR. Zum Rechtscharakter der C-ASR *Sagan/Brockfeld*, NZA-Beil. 2020, 17 (18). Vgl. für Österreich § 2h Abs. 1 Arbeitsvertragsrechts-Anpassungsgesetz (AVRAG): „Arbeit im Homeoffice liegt vor, wenn eine Arbeitnehmerin oder ein Arbeitnehmer regelmäßig Arbeitsleistungen in der Wohnung erbringt."

Teil 2 – Grundrechtliche Perspektive

A. Grundrechte in Zeiten der Pandemie

Waren vor Ausbreitung des Covid-19-Virus hauptsächlich das Bedürfnis nach einer Reduzierung von Pendelzeiten und einer besseren Vereinbarkeit von Berufstätigkeit und Privatleben und damit die Flexibilisierung von Arbeit im Generellen ausschlaggebend für den Wunsch, von zu Hause aus zu arbeiten (siehe dazu 1. Teil A.), hat sich der Blickwinkel auf die Arbeitsform des Homeoffice in den letzten Monaten erheblich verändert.

Die Coronavirus-Pandemie hat den Staat veranlasst, konkrete Maßnahmen zum Schutz der Bevölkerung zu treffen. In diesem Zusammenhang lebte auch die öffentliche Debatte zur Frage, inwieweit eine Versetzung der Beschäftigten in das Homeoffice durch den Arbeitgeber möglich sei und ob es einen Anspruch der Arbeitnehmer auf Verlagerung der Arbeit in das Homeoffice geben sollte, wieder auf.

I. Ausgangspunkt

Hintergrund ist die Überlegung, die Arbeitnehmer einerseits vor einer möglichen Infektion in der Arbeitsstätte und auf dem Weg dorthin zu schützen, andererseits aber auch, einen kompletten Ausfall der Erbringung der Arbeitsleistung zu vermeiden und so die Arbeitsfähigkeit der Betriebe aufrechtzuerhalten.[36]

Bei der Beantwortung der Fragen, ob der Arbeitgeber die Beschäftigten durch Weisung in das Homeoffice versetzen kann und ob es einen Anspruch auf die Arbeit im Homeoffice gibt bzw. wie ein solcher in Einklang mit dem geltenden Recht ausgestaltet sein könnte, spielen grundrechtliche Wertungen eine zentrale Rolle: Zum einen machen grundrechtliche Wertungen ein Handeln des Staates in Krisensituationen erforderlich, zum anderen gehen mit der Umsetzung von Maßnahmen zur Eindämmung des

---

36 Referentenentwurf zur SARS-CoV-2-Arbeitsschutzverordnung, S. 1 (abrufbar unter: https://www.bmas.de/SharedDocs/Downloads/DE/Gesetze/Regierungsentwuerfe/reg-sars-cov-2-arbeitsschutzverordnung.pdf?__blob=publicationFile&v=2, zuletzt abgerufen am 31.5.2021); siehe dazu auch *Schliemann*, FA 2020, 90 (91).

Infektionsgeschehens Eingriffe in Freiheitsrechte der Bürger einher, die verfassungsrechtlich gerechtfertigt sein müssen.

II. Sonderregeln in der Pandemie

Anlässlich der Coronavirus-Pandemie hat der Staat – namentlich durch Erlass von Rechtsverordnungen der Bundesregierung[37] und der Landesregierungen[38] sowie durch den Beschluss mehrerer Novellen des Infektionsschutzgesetzes (IfSG)[39]– in den vergangenen Monaten in vielen gesellschaftlichen Bereichen Maßnahmen zur Eindämmung der Pandemie beschlossen. Mit Blick auf den Infektionsschutz am Arbeitsplatz hat das BMAS eine Rechtverordnung erlassen, die in der akuten Zeit der Pandemie dazu anhalten sollte, von der Arbeitsform des Homeoffice vermehrt Gebrauch zu machen (siehe dazu 5. Teil B.II.1.) und die durch das Vierte Gesetz zum Schutz der Bevölkerung bei einer epidemischen Lage von nationaler Tragweite vom 22.4.2021[40] in § 28 Abs. 7 IfSG in Gesetzesform gegossen wurde.

Das Grundgesetz enthält keine speziellen Regeln für Pandemiezeiten, auch sieht es nicht ausdrücklich die Möglichkeit von Grundrechtseinschränkungen in Krisensituationen vor.[41] Alle getroffenen staatlichen Maßnahmen sind am Maßstab der Verfassung zu messen; es besteht kein „verfassungsrechtlicher Ausnahmezustand"[42].

---

37 Etwa die SARS-CoV-2-Arbeitsschutzverordnung (Corona-ArbSchV), siehe dazu ausführlich 5. Teil B.II.1.

38 Siehe hierzu beispielhaft die Verordnung zum Schutz vor Neuinfizierungen mit dem Coronavirus SARS-CoV-2 (Coronaschutzverordnung) Nordrhein-Westfalen idF v. 7. April 2021 (abrufbar unter: https://www.land.nrw/sites/default/files/asset/document/2021-04-06_coronaschvo_ab_07.04.2021_lesefassung.pdf, zuletzt abgerufen am 31.5.2021).

39 Drittes Gesetz zum Schutz der Bevölkerung bei einer epidemischen Lage von nationaler Tragweite v. 18.11.2020, BGBl. I, S. 2397; Viertes Gesetz zum Schutz der Bevölkerung bei einer epidemischen Lage von nationaler Tragweite v. 22.4.2021, BGBl. I, S. 802.

40 BGBl. I, S. 802.

41 Die sog. Notstandsverfassung iSd Art. 115a ff. GG gilt nur im Verteidigungsfall, siehe dazu *Papier*, DRiZ 2020, 180. Instruktiv auch *Kersten/Rixen*, Der Verfassungsstaat in der Corona-Krise, S. 33 ff. Siehe zur Diskussion um einen sog. Notstandsvorbehalt, wonach es geboten sein kann, eingriffsintensive Maßnahmen ohne besondere Regelung vorübergehend durch Generalklauseln zu ermöglichen *Katzenmeier*, MedR 2020, 461 (463 mwN).

42 *Kersten/Rixen*, Der Verfassungsstaat in der Corona-Krise, S. 33.

1. Gesetzliche Grundlagen

Auf einfachgesetzlicher Ebene diente bis November 2020 allein § 28 IfSG als Grundlage für die ergriffenen Maßnahmen. Gemäß § 28 Abs. 1 S. 1 IfSG konnten die zuständigen Behörden „notwendige [...] Schutzmaßnahmen" treffen, „soweit und solange es zur Verhinderung der Verbreitung übertragbarer Krankheiten erforderlich" war.[43] Der verfassungsrechtliche Konflikt zwischen dem Schutz von Leben und Gesundheit der Bevölkerung sowie der Gewährleistung der Funktionsfähigkeit des Gesundheitssystems (Art. 2 Abs. 2 S. 1 GG, § 1 IfSG) einerseits und den durch das Grundgesetz kodifizierten Freiheitsrechten andererseits entlud sich über den „einfachgesetzlichen Katalysator d[ies]er infektionsrechtlichen Generalklausel".[44]

§ 32 IfSG ermächtigt die Landesregierungen, Gebote und Verbote zur Bekämpfung des Virus durch Rechtsverordnung zu erlassen. Je mehr Zeit verging und je intensiver die Eingriffe in grundrechtlich geschützte Positionen durch die getroffenen Maßnahmen waren, desto lauter wurde der Ruf nach einer detaillierteren Regelung. Auch die Gerichte machten zunehmend deutlich, dass es einer ausführlicheren gesetzlichen Grundlage bedürfe, um Freiheitseinschränkungen zu rechtfertigen.[45]

Der mit Wirkung vom 19. November 2020 erlassene § 28a Abs. 1 und 2 IfSG[46] enthält eine Aufzählung von möglichen Schutzmaßnahmen, die § 28 IfSG konkretisieren.[47] Zwar enthält die Regelung in Abs. 3 S. 2, 4 ff. konkrete Schwellenwerte, die sich an der Zahl der Neuinfektionen je 100.000 Einwohner innerhalb von sieben Tagen orientieren, doch ergeben

---

43 Krit. *Katzenmeier*, MedR 2020, 461 (462). Instruktiv zur infektionsschutzrechtlichen Generalklausel *Kersten/Rixen*, Der Verfassungsstaat in der Corona-Krise, S. 36 ff.; *Rixen*, NJW 2020, 1097 (1098 ff.).

44 *Kersten/Rixen*, Der Verfassungsstaat in der Corona-Krise, S. 45.

45 Zweifelnd insoweit VGH München 29.10.2020 – 20 NE 20.2360, BeckRS 2020, 28521; VGH Mannheim 9.4.2020 – 1 S 925/20, BeckRS 2020, 6351. Anders OVG Bremen 24.11.2020 – 1 B 362/20, BeckRS 2020, 32277; OVG Magdeburg 8.5.2020 – 3 R 77/20, BeckRS 2020, 8018; OVG Berlin-Brandenburg 17.4.2020 – OVG 11 S 23/20, BeckRS 2020, 6073. Zur Frage der Bestimmtheit nach Einfügung des § 28a IfSG nF OVG Bautzen 25.11.2020 – 3 B 359/20, BeckRS 2020, 32146.

46 BGBl. I, S. 2397.

47 Beispielhaft zu nennen sind die Verpflichtung zum Tragen einer Mund-Nasen-Bedeckung (§ 28a Abs. 1 Nr. 2 IfSG) oder die Untersagung oder Beschränkung von Freizeitveranstaltungen und ähnlichen Veranstaltungen (§ 28a Abs. 1 Nr. 5 IfSG); siehe zum ganzen Regelungsansatz ausführlich *Greve*, NVwZ 2020, 1786 (1788 f.).

sich durch den Zusatz „insbesondere“ und die Regelungen in Abs. 6 S. 2 („soziale, gesellschaftliche und wirtschaftliche Auswirkungen auf den Einzelnen und die Allgemeinheit einzubeziehen und zu berücksichtigen“) und Abs. 3 S. 1 („insbesondere an dem Schutz von Leben und Gesundheit und der Funktionsfähigkeit des Gesundheitssystems auszurichten“; „absehbare Änderungen des Infektionsgeschehens durch ansteckendere, das Gesundheitssystem stärker belastende Virusvarianten zu berücksichtigen“) viele verschiedene zu berücksichtigende Faktoren.[48] Verordnungen sind gemäß Abs. 5 S. 1 zu befristen und mit allgemeiner Begründung zu versehen, um die Verhältnismäßigkeitserwägungen des Verordnungsgebers transparent zu machen. So hat der Gesetzgeber den Handlungsrahmen der Exekutive in materieller und prozeduraler Hinsicht präzisiert und bewusst auf die Normierung spezifischer Standardmaßnahmen verzichtet.[49] Der Zusatz „für die Dauer der Feststellung einer epidemischen Lage von nationaler Tragweite nach § 5 Absatz 1 Satz 1“ in Abs. 1 macht den Erlass von Schutzmaßnahmen nach Abs. 1 von einer zuvor durch den Bundestag nach einem in § 5 Abs. 1 IfSG festgelegten Verfahren erfolgten Feststellung abhängig, was wie die Aufzählung der denkbaren Maßnahmen die demokratische Legitimation absichert.

Im zeitlichen Kontext der sog. dritten Welle der Coronavirus-Pandemie im Frühjahr 2021, die mit einem starken Anstieg der Zahl von Neuinfektionen und einer zunehmenden Ausschöpfung der intensivmedizinischen Kapazitäten einherging, hat der Gesetzgeber mit dem Vierten Gesetz zum Schutz der Bevölkerung bei einer epidemischen Lage von nationaler Tragweite[50] die Regelung des § 28b IfSG eingeführt (sog. bundeseinheitliche „Notbremse“), deren Rechtsfolgen an die vom Robert-Koch-Institut festzustellende aktuelle Sieben-Tages-Inzidenz geknüpft sind[51] und die in Abs. 7 auch eine Regelung zur Verlagerung der Arbeit in das Homeoffice enthält (siehe dazu 5. Teil B.II.2.).

---

48 Siehe dazu den Überblick über die Regelungssystematik des neuen § 28a IfSG bei *Sangs*, NVwZ 2020, 1780 (1784 f.).

49 *Greve*, NVwZ 2020, 1786 (1788).

50 BGBl. I, S. 802.

51 Im Einzelnen *Greve/Lassahn*, NVwZ 2021, 665 (666 f.).

2. Parlamentsvorbehalt

Für die Frage, in welchen Fällen der Gesetzgeber selbst über Maßnahmen, die die Verletzung von Grundrechten zur Folge haben, entscheiden muss, hat das Bundesverfassungsgericht (BVerfG) die Wesentlichkeitslehre in seine Rechtsprechung eingeführt und fortentwickelt.[52] Anhand des Kriteriums der Wesentlichkeit kann beurteilt werden, ob eine Regelung durch Parlamentsgesetz im konkreten Fall erforderlich ist, und die erforderliche Regelungsdichte kann näher bestimmt werden.[53] Ist eine gesetzliche Regelung erforderlich, folgt daraus ein Delegationsverbot, dh der Gesetzgeber muss Wesentliches selbst regeln und kann dies nicht durch pauschale Ermächtigung an die Exekutive delegieren.[54] Der Gesetzesvorbehalt erstarkt zum Parlamentsvorbehalt. Dies gilt insbesondere dann, wenn „grundlegende [...] normative [...] Bereiche [...]“[55] wie der der Grundrechtsausübung betroffen sind.

In der ersten Phase der Coronavirus-Pandemie haben insbesondere die Landesregierungen durch entsprechende Verordnungen nach Abstimmung mit den anderen Bundesländern und mit der Bundesregierung Beschränkungen verhängt.[56] Dies liegt auch darin begründet, dass die gesetzlichen Vorgaben des § 28 IfSG sehr vage und ausfüllungsbedürftig sind. Zwar enthält § 28a IfSG eine Reihe von möglichen Maßnahmen, doch bleibt diese Aufzählung bewusst beispielhaft und liefert keine in Bezug zu den Maßnahmen nach Abs. 1 gebrachten Konkretisierungen wie Schwellenwerte, die Anhaltspunkt dafür sein könnten, ab wann der Verordnungsgeber wie tätig werden kann und soll.

Eine Ermächtigung der Arbeitgeber, die Arbeit der Beschäftigten in das Homeoffice zu verlagern, oder ein Anspruch für Arbeitnehmer auf Arbeit im Homeoffice als Maßnahme des Infektionsschutzes findet sich

---

52 BVerfG 21.12.1977 – 1 BvL 1/75, BVerfGE 47, 46 (79); BVerfG 24.9.2003 – 2 BvR 1436/02, BVerfGE 108, 282 (311 f.); siehe dazu vertiefend *Epping*, Grundrechte, Rn. 378 ff.; *Kingreen/Poscher*, Grundrechte, Rn. 315.

53 Siehe stellvertretend den Überblick bei Maunz/Dürig/*Grzeszick*, GG, Art. 20 Rn. 105 f. mwN.

54 BVerfG 8.8.1978 – 2 BvL 8/77, BVerfGE 49, 89 (126 f.); BVerfG 16.6.1981 – 1 BvL 89/78, BVerfGE 57, 295 (327); BVerfG 27.11.1990 – 1 BvR 402/87, BVerfGE 83, 130 (142); BVerfG 6.7.1999 – 2 BvF 3/90, BVerfGE 101, 1 (34).

55 BVerfG 8.8.1978 – 2 BvL 8/77, BVerfGE 49, 89 (126).

56 Siehe auch § 5 Abs. 2 IfSG zur Möglichkeit des Bundesgesundheitsministeriums, bei einer epidemischen Lage von nationaler Tragweite iSv § 5 Abs. 1 IfSG Maßnahmen zu treffen.

in § 28a IfSG nicht. In § 28a Abs. 1 Nr. 4 ist als Maßnahme lediglich eine „Verpflichtung zur Erstellung und Anwendung von Hygienekonzepten für Betriebe, Einrichtungen oder Angebote mit Publikumsverkehr" vorgesehen, daraus wird sich aber schwerlich ein Anspruch auf Arbeit im Homeoffice herleiten können. § 28a Abs. 1 Nr. 14 IfSG ermöglicht als weitere die Arbeitswelt betreffende Schmutzmaßnahme die „Schließung oder Beschränkung von Betrieben, Gewerbe, Einzel- oder Großhandel".

Erst durch Implementierung der Verpflichtung von Arbeitgeber und Arbeitnehmer, unter bestimmten Voraussetzungen die Arbeit in die Wohnung des Arbeitnehmers zu verlagern (§ 28b Abs. 7 IfSG), erhält eine Regelung, die die Arbeit im Homeoffice betrifft, den Rang eines einfachen Parlamentsgesetzes (siehe dazu 5. Teil B.II.2.).

3. Verhältnismäßigkeit der Maßnahmen

Aus dem Grundsatz der Verhältnismäßigkeit, der eine ungeschriebene Ausprägung des Rechtsstaatsprinzips ist und als solche aus Art. 20 Abs. 3, 28 Abs. 1 GG und aus den Grundrechten hergeleitet wird,[57] folgt, dass eine Maßnahme, durch die der Staat in Grundrechte eingreift, einen legitimen Zweck verfolgen sowie geeignet, erforderlich und angemessen in Bezug auf den verfolgten Zweck sein muss.[58] Der Gesetzgeber hat diesen allgemeinen Verfassungsgrundsatz in § 28 IfSG konkretisiert: Die notwendigen Schutzmaßnehmen müssen getroffen werden, soweit und solange es zur Verhinderung der Verbreitung übertragbarer Krankheiten erforderlich ist.[59]

Konkret heißt das, dass die getroffenen Maßnahmen zunächst einen legitimen Zweck verfolgen müssen; sie müssen objektiv ein gesetzgeberisches Ziel verfolgen, das mit vorrangigen Wertentscheidungen des Grundgesetzes vereinbar ist, wobei dem Gesetzgeber hier aufgrund seiner Ein-

57 *Gröpl*, Staatsrecht I, Rn. 507; *Voßkuhle*, JuS 2007, 429. So bereits BVerfG 15.12.1965 – 1 BvR 513/65, BVerfGE 19, 342 (348 f.) = NJW 1966, 243 (244); BVerfG 19.10.1982 – 1 BvL 34/80, 1 BvL 55/80, BVerfGE 61, 126 (134) = NJW 1983, 559; zur Berücksichtigung der Grundrechte als ergänzende Grundlage für die Herleitung siehe auch *Klatt/Meister*, JuS 2014, 193; *Schnapp*, in: v. Münch/Kunig, GG, Art. 20 Rn. 44.

58 Zu Einzelheiten Maunz/Dürig/*Mehde*, GG, Art. 28 Rn. 118 ff.

59 Siehe dazu den Wortlaut des § 28 Abs. 1 S. 1 IfSG und die Konkretisierung in § 28a IfSG nF.

schätzungsprärogative ein weiter Spielraum bleibt.[60] Ausweislich der Gesetzesbegründung[61] haben die nach § 28 f. IfSG infrage kommenden Maßnahmen den Schutz der öffentlichen Gesundheit und die Gewährleistung eines funktionierenden Gesundheitssystems iSv Art. 2 Abs. 2 S. 1 GG, § 1 IfSG zum Ziel. Der Staat ist zum Schutz von Leben und körperlicher Unversehrtheit der Bürger prinzipiell kraft seiner grundrechtlichen Schutzpflicht gemäß Art. 2 Abs. 2 S. 1 GG angehalten.[62]

Eine während der Pandemie ausgesprochene Weisung des Arbeitgebers zur Versetzung des Arbeitnehmers in das Homeoffice und eine Kodifizierung eines entsprechenden Anspruchs des Arbeitnehmers verfolgen diese Ziele. Die Vielgestaltigkeit der Konstellationen, in denen die Arbeitnehmer ihre Arbeit in das Homeoffice verlagern, lässt jedoch erahnen, dass es keinen allgemeingültigen und für alle denkbaren Fälle anwendbaren Weg geben kann, um möglicherweise berührte Grundrechte mit der gerade aufgezeigten staatlichen Schutzpflicht praktisch in einen schonenden Ausgleich zu bringen:

Wird die Verlagerung der Arbeit durch den Arbeitgeber im Rahmen seines Weisungsrechts gemäß § 106 S. 1 GewO einseitig angeordnet, ist die Situation etwa anders zu bewerten als in dem Fall, in dem der Arbeitnehmer den Wunsch äußert, zu Hause arbeiten zu dürfen. Hinzu kommt, dass die Pandemielage dazu führt, dass nicht nur die grundrechtlichen Positionen des Arbeitnehmers und des Arbeitgebers gegeneinander abgewogen werden müssen. Vielmehr muss auch die durch Ausbreitung des Virus bedrohte Funktionsfähigkeit des Gesundheitssystems (und damit Leben und körperliche Unversehrtheit der Bevölkerung, Art. 2 Abs. 2 S. 1 GG) berücksichtigt werden (siehe dazu B.I.).

---

60 Siehe hierzu die grundlegenden Ausführungen des BVerfG 1.3.1979 – 1 BvR 532, 533/77, 419/78, 1 BvL 21/78, BVerfGE 50, 290 (333 f.) = NJW 1970, 699 (701); BVerfG 7.3.2017 – 1 BvR 1694/13, 1 BvR 1314/12, 1 BvR 1630/12, 1 BvR 1694/13, 1 BvR 1874/13, BVerfGE 145, 20 (73) = NVwZ 2017, 1111 (1118); siehe hierzu auch *Voßkuhle,* JuS 2007, 429 (430).

61 BT-Drs. 19/23944, S. 2; siehe dazu auch die Gesetzesbegründung zum Seuchenrechtsneuordnungsgesetz aus dem Jahr 2000, die auf die Verbesserung des Schutzes vor Infektionskrankheiten abgezielt hat, BT-Drs. 14/3194, S. 1.

62 BVerfG 9.4.2020 – 1 BvQ 29/20, BeckRS 2020, 5620 Rn. 8; siehe dazu auch *Murswiek*, NVwZ 2021, 281 (281), der betont, jede Maßnahme müsse mit Blick auf jedes Ziel (etwa Verhinderung der Überlastung von Intensivstationen, Minimierung der Todesfälle und der schweren Krankheitsverläufe) gesondert auf ihre Verhältnismäßigkeit überprüft werden.

4. Berücksichtigung der Grundrechte

Zwar entfalten die Grundrechte als Abwehrrechte des Bürgers gegenüber dem Staat zwischen Arbeitnehmer und Arbeitgeber keine unmittelbare Wirkung;[63] begründet wird dies mit dem Wortlaut des Art. 1 Abs. 3 GG, der nur die öffentliche Gewalt an die Grundrechte bindet, die Rechtsbeziehungen zwischen den Bürgern sind vom Grundsatz der Privatautonomie beherrscht. Jedoch ist allgemein anerkannt, dass Grundrechte zwischen Privaten nach der Lehre von der mittelbaren Drittwirkung[64] gelten: Die Grundrechte haben Ausstrahlungswirkung und geben über ihre Wirkung als Abwehrrechte hinaus eine objektive Werteordnung vor, die als verfassungsrechtliche Grundsatzentscheidung in alle Bereiche des Rechts hineinwirkt. „Einfalltore" der Grundrechte sind vor allem zivilrechtliche Generalklauseln und unbestimmte Rechtsbegriffe.[65] Diese sind im Licht der in Betracht kommenden Grundrechte zu interpretieren.

Im Fall einer Weisung des Arbeitgebers finden neben anderen verfassungsrechtlichen und gesetzlichen Wertentscheidungen, den allgemeinen Wertungsgrundsätzen der Verhältnismäßigkeit und Angemessenheit sowie der Verkehrssitte und Zumutbarkeit die Grundrechte mittelbar Anwendung über §§ 106 S. 1 GewO, 315 Abs. 1 BGB,[66] wonach der Arbeitgeber den Ort der Arbeitsleistung „nach billigem Ermessen" bestimmen kann. Über dieses Ventil fließen in die Frage, ob der Arbeitgeber dem Arbeitnehmer aufgeben kann, seiner Tätigkeit in seiner Privatwohnung nachzugehen, verfassungsrechtliche Wertungen ein. Erforderlich ist eine umfassende Interessenabwägung.[67] Entscheidet sich der Gesetzgeber dafür, Arbeitnehmern einen Anspruch auf Verlagerung der Arbeit in das Homeoffice zu gewähren, muss er bei der konkreten Ausgestaltung die betroffenen Grundrechte von Arbeitnehmer und Arbeitgeber berücksichtigen, um seiner Schutzpflicht gerecht zu werden.

---

63 Siehe hierzu Dreier/*Dreier*, GG. Vorb. vor Art. 1 Rn. 98 ff. mwN.

64 Dazu grundlegend BVerfG 15.1.1958 – 1 BvR 400/57, BVerfGE 7, 198 (205) = NJW 1958, 257 – Lüth; siehe auch BVerfG 6.11.2019 – 1 BvR 16/13, NJW 2020, 300 (305 f.); *Hager*, JuS 2006, 769 (770); *Ruffert*, JuS 2020, 1 ff.; Sachs/*Sachs*, GG, Vorb. zu Abschnitt 1 Rn. 32; umfassend *Böckenförde*, Staat, Verfassung, Demokratie, S. 159, 172.

65 Exemplarisch BAG 30.1.2019 – 10 AZR 299/18, NZA 2019, 693 (694 f.).

66 BAG 18.10.2017 – 10 AZR 330/16, NZA 2017, 1452 Rn. 45 mwN.

67 Siehe dazu im Einzelnen unter B.

5. Sonderopfer zum Wohl der Allgemeinheit?

Ein solcher, kodifizierter Anspruch auf die Arbeit im Homeoffice unterscheidet sich unter anderem dadurch von anderen beschränkenden Maßnahmen, dass er nicht ausschließlich in Bezug auf Infizierte oder deren Kontaktpersonen Anwendung findet, anders als bspw. spezielle Quarantäneregeln.

Insbesondere in Bezug auf die Arbeitgeber, deren Betriebsabläufe durch die Verlagerung des Arbeitsorts zum Teil empfindlich gestört werden, stellt sich die Frage, ob ihnen diese für sie nachteilige Mitwirkung zum Wohl der Allgemeinheit abverlangt werden kann. Zwar handelt es sich bei einem gesetzlich geregelten Anspruch auf die Arbeit im Homeoffice nicht um eine klassische Enteignung iSv Art. 14 Abs. 1 GG, doch gehen damit Eingriffe in die Berufs- und Eigentumsfreiheit einher (siehe dazu B.III.). Es stellt sich die Frage nach der Notwendigkeit von Ausgleichsmaßnahmen zur Kompensation der Folgen schwerwiegender Grundrechtseingriffe und nach Entschädigungsregelungen für besonders Betroffene wegen kollektiven Sonderopfers.[68]

6. Zwischenergebnis

Der Rechtsstaat befindet sich in einer „Spannungslage“[69]: Er muss die Freiheitsrechte der Bürger schützen und seiner Schutzpflicht, die aus dem Grundrecht auf Leben und körperliche Unversehrtheit gemäß Art. 2 Abs. 2 S. 1 GG erwächst, gerecht werden. Hinzu kommt, dass der Kreis derer, deren Leben oder körperliche Unversehrtheit zur Zeit der Coronavirus-Pandemie gefährdet ist, wegen des sich dynamisch entwickelnden Infektionsgeschehens und aufgrund neu hinzutretender wissenschaftlicher Erkenntnisse insbesondere in den Bereichen der Virologie und der Epidemiologie nicht trennscharf eingrenzbar ist. Daraus resultiert die Schwierigkeit, sachgerecht zu bewerten, welche freiheitseinschränkenden Maßnahmen zur Eindämmung der Pandemie geeignet, erforderlich und angemessen iSd verfassungsrechtlichen Verhältnismäßigkeitsmaßstabs sind.[70]

---

68 Siehe dazu vertiefend *Schmitz/Neubert*, NVwZ 2020, 666 (669 ff.) mwN.

69 *Papier*, DRiZ 2020, 180 (182), der die „Erosion der Rechtsstaatlichkeit“ befürchtet.

70 Instruktiv zur Verhältnismäßigkeitsprüfung in der Corona-Krise *Kersten/Rixen*, Der Verfassungsstaat in der Corona-Krise, S. 45 ff.

Nicht verhältnismäßig wären sicherlich Maßnahmen, die weder zeitlich limitiert noch räumlich auf das Nötigste beschränkt wären. Mit der Verhängung der Maßnahmen geht das Gebot an den Gesetz- und Verordnungsgeber einher, alle Beschränkungen regelmäßig auf ihre Verhältnismäßigkeit zu prüfen.[71] Daraus folgt die Pflicht für die Regierungen und die Legislative, einen zunehmenden Erkenntnisgewinn in der Wissenschaft zu berücksichtigen und ständig zu prüfen, ob nicht weniger einschneidende und zur Zielerreichung gleichermaßen effektive Maßnahmen möglich erscheinen. Unterbleibt dies, besteht die Gefahr, dass das geltende Regime an Beschränkungen gegen das Übermaßverbot verstößt mit der Folge, dass die Maßnahmen verfassungswidrig wären.

B. Grundrechtspositionen bei Verlagerung der Arbeit in das Homeoffice

Zur Vermeidung dieser Gefahren liegt der Gedanke nah, die Arbeit für die Zeit der Pandemie oder zumindest für die Phase eines besonders dynamischen Infektionsgeschehens in die häusliche Sphäre zu verlagern, denn das Homeoffice stellt schlechthin ein „Infektionsverhinderungsmittel erster Wahl"[72] dar. So wird der direkte, körperlich nahe Kontakt zu potenziell infizierten Personen wie bspw. Kollegen, Kunden oder anderen Fahrgästen in öffentlichen Verkehrsmitteln komplett vermieden und teilweise durch technische Kommunikationsmittel ersetzt, über die eine Übertragung von Krankheitserregern ausgeschlossen ist.

Eine dahingehende Weisung des Arbeitgebers iSv § 106 S. 1 GewO müsste billigem Ermessen gemäß § 106 S. 1 GewO, § 315 Abs. 1 BGB entsprechen. In diesem Rahmen hat eine Abwägung der Grundrechtspositionen von Arbeitgeber und Arbeitnehmer zu erfolgen (siehe dazu ausführlich 4. Teil B.I.2.b). Für die Frage nach der Rechtmäßigkeit einer Versetzung des Arbeitnehmers in das Homeoffice spielen Grundrechte aufseiten des Arbeitnehmers und des Arbeitgebers eine entscheidende Rolle. Eine Abwägung der einzelnen Grundrechtspositionen kann nur in Ansehung des konkreten Falls erfolgen.

Aufseiten der Arbeitnehmer ist denkbar, dass das Grundrecht auf Unverletzlichkeit der Wohnung aus Art. 13 Abs. 1 GG betroffen ist. Eine Rolle spielt in vielen Fällen auch der Umstand, dass viele Arbeitnehmer in Pan-

---

71 So *Papier*, DRiZ 2020, 180 (182); in diesem Sinn auch *Schmitz/Neubert*, NVwZ 2020, 666 (668 f.); *Murswiek*, NVwZ 2021, 281 (282).

72 *Schliemann*, FA 2020, 90 (92).

demiezeiten für die Betreuung ihrer Kinder sorgen müssen, weshalb Art. 6 Abs. 1, 2 GG in die Überlegungen einzubeziehen ist. Nicht zuletzt könnten Arbeitnehmer einwenden, sie würden durch die Anordnung, fortan von zu Hause aus zu arbeiten, ungleich gegenüber den Arbeitnehmern behandelt, die ihrer Arbeit weiter vor Ort nachgehen; der allgemeine Gleichbehandlungsgrundsatz gemäß Art. 3 Abs. 1 GG ist wie die Berufsfreiheit gemäß Art. 12 Abs. 1 GG zu berücksichtigen. Auch ist zu klären, ob Arbeitnehmer gegen eine Versetzung in das Homeoffice einwenden können, ihre psychische Gesundheit leide, Art. 2 Abs. 2 S. 1 GG. Sicher könnten Arbeitnehmer auch einwenden, ihnen fehle in der Zeit, in der sie ausschließlich in ihrem häuslichen Umfeld arbeiten, der soziale Kontakt zu den Kollegen, der Wunsch nach Austausch und sozialer Interaktion ist von der Allgemeinen Handlungsfreiheit im Rahmen des Art. 2 Abs. 1 GG geschützt. Aufseiten des Arbeitgebers streiten sein Recht auf unternehmerische Gestaltungsfreiheit aus Art. 2 Abs. 1, 12 Abs. 1, 14 Abs. 1 GG.

Die Diskussion um die Möglichkeit einer Versetzung in das Homeoffice gewann wie oben dargestellt durch die Ausbreitung der Coronavirus-Pandemie maßgeblich an Dynamik. Es ist deshalb zunächst zu klären, welches grundrechtlich geschützte Gut hinter der Versetzung in das Homeoffice als zur Eindämmung der Pandemie verstandene Maßnahme steht.

I. Gesundheitsschutz der Bevölkerung, Art. 2 Abs. 2 Satz 1 GG

Die vom Gesetzgeber zur Bewältigung der Pandemie beschlossenen Maßnahmen zielen nach dem Wortlaut der Gesetzesbegründung zum einen darauf ab, das Funktionieren des Gesundheitswesens in einer die gesamte Bundesrepublik betreffenden epidemischen Lage sicherzustellen und die öffentliche Gesundheit zu schützen.[73] Die Gesetzesbegründung zum Dritten Gesetz zum Schutz der Bevölkerung bei einer epidemischen Lage von nationaler Tragweite spricht ausdrücklich davon, dass die auf Grundlage der §§ 28, 32 IfSG getroffenen Maßnahmen, die zu erheblichen Eingriffen in grundrechtliche Freiheiten führten, in Umsetzung der Gewährleistung des Rechts auf Leben und körperliche Unversehrtheit aus Art. 2 Abs. 2 S. 1 GG erfolgten.

73 Siehe dazu stellvertretend die Gesetzesbegründung zum Entwurf eines Dritten Gesetzes zum Schutz der Bevölkerung bei einer epidemischen Lage von nationaler Tragweite, BT-Drs. 19/23944, S. 1 f.

1. Schutzbereich

Das Hauptaugenmerk des politischen Handelns besteht also darin, Leib und Leben der Bevölkerung und insbesondere von vorerkrankten, alten oder aus sonstigen Gründen anfälligen Personen zu schützen. Zwar ist ein denkbarer Anspruch auf Versetzung in das Homeoffice bzw. eine Ermöglichung der Verlagerung des Arbeitsorts nicht ausdrücklich als Maßnahme aufgeführt, doch wird die Thematik in diesem Zusammenhang diskutiert.

Art. 2 Abs. 2 S. 1 GG schützt die körperliche Unversehrtheit als Gesundheit im biologisch-physiologischen Bereich und damit die Integrität der körperlichen Substanz.[74] Eine Infektion mit dem Coronavirus erfolgt durch Viren, die den Körper befallen, und stellt ohne jeden Zweifel eine Beeinträchtigung der Gesundheit des Infizierten dar. Die Schwierigkeit für eine Abwägung der jeweiligen Grundrechtspositionen liegt jedoch vor allem darin, dass die Gesundheitsgefährdung oftmals abstrakt bleiben wird, da die Gefahr einer Infizierung des Arbeitnehmers innerhalb der Betriebsstätte nur in seltenen Fällen vor dem Wechsel in das häusliche Umfeld tatsächlich gegeben ist und eine Verlagerung der Arbeit in das Homeoffice damit präventiven Charakter hat.[75]

Allein die Betroffenheit der Rechtsgüter Leben und Gesundheit führt jedoch nicht dazu, dass eine Abwägung dieser mit anderen Verfassungsgütern zu dem Ergebnis kommen muss, dass Gesundheit und Leben höherrangig sind:[76] Vielmehr folgt die Notwendigkeit einer Abwägungsentscheidung daraus, dass das Grundrecht auf Leben und körperliche Unversehrtheit unter einem einfachen Gesetzesvorbehalt steht und damit einschränkbar ist, anders als die Menschenwürdegarantie gemäß Art. 1 Abs. 1 GG.[77]

---

74 BVerfG 14.1.1981 – 1 BvR 612/72, BVerfGE 56, 73 ff. = NJW 1981, 1655 ff.; BeckOK-GG/*Lang*, Art. 2 Rn. 62; Dreier/*Schulze-Fielitz*, GG, Art. 2 Abs. 2 Rn. 34.

75 Sollte ein Arbeitnehmer infiziert sein, ist er wohl arbeitsunfähig erkrankt, vgl. § 3 Abs. 1 EFZG.

76 Siehe dazu auch *Kingreen*, Whatever it Takes? – Der demokratische Rechtsstaat in Zeiten von Corona, Verfassungsblog v. 20.3.2020 (abrufbar unter: https://verfassungsblog.de/whatever-it-takes/, zuletzt abgerufen am 31.5.2021).

77 *Kersten/Rixen*, Der Verfassungsstaat in der Corona-Krise, S. 47 mwN.

2. Pflichten des Arbeitgebers

Wegen der Ausstrahlungswirkung der Grundrechte[78] in privatrechtliche Beziehungen hat auch der Arbeitgeber dem Gesundheitsschutz der Arbeitnehmer Rechnung zu tragen.[79] Da er gemäß der §§ 3, 4 ArbSchG, § 618 Abs. 1 BGB und seiner Rücksichtnahmepflicht aus 241 Abs. 2 BGB die Verantwortung für die Sicherheit und die Gesundheit der Arbeitnehmer als grundrechtlich gemäß Art. 2 Abs. 2 S. 1 GG geschützte Rechtsgüter trägt und auch seine wirtschaftliche Situation vom Einsatz seiner Mitarbeiter abhängt, wird er in der Betriebsstätte präventive, dem Gesundheitsschutz dienende Maßnahmen umsetzen.[80]

Aus der öffentlichen-rechtlichen Pflicht gemäß § 3, 4 ArbSchG folgt, dass der Arbeitgeber im Betrieb für ein Arbeitsumfeld zu sorgen hat, das nicht gesundheitsschädlich ist, indem er alle denkbaren und ihm zumutbaren Maßnahmen trifft.[81] Zwar enthält der Katalog des § 4 ArbSchG keine konkret auf die Pandemie bezogenen Maßnahmen, doch läuft alles auf eine räumliche Trennung der Arbeitnehmer hinaus.

Denkbar sind in diesem Zusammenhang etwa die Bereitstellung von Mund-Nase-Bedeckungen, Masken und Desinfektionsmittel sowie die Einführung einer Pflicht zum Tragen eines Mund-Nasen-Schutzes bzw. einer Maske, die Umstellung von Präsenzterminen auf Telefon- oder Videokonferenzen, die Einführung von Mehrschichtsystemen, die Festlegung von Abstandsregelungen oder eine neue Anordnung und Einrichtung der Arbeitsplätze. Besondere Rücksichtnahmepflichten sind anzunehmen, wenn Arbeitnehmer besonders gefährdet sind, weil sie chronisch krank sind und damit einer Risikogruppe angehören, Angehörige pflegen, direkten Kontakt mit Infizierten oder sich in Quarantäne befindlichen Personen hatten oder sich in Risikogebieten aufgehalten haben.[82]

---

78 Vertiefend Jarass/Pieroth/*Jarass*, GG, Art. 1 Rn. 52–57.

79 BAG 19.1.1999 – 1 AZR 499/98, NZA 1999, 546 (549).

80 BAG 14.6.2016 – 9 AZR 181/15, NZA-RR 2016, 565 Rn. 21, wonach § 618 BGB Teilregelung der Fürsorgepflicht des Arbeitgebers ist; *Müller*, Homeoffice, § 3 Rn. 343 ff.

81 *Krieger/Rudnik/Povedano Peramato*, NZA 2020, 473 (475) mwN.

82 So auch *Fuhlrott/Fischer*, NZA 2020, 345 (349); *Krieger/Rudnik/Povedano Peramato*, NZA 2020, 473 (475).

3. Mitwirkung des Arbeitnehmers

Die Pflicht, nach ihren Möglichkeiten und den Weisungen des Arbeitgebers Sorge für ihre Sicherheit und Gesundheit bei der Arbeit zu tragen, trifft gemäß § 15 Abs. 1, 2 ArbSchG auch die Beschäftigten; dies umfasst etwa die bestimmungsgemäße Verwendung von Schutzausrüstung. Diese Pflicht beschränkt sich nicht nur auf den Schutz ihrer eigenen Person, sondern erstreckt sich gemäß § 15 Abs. 1 S. 2 GG auch auf die Sicherheit und auf die Gesundheit der Personen, die von ihren Handlungen oder Unterlassungen bei der Arbeit betroffen sind, mithin die Sicherheit und Gesundheit von Kollegen und Vorgesetzten.

Übertragen auf den Fall einer Pandemie kann daraus die Pflicht eines einzelnen Arbeitnehmers abgeleitet werden, sich der Betriebsstätte räumlich fernzuhalten, sollte er selbst oder einer seiner Kollegen einer Risikogruppe angehören. Außerdem gilt auch die Rücksichtnahmepflicht aus § 241 Abs. 2 BGB für die Beschäftigten. Gerade die gemeinsame Benutzung von (Großraum-)Büros, Treppenhäusern, Aufzügen und Toilettenanlagen und der unvermeidbar stattfindende Kontakt untereinander in unmittelbarer räumlicher Nähe führen unweigerlich zu einer Erhöhung des Infektionsrisikos und damit zu einer Gesundheitsgefährdung der Beschäftigten.[83]

II. Grundrechtspositionen des Arbeitnehmers

Zwar ist die pandemiebedingte Versetzung in das Homeoffice in der Regel zeitlich beschränkt und sie wird in vielen Fällen möglicherweise von Anwesenheitszeiten in der Betriebsstätte unterbrochen,[84] doch gehen damit erhebliche Belastungen für die Arbeitnehmer einher, die in den Schutzbereich ihrer Grundrechte eingreifen.

1. Unverletzlichkeit der Wohnung, Art. 13 Abs. 1 GG

Die faktische Verlagerung des Arbeitsorts vom Unternehmen in die Wohnung geht notwendigerweise mit Auswirkungen auf die häusliche Situati-

---

83 *Krieger/Rudnik/Povedano Peramato*, NZA 2020, 473 (475).

84 Zu denken ist etwa an den vielfach praktizierten Modus, dass sich die Beschäftigten in verschiedenen Schichten abwechseln, um die Ansteckungsgefahr erheblich zu minimieren, vgl. § 2 Abs. 5 S. 3 Corona-ArbSchV.

on des Arbeitnehmers einher. Pflichten des Arbeitgebers, die sich etwa aus arbeitsschutzrechtlichen Vorschriften ergeben, gelten weiter. Ihnen kann der Arbeitgeber nur durch Eindringen in die häusliche Sphäre des Arbeitnehmers ordnungsgemäß nachkommen, was die Frage aufwirft, inwieweit ein Anspruch auf Versetzung in das Homeoffice in Konflikt mit dem Grundrecht auf Unverletzlichkeit der Wohnung des Arbeitnehmers gemäß Art. 13 Abs. 1 GG geraten könnte.

a) Geltung im privatrechtlichen Kontext

Zwar verbürgt Art. 13 Abs. 1 GG als Abwehrrecht gegenüber dem Staat ein subjektives-öffentliches Recht, dh Grundrechtsadressat ist allein der Staat, nicht etwa der Arbeitgeber oder andere Privatrechtssubjekte, jedoch hat die Norm eine objektiv-rechtliche Dimension.[85] Das manifestiert sich darin, dass der Gehalt der Grundrechte als objektive Werteordnung durch die Vorschriften des Privatrechts zur Geltung kommt.[86] Die privatrechtlichen Vorschriften dürfen nicht im Widerspruch zu den Normen des Grundgesetzes stehen, vielmehr müssen insbesondere die zwingenden Vorschriften des bürgerlichen Rechts in seinem Geist ausgelegt werden; dies erfolgt über die Generalklauseln als „Einbruchstellen“ der Grundrechte.[87]

b) Schutzbereich

Gemäß Art. 13 Abs. 1 GG ist die Wohnung unverletzlich. Der Begriff der Wohnung im Sinn von Art. 13 Abs. 1 GG ist traditionell weit und als räumliches Komplement zur Privatheit des Individuums zu verstehen.[88] Entscheidend ist, dass die Räumlichkeit subjektiv zu Wohnzwecken be-

---

85 V. Mangold/Klein/Starck/*Gornig*, GG, Art. 13 Rn. 11; Dreier/*Hermes*, GG, Art. 13 Rn. 120; *Kunig*, in: v. Münch/Kunig, GG, Art. 13, Rn. 3; Maunz/Dürig/*Papier*, GG, Art. 13 Rn. 8; *Stern/Sachs/Dietlein*, in: Stern, Grundrechte IV/1, S. 216; siehe auch BVerfG 1.7.1964 – 1 BvR 375/62, BVerfGE 18, 121 (132) = NJW 1964, 1848 (1850).

86 BVerfG 15.1.1958 – 1 BvR 400/51, BVerfGE 7, 198 (205 f.); siehe zum Ganzen stellvertretend Maunz/Dürig/*Papier*, GG, Art. 13 Rn. 8.

87 *Wiese*, RdA 2009, 344 (349 mwN).

88 BVerfG 13.10.1971 – 1 BvR 280/66, BVerfGE 32, 54 (73); Sachs/*Kühne*, GG, Art. 13 Rn. 1 mwN.

stimmt ist und dies auch objektiv erkennbar wird.[89] Der Arbeitnehmer wird sich im Fall der Arbeit im Homeoffice in der Regel in seiner Privatwohnung aufhalten, die vom Wohnungsbegriff des Art. 13 Abs. 1 GG gedeckt wird.

Der Unverletzlichkeitsbegriff ist als „grundsätzliches Verbot“[90] weit zu verstehen und erlaubt staatliche Eingriffe für den Fall der fehlenden Einwilligung durch den Wohnungsinhaber nur unter den Voraussetzungen der Art. 13 Abs. 2 ff. GG.[91] Art. 13 Abs. 1 GG vermittelt dem Grundrechtsträger die Befugnis, sich in einem persönlich-familiären Bereich einzuhegen mit der Folge, dort Eingriffen seitens des Staates entzogen zu sein.[92] §§ 854 ff., 823, 826 BGB stellen diesen Schutz auf der Ebene des Privatrechts sicher; dem zu Hause tätigen Arbeitnehmer steht das Hausrecht zu, also die durch § 123 StGB abgesicherte Befugnis, darüber zu entscheiden, ob jemand die Wohnung betreten und darin verweilen darf.[93]

c) Eingriff

Eine gesetzliche Regelung, die es dem Arbeitgeber ermöglicht, eine Weisung an den Arbeitnehmer dergestalt auszusprechen, dass dieser seine Arbeit fortan und möglicherweise für längere Zeit in seiner Privatwohnung zu verrichten habe, oder eine entsprechende Weisung iSv § 106 S. 1 GewO hätte zur Folge, dass der Arbeitnehmer gezwungen wäre, seinen geschützten persönlichen Einhegungsbereich zeitweise für eine bestimmte Tätigkeit zu nutzen, ohne dass dies in seinem Belieben stünde. Eine solche Regelung würde den Schutzbereich des Art. 13 Abs. 1 GG berühren.

Selbst in dem Fall, dass die Versetzung in das Homeoffice ausdrücklich nur vorübergehender Natur ist, stellt sie einen Eingriff in Art. 13 Abs. 1 GG dar. Die Ansicht, dass die Wohnung wegen der zeitlichen Begrenzung der Maßnahme ihren privaten Charakter beibehalte und nicht zur Arbeitsstätte mutiere,[94] verkennt die Tatsache, dass allein die limitierte räumliche

---

89 *Schmitt Glaeser*, Handbuch des Staatsrechts, Bd. VI, § 129 Rn. 48.

90 BVerfG 15.12.1983 – 1 BvR 209/83 ua, BVerfGE 65, 1 (40).

91 So die allgemeine Ansicht, siehe dazu näher Sachs/*Kühne*, GG, Art. 13 Rn. 6.

92 Sachs/*Kühne*, GG, Art. 13 Rn. 9.

93 *Wiese*, RdA 2009, 344 (349 f.); siehe dort auch zum hier nicht näher thematisierten Zutrittsrecht des Arbeitgebers zur Erfüllung seiner arbeitsschutzrechtlichen Verpflichtungen.

94 So *Fischinger/Hengstberger*, JA 2020, 561 (562); *Fuhlrott/Fischer*, NZA 2020, 345 (350).

Situation die gleichzeitige Nutzung der Räumlichkeiten als Wohnung und Arbeitsstätte in vielen Fällen wohl unmöglich macht. Außerdem ist nicht absehbar, wie lange das Infektionsgeschehen Einschränkungen erfordern wird und ob die Coronavirus-Pandemie in den nächsten Jahren die einzige Massenerkrankung bleibt; auch vor diesem Hintergrund kann nicht davon ausgegangen werden, dass der Schutzbereich des Art. 13 GG bei einer wie auch immer gearteten Verpflichtung zur Tätigkeit im Homeoffice nicht eröffnet ist. Dass Art. 13 Abs. 2 bis 7 GG der Formulierung nach in erster Linie vor staatlichen Wohnungsdurchsuchungen und Überwachungsmaßnahmen schützen soll, führt nicht dazu, dass eine Regelung, die dem Arbeitgeber unter bestimmten Voraussetzungen ermöglicht, die Verlagerung der Arbeit in den häuslichen Kontext einzufordern, und die damit den persönlichen Lebensbereich des Arbeitnehmers berührt, per se keinen Eingriff darstellen kann.[95]

Anders zu bewerten ist der Fall, in dem der Arbeitnehmer von einem ihm eingeräumten Recht zum Wechsel in die häusliche Sphäre Gebrauch machen möchte und damit einer Nutzung seiner Wohnstätte als Arbeitsort zustimmt, diese vielleicht sogar wünscht. Jedoch kämen in einem solchen Fall möglicherweise die arbeitsschutzrechtlichen Vorschriften zur Anwendung, woraus folgt, dass dem Arbeitgeber gesetzliche näher definierte Betretungs- und Besichtigungsrechte zustünden, was mit Blick auf die Unverletzlichkeit der Wohnung des Arbeitnehmers nicht unproblematisch wäre. Erschwerend hinzu kommt, dass Art. 13 Abs. 1 GG drittschützend ist, woraus folgt, dass in vielen Fällen auch Dritte, die die Wohnung ebenfalls bewohnen, durch die Nutzung bestimmter Räumlichkeiten als Homeoffice in ihrem Grundrecht auf Unverletzlichkeit der Wohnung betroffen sind. Aus diesem Grund könnte die Vereinbarung einer Versetzung in das Homeoffice rechtswidrig sein, andererseits folgt aus dem Gebot der gegenseitigen Rücksichtnahme gemäß §§ 241 Abs. 2, 242 BGB die Pflicht, an Maßnahmen des Gesundheitsschutzes mitzuwirken.[96] Jedenfalls ist das hohe Schutzniveau des Art. 13 GG zu beachten. Eine Rechtfertigung müsste dem strengen Maßstab des Art. 13 Abs. 2 ff. GG genügen.

---

95 Anders *Sagan/Witschen*, NZA 2021, 593 (595), die ausführen, die vorübergehende Pflicht, zu Hause zu arbeiten, sei mit den in Art. 13 Abs. 2 bis 7 GG vorgesehenen Maßnahmen nicht vergleichbar; das Recht, die Wohnung zu verlassen, bleibe unberührt.

96 Siehe dazu auch *Schwede*, ArbRAktuell 2020, 160, der die Rechtswidrigkeit auf § 134 BGB stützt. Allgemein gegen ein solches Vorgehen zB MüKo-BGB/*Armbrüster*, § 134 Rn. 34.

In den Fällen, in denen der Arbeitnehmer in der Vergangenheit bereits mit seiner Zustimmung das Instrument der alternierenden Telearbeit genutzt hat und in denen der Arbeitgeber ihn während der Pandemie-Phase anweist, seine Arbeit künftig ausschließlich in seiner häuslichen Sphäre zu verrichten, ist der Eingriff wohl weniger intensiv als in dem Fall, in dem der Arbeitgeber bislang zu keiner Zeit einer Verlagerung des Tätigkeitsorts in die Wohnung zugestimmt hat und diese auch noch nicht praktiziert wurde.[97]

d) Verfassungsrechtliche Rechtfertigung

Gemäß Art. 13 Abs. 7 GG dürfen Eingriffe und Beschränkungen nur zur Abwehr einer gemeinen Gefahr oder einer Lebensgefahr für einzelne Personen, auf Grund eines Gesetzes auch zur Verhütung dringender Gefahren für die öffentliche Sicherheit und Ordnung, insbesondere zur Behebung der Raumnot, zur Bekämpfung von Seuchengefahr oder zum Schutze gefährdeter Jugendlicher vorgenommen werden. Maßnahmen, die in der Pandemie auf die Minimierung bestehender Ansteckungsrisiken abzielen, haben zweifelsohne eine Verhütung dringender Gefahren für die öffentliche Sicherheit und Ordnung zum Ziel und könnten unter „Bekämpfung von Seuchengefahr“ subsumiert werden.[98] Die konkrete Regelung müsste im Einzelfall verhältnismäßig sein (siehe in Bezug auf § 28b Abs. 7 IfSG unter 5. Teil B.II., IV.).

2. Pflege und Erziehung der Kinder, Art. 6 Abs. 1, 2 GG

Grundsätzlich ist denkbar, dass ein Beweggrund der Eltern, denen die Betreuung ihrer Kinder obliegt, für ihre Entscheidung oder ihren Wunsch, ihrer Arbeit zu Hause nachzugehen, das Bedürfnis ist, sich intensiver um ihre Kinder kümmern und diese beaufsichtigen zu können.

Art. 6 Abs. 1 GG stellt Ehe und Familie unter den besonderen Schutz der staatlichen Ordnung. Pflege und Erziehung der Kinder sind gemäß Art. 6 Abs. 2 GG das natürliche Recht der Eltern und die zuvörderst ihnen obliegende Pflicht, wobei gemäß Abs. 2 S. 2 die staatliche Gemeinschaft

---

97 ErfK/*Preis*, § 106 GewO Rn. 28a; *Krieger/Rudnik/Povedano Peramato*, NZA 2020, 473 (475).

98 So auch *Sagan/Witschen*, NZA 2021, 593 (595).

über ihre Betätigung wacht. Der besonderen Schutzbedürftigkeit der Institution Familie trägt Art. 6 Abs. 1 GG als ein klassisches Grundrecht zum Schutz der Privatsphäre von Ehe und Familie, als Institutsgarantie und als Grundsatznorm mit einer verbindlichen Wertentscheidung Rechnung.[99] Aus Abs. 2 lassen sich neben dem Erziehungsauftrag der Eltern auch die Sorge für die Person des Kindes und die damit verbundene Elternverantwortung ableiten.[100]

Der Staat ist nicht nur verpflichtet, den familiären Lebensbereich als Freiraum zu respektieren, sondern er muss durch gesetzliche Regelungen einen effektiven Schutz gewährleisten.[101] Art. 6 GG reicht damit neben seiner Abwehr- und Schutzfunktion[102] als Institutsgarantie über subjektive Rechte einzelner Grundrechtsträger hinaus und verlangt eine Ausgestaltung, die zwar Strukturprinzipien als Ordnungskern bewahrt, sich aber gesellschaftlichen Entwicklungen nicht verschließt.[103]

Die Rechtsprechung hat das Interesse der Eltern, einen nahe der Wohnung gelegenen Arbeitsplatz zugewiesen zu bekommen, um sich intensiv um die Kinder kümmern zu können, in der Vergangenheit ausdrücklich als schützenswerten Belang anerkannt.[104] In der Regel reicht der Wunsch nach mehr Zeit und räumlicher Nähe allein allerdings nicht aus, um einen Anspruch auf Zubilligung eines Arbeitsplatzes im Homeoffice zu begründen.[105] Zu berücksichtigen ist in diesen Fällen auch die grundrechtlich geschützte Berufsfreiheit des Arbeitgebers iSv Art. 12 Abs. 1 GG, die ihm betreffend der Organisation seines Betriebes eine umfassende Dispositionsfreiheit einräumt, welche auch die Entscheidung umfasst, an welchem Standort welche arbeitstechnischen Ziele am besten verfolgt werden können.[106]

Während der Pandemie ist die Situation anders zu bewerten: Zum nachvollziehbaren und in der Rechtsprechung ausdrücklich anerkannten

---

99 Siehe etwa BVerfG 17.1.1957 – 1 BvL 4/54, BVerfGE 6, 55 (77 ff.); Maunz/Dürig/*Badura*, GG, Art. 6 Rn. 67; *Schmid*, Die Familie in Artikel 6 des Grundgesetzes, S. 396 ff.

100 Ausführlich dazu Maunz/Dürig/*Badura*, GG, Art. 6 Rn. 107 ff.

101 ErfK/*Schmidt*, Art. 6 GG Rn. 1.

102 BVerfG 20.4.2011 – 1 BvR 1811/08, JA 2011, 717 ff.

103 BVerfG 17.7.2002 – 1 BvF 1/01, 1 BvF 2/01, NJW 2002, 2543 ff.; Sachs/*v. Coelln*, GG, Art. 6 Rn. 31 mwN.

104 LAG Rheinland-Pfalz 18.12.2014 – 5 Sa 378/14, BeckRS 2015, 66249.

105 So jedenfalls LAG Rheinland-Pfalz 18.12.2014 – 5 SA 378/14, BeckRS 2015, 66249.

106 *Breuer*, Handbuch des Staatsrechts, Bd. VIII, § 170 Rn. 89.

Interesse der Eltern, ihre Kinder selbst zu betreuen, kommt der Umstand, dass Schulen und Kindertagesstätten möglicherweise für nicht absehbare Zeit geschlossen sind und alle weiteren denkbaren Optionen wie etwa die Betreuung durch die Großeltern oder die Elternteile anderer Kinder ausscheiden, sodass in vielen Fällen keine andere Möglichkeit bleibt, als die Kinder selbst zu betreuen, was eine Verlagerung der Arbeit in den häuslichen Kontext erfordert.[107]

3. Gleichbehandlung, Art. 3 Abs. 1 GG

Außerdem könnte dem allgemeinen Gleichheitsgrundsatz iSv Art. 3 Abs. 1 GG als zentralem Ausdruck des Gerechtigkeitsgedankens im Grundgesetz und als fundamentalem Rechtsprinzip[108] Bedeutung für die Notwendigkeit einer Kodifizierung des Anspruchs auf Arbeit im Homeoffice zukommen. Allerdings ist dieser kein objektives Verfassungsprinzip, weshalb Rechtsbeziehungen Privater nicht prinzipiell gleichheitsgerecht gestaltet werden müssen, vielmehr bedarf es besonderer Konstellationen.[109] Eine solche ist das Arbeitsverhältnis aufgrund der typischerweise bestehenden strukturellen Überlegenheit des Arbeitgebers.[110]

a) Allgemeiner Gleichheitsgrundsatz, Art. 3 Abs. 1 GG

Nicht alle Arbeitnehmer haben die Möglichkeit, ihrer Arbeit von zu Hause aus nachzugehen. Untersuchungen ergaben, dass nur etwa 56 % die Möglichkeit haben, von zu Hause aus zu arbeiten.[111] So ist es zumindest für die Aufrechterhaltung der kritischen Infrastruktur (etwa im Gesundheitssektor oder im Lebensmittelhandel) von essentieller Bedeutung, dass Beschäftigte ihre Arbeit vor Ort verrichten, um die Bevölkerung mit elementaren Gütern versorgen und so wichtige gesellschaftliche Funktionen aufrechterhalten zu können. Auch viele Aufträge im handwerklichen Be-

---

107 In diesem Sinn auch *Krieger/Rudnik/Povedano Peramato*, NZA 2020, 473 (478).

108 ErfK/*Schmidt*, Art. 3 GG Rn. 1; BVerfG 31.5.1988 – 1 BvL 22/85, BVerfGE 78, 232 (248).

109 BVerfG 27.4.2018 – 1 BvR 3080/09, NJW 2018, 1667 (1670).

110 ErfK/*Schmidt*, Art. 3 GG Rn. 4.

111 *Alipour/Falck/Schüller*, Germany's Capacity to Work from Home, CESifo Working Papers 8227/2020, S. 2, 20.

reich können schlechterdings nicht vom heimischen Schreibtisch aus erledigt werden.

Ein kodifizierter Rechtsanspruch könnte nur Arbeitnehmern, die einer Bürotätigkeit nachgehen, zugutekommen. Die Ungleichbehandlung von Arbeitnehmern, die ihre Arbeit begriffsnotwendig in der Betriebsstätte oder im Außendienst erledigen müssen, und solchen, die im Homeoffice arbeiten können, findet ihre Rechtfertigung darin, dass die Erbringung von Dienstleistungen fernab der Bürotätigkeit nicht im Homeoffice erfolgen kann. Dadurch, dass das Recht auf Verlagerung der Arbeit in das Homeoffice aber immerhin von gut der Hälfte der Beschäftigten in Anspruch genommen werden kann, wird ein erheblicher Teil der Bevölkerung vor dem Risiko einer Ansteckung mit dem Coronavirus geschützt; dies dient nicht nur dem Schutz der betroffenen Arbeitnehmer, sondern dem Gesundheitsschutz der Gesamtbevölkerung. Darin liegt ein von der Verfassung anerkannter legitimer Zweck, der die Ungleichbehandlung rechtfertigt.

b) Arbeitsrechtlicher Gleichbehandlungsgrundsatz

In den Fällen, in denen nur ein Teil der Belegschaft in das Homeoffice versetzt wird, stellt sich die Frage, wie der aus Art. 3 Abs. 1 GG abgeleitete arbeitsrechtliche Gleichbehandlungsgrundsatz Berücksichtigung findet. Allein das Vorhandensein von Homeoffice-Regelungen für andere Arbeitnehmer führt nicht automatisch zu einem Anspruch, wenn die Aufgabenbereiche der anderen Arbeitnehmer nicht vergleichbar sind.[112]

So kann die Anwesenheit einer Mindestzahl an Beschäftigten in der Betriebsstätte zwingend erforderlich sein, um den Betrieb aufrechtzuerhalten. Dann muss der Arbeitgeber zunächst den schutzwürdigeren Arbeitnehmern (etwa denjenigen mit relevanten Vorerkrankungen) eine Homeoffice-Tätigkeit ermöglichen.[113]

4. Berufsfreiheit, Art. 12 Abs. 1 GG

Die Versetzung in das Homeoffice steht unzweifelhaft im unmittelbaren Zusammenhang mit der Berufsausübung des Arbeitnehmers. Die Berufs-

112 LAG Rheinland-Pfalz 18.12.2014 – 5 Sa 378/14, BeckRS 2015, 66249.
113 Vgl. ArbG Siegburg 16.12.2020 – 4 Ga 18/20, NZA-RR 2021, 129.

freiheit iSv Art. 12 Abs. 1 GG ist als einheitliches Grundrecht ausgestaltet und schützt neben der Berufswahl die Berufsausübung.[114] Ein Versetzung des Arbeitnehmers durch den Arbeitgeber in die Privatwohnung betrifft zwar nicht den Zugang zum Beruf, aber den Arbeitsort und damit die Modalitäten, das „Wie" der Berufsausübung.[115]

Die Rechtfertigung eines solchen Eingriffs richtet sich nach der allgemein anerkannten und im sog. Apothekenurteil des BVerfG[116] entwickelten Drei-Stufen-Lehre, wonach Berufsausübungsregelungen nur gerechtfertigt sind, soweit sie wegen vernünftiger Erwägungen des Allgemeinwohls zweckmäßig sind. Zum einen ist also der Rechtfertigungsmaßstab niedrig angesetzt, selbst die Vermeidung einer abstrakt angenommenen Gefährdung des Lebens und der körperlichen Unversehrtheit anderer Menschen (Art. 2 Abs. 2 S. 1 GG) würde ausreichen. Außerdem erscheint der Eingriff in die grundrechtlich geschützte Berufsfreiheit des Arbeitnehmers iSd Art. 12 Abs. 1 GG – er kann nicht wie gewünscht die Betriebsstätte aufsuchen und seine Wohnung in einem beschränkten Zeitraum zu beruflichen Zwecken nutzen – mit Blick auf die dem Arbeitgeber und der Allgemeinheit möglicherweise drohenden Nachteile nicht allzu tief zu sein.

5. Austausch und soziale Interaktion, Art. 2 Abs. 1 GG

Der Arbeitnehmer verliert während der Arbeit im Homeoffice den unmittelbaren Kontakt zu seinen Kollegen. Die Möglichkeit, sich mit ihnen auszutauschen, besteht nicht im gleichen Maß wie zuvor. Es besteht die Gefahr, dass die Grenzen von Arbeit und Freizeit zerfließen. Außerdem ist der Arbeitnehmer für die betriebliche Interessenvertretung und die im Betrieb vertretenen Gewerkschaften schwerer erreichbar.[117] Sicher leiden nicht wenige Beschäftigte in der Zeit, in der sie ohne persönliche Kontakte ihrer Arbeit nachgehen.

Es ist jedoch zu bedenken, dass der Eingriff bei pandemiebedingter Verlagerung der Arbeit zeitlich begrenzt ist und ein Eingriff in das Auf-

---

114 Siehe den Überblick bei *Mann/Worthmann*, JuS 2013, 385 (387 mwN).

115 Zu der Abgrenzung im Einzelnen siehe stellvertretend BVerfG 20.4.2004 – 1 BvR 838/01 ua, BVerfGE 110, 304 (321) = NJW 2004, 1935 ff.

116 BVerfG 11.6.1958 – 1 BvR 596/56, BVerfGE 7, 377 ff.

117 So LAG Berlin-Brandenburg 14.11.2018 – 17 Sa 562/18, BeckRS 2018, 34001 Rn. 21.

fanggrundrecht der Allgemeinen Handlungsfreiheit vor dem Hintergrund eines sich dynamisch entwickelnden Infektionsgeschehens gerechtfertigt werden kann. Obwohl die Folgen fehlenden Kontakts mit den Arbeitskollegen vor Ort sicher im Ergebnis weniger schwer ins Gewicht fallen als die Gefahr, sich oder andere mit dem Coronavirus zu infizieren, ist das Bedürfnis nach sozialer Aktion durch die allgemeine Handlungsfreiheit gemäß Art. 2 Abs. 1 GG grundrechtlich geschützt und in der Gesamtschau nicht zu vernachlässigen.

III. Grundrechtspositionen des Arbeitgebers (Art. 12 Abs. 1, 14 Abs. 1 und Art. 2 Abs. 1 GG)

Auch aufseiten des Arbeitgebers streiten Grundrechte: Für ihn können die Folgen der Coronavirus-Pandemie und die in diesem Zusammenhang erlassenen Schutzmaßnahmen erhebliche Auswirkungen auf die Aufrechterhaltung der Betriebsabläufe und seine Betriebsorganisation haben, im schlimmsten Fall kann sogar seine wirtschaftliche Existenz gefährdet sein. Insofern liegt es nahe, die Bedeutung der Wirtschaftsgrundrechte des Arbeitgebers in die Überlegungen einzubeziehen.

Anerkannt ist, dass die Berufsfreiheit iSv Art. 12 Abs. 1 GG dergestalt von der Eigentumsfreiheit iSv Art. 14 GG abgegrenzt wird, dass Art. 12 Abs. 1 GG den Erwerb und Art. 14 GG das Erworbene schützt.[118] Nicht selten sind Berufs- und Eigentumsfreiheit aber gleichermaßen von wirtschaftslenkenden Regelungen betroffen, dann sind sie nebeneinander anwendbar.[119] Berufs- und Eigentumsfreiheit des selbstständigen bzw. unternehmerisch tätigen Arbeitgebers betreffen in ihren wirtschaftlichen Funktionen die gleiche Freiheitssphäre und ähnliche Schutzgüter. Sie schützen die Wirtschaftsfreiheit bzw. die Freiheit der unternehmerischen Betätigung.[120]

---

118 Siehe stellvertretend BVerfG 1.4.1971 – 1 BvL 22/67, BVerfGE 31, 8 (32); BVerfG 8.11.1983 – 1 BvL 8/81, BVerfGE 65,237 (248) = NVwZ 1984, 365 ff.

119 BeckOK-GG/*Ruffert*, Art. 12 Rn. 161.

120 Maunz/Dürig/*Scholz*, GG, Art. 12 Rn. 131 ff.; teilweise werden diese Freiheiten auch dem Hauptfreiheitsrecht des Art. 2 Abs. 1 GG unterstellt, siehe dazu Maunz/Dürig/*Scholz*, GG, Art. 12 Rn. 123.

1. Anspruch des Arbeitnehmers auf Arbeit im Homeoffice

Der Wunsch des Arbeitnehmers, in der Pandemiesituation in das Homeoffice zu wechseln, ist mit Belastungen für den Arbeitgeber verbunden.

a) Schutzbereich

Der Berufsbegriff ist nicht auf unselbstständige Tätigkeiten zu begrenzen; auch die unternehmerische Betätigung wird, unabhängig davon, in welcher Rechtsform sie erfolgt, vom Schutzbereich der Berufsfreiheit gemäß Art. 12 Abs. 1 GG umfasst.[121] Rechtsprechung und Literatur leiten aus der Berufsfreiheit des Art. 12 Abs. 1 GG für Unternehmer und Selbstständige vielfältige Einzelfreiheiten ab.[122] Nach der Rechtsprechung des BVerfG umfasst die Berufsfreiheit auch die Unternehmerfreiheit, dh das freie Gründen und Führen von Unternehmen, sofern es sich dabei um Tätigkeiten handelt, die den allgemeinen Voraussetzungen eines Berufs entsprechen.[123] Geschützte Einzelfreiheit des Unternehmens ist neben der Dispositions-, der Produktions-, der Preis-, der Wettbewerbs- und der Vertragsfreiheit auch die Organisationsfreiheit.[124]

Die Entscheidung des Arbeitgebers, in seinem Betrieb im Rahmen des billigen Ermessens über Inhalt, Zeit und Ort der Arbeitsleistung iSv § 611a BGB, § 106 GewO zu bestimmen, ist als Teil der ihm obliegenden Betriebsorganisation grundrechtlich von der unternehmerischen Gestaltungsfreiheit gemäß Art. 12 Abs. 1, 14 Abs. 1, 2 Abs. 1 GG geschützt; geschützt ist also auch die Entscheidung des Arbeitgebers, den Betrieb als Arbeitsort festzulegen.[125] Die Gestaltungsfreiheit hinsichtlich der betrieblichen Organisation ist wesentlicher Teil der freien unternehmerischen Entscheidung; von ihr umfasst ist auch die Festlegung, an welchem Standort welche arbeitstechnischen Ziele verfolgt werden.[126]

---

121 Sachs/*Mann*, GG, Art. 12 Rn. 44; Maunz/Dürig/*Scholz*, GG, Art. 12 Rn. 18.

122 *Breuer*, Handbuch des Staatsrechts, Bd. III, § 170 Rn. 86 ff.; Maunz/Dürig/*Scholz*, GG, Art. 12 Rn. 132 f.

123 BVerfG 1.3.1979 – 1 BvR 532/77, BVerfGE 50, 290 ff.

124 *Mestmäcker*, FS Westermann, S. 411 (415 ff.); BVerfG 1.3.1979 – 1 BvR 532/77, BVerfGE 50, 290 (364 ff.).

125 *Benkert*, NJW-Spezial 2019, 306.

126 LAG Rheinland-Pfalz 18.12.2014 – 5 Sa 378/14, BeckRS 2015, 66249; vgl. BAG 29.3.2007 – 2 AZR 31/06, NZA 2007, 855 Rn. 23; BAG 27.9.2001 – 2 AZR 246/00, RdA 2002, 372 Rn. 20.

b) Eingriff und verfassungsrechtliche Rechtfertigung

Ein Anspruch, der es dem Arbeitnehmer ermöglicht, einseitig eine Verlagerung des Arbeitsorts herbeizuführen, greift massiv in die dem Arbeitgeber obliegende Organisationsfreiheit ein, zu deren Kern es gehört, darüber entscheiden zu können, wo er welchen Arbeitnehmer mit Aufgaben betraut. Zudem kommen ein erheblicher Mehraufwand in der Arbeitsorganisation und möglicherweise auch höhere Kosten auf ihn zu; es ist etwa denkbar, dass beim Arbeitgeber Kosten für die Einrichtung eines Homeoffice-Arbeitsplatzes anfallen und er gleichzeitig in der Betriebsstätte einen weiteren Arbeitsplatz vorhalten muss. Nicht zuletzt dürfte eine Überwachung der Arbeitsleistung deutlich schwieriger sein, zumindest mit höherem Aufwand einhergehen.

Da die Organisationsfreiheit bei der Ausübung des Berufs des selbstständigen Unternehmers zum Tragen kommt, sind Eingriffe nach der im Apothekenurteil des BVerfG entwickelten Drei-Stufen-Lehre[127] nur gerechtfertigt, soweit vernünftige Erwägungen des Allgemeinwohls sie zweckmäßig erscheinen lassen. Da der Gesundheitsschutz der Bevölkerung und die Verhinderung einer Überlastung des Gesundheitssystems vernünftige Gründe des Allgemeinwohls sind, ist der Eingriff in die Wirtschaftsfreiheit des Arbeitgebers in dem Fall, dass der Arbeitgeber eine Verlagerung des Arbeitsorts in das Homeoffice auf der Grundlage eines Rechtsanspruchs wünscht, in der Regel wohl hinnehmbar. Anders als bei behördlichen Betriebsschließungen, die in die durch Art. 14 Abs. 1 GG geschützte Substanz des Gewerbebetriebs eingreifen, betrifft die Verlagerung des Arbeitsorts in den häuslichen Kontext allenfalls mittelbar Gewinnchancen und nicht die Unternehmenssubstanz, weshalb sich auch die Frage nach Entschädigungen durch die öffentliche Hand anders als im Fall von Betriebsschließungen oder vergleichbaren Maßnahmen, durch die die Betriebsführung zum Erliegen kommt, nicht stellt.[128]

2. Versetzung in das Homeoffice auf Weisung des Arbeitgebers

In Zeiten der Pandemie wird allerdings insbesondere der Arbeitgeber ein Interesse daran haben, den Arbeitsort seiner Arbeitnehmer in die häusliche Sphäre zu verlagern, um einerseits seiner Rücksichtnahmepflicht nachzu-

---

127 Siehe Fn. 116.

128 *Shirvani*, NVwZ 2020, 1457 (1458).

kommen und andererseits die Arbeitsfähigkeit seines Betriebs dauerhaft aufrechterhalten zu können.[129] Insofern findet die grundrechtlich gemäß Art. 12 Abs. 1, 14 Abs. 1, 2 Abs. 1 GG (s. o.) geschützte Rechtsposition des Arbeitgebers in der Abwägung auch für den Fall Berücksichtigung, dass der Arbeitnehmer sich weigert, in das Homeoffice zu wechseln; die Abwägung der Interessen erfolgt dann im Einzelfall.

IV. Abwägung und Fazit

Wie gezeigt berührt eine Verlagerung des Arbeitsorts in den häuslichen Kontext grundrechtliche Positionen von Arbeitnehmer von Arbeitgeber in erheblichem Maße. Eine auf die Situation angepasste Abwägung der einzelnen Interessen der Arbeitsvertragsparteien obliegt im Konfliktfall der Rechtsprechung. Eine Gewichtung und Abwägung der verschiedenen Interessen auf abstrakter Ebene vorzunehmen, erscheint vor dem Hintergrund der vielen denkbaren Konstellationen und Ausgangslagen schwer möglich. Dennoch sind dem oben Dargelegten Wertungen zu entnehmen, die bei einer Kodifizierung eines Anspruchs auf die Verlagerung des Arbeitsorts in das Homeoffice und bei einer entsprechenden Weisung durch den Arbeitgeber zwingend Berücksichtigung finden müssen.

129 Siehe dazu 3. Teil A.

Seit Beginn der Coronavirus-Pandemie arbeiten, wie gezeigt wurde,[130] mehr Arbeitnehmer im Homeoffice. Dies steht im Einklang mit den eindringlichen Aufforderungen von Bund und Ländern an die Unternehmen, zum Zweck der Pandemieabwehr, „wo immer dies umsetzbar ist, Heimarbeit oder das mobile Arbeiten zu Hause zu ermöglichen".[131]

Die Einführung von Homeoffice bedarf grundsätzlich einer vertraglichen Übereinkunft der Parteien.[132] Inzwischen ermöglichen und erleichtern dies auch kollektiv-rechtliche Vereinbarungen;[133] auch auf der Grundlage einer Betrieblichen Übung wird die Einführung teilweise für möglich gehalten.[134] Soweit der rechtliche Rahmen zwischen den Parteien bereits besteht, kann im Kontext der Pandemie darauf zurückgegriffen werden. Schwieriger wird es, wenn bisher kein rechtliches Fundament für die Erbringung der Arbeit aus dem Homeoffice geschaffen wurde; dann geht es um das Recht der Parteien, den Vertrag inhaltlich zu verändern.

Neben der Makroperspektive der Pandemieabwehr dürfte aber auch aus der Mikroperspektive von Arbeitgeber und Arbeitnehmer ein gesteigertes

---

130 Siehe dazu 1. Teil B.

131 Exemplarisch siehe den Beschluss der Bund-Länder-Konferenz v. 28.10.2020, Nr. 13 (abrufbar unter: https://www.bundesregierung. de/resource/blob/997532/1805024/5353edede6c0125ebe5b5166504dfd79/2020–10–28-mpk-beschluss-corona-data.pdf, zuletzt abgerufen am 31.5.2021).

132 *Fuhlrott*, in: Kramer, IT-Arbeitsrecht, B. Rn. 22; *Günther/Böglmüller*, ArbRAktuell 2020, 186; *Müller*; Homeoffice, § 2 Rn. 120 ff.; *Sievers*, jM 2020, 189 (193).

133 Siehe aus der jüngeren Zeit den Tarifvertrag zur flexiblen Gestaltung des Arbeitsortes im SWR v 3.2.2014 (abrufbar unter: https://rundfunk.verdi.de/++co++8dcf5a48-b069-11e4-8b12-525400248a66, zuletzt abgerufen am 31.5.2021); Tarifvertrag zum Mobilen Arbeiten in der Edelmetallindustrie Baden-Württemberg v. 7.5.2018 (abrufbar unter: https://www.bw.igm.de/tarife/tarifvertrag.html?id=87504, zuletzt abgerufen am 31.5.2021). Zur Einführung von Homeoffice durch Betriebsvereinbarung in Zeiten der Coronavirus-Pandemie *Krieger/Rudnik/Povedano Peramato*, NZA 2020, 473 (476 ff.).

134 *v. Steinau-Steinrück/Beismann*, NJW-Spezial 2020, 626 f. Dieses Ergebnis ist vor dem Hintergrund der Zurückhaltung des BAG bei der Anerkennung einer betrieblichen Übung außerhalb von Geldzahlungsansprüchen zu bezweifeln, vgl. BAG 17.9.1970 – 5 AZR 539/69, NJW 1971, 163 f.; *Chr. Picker*, ZfA 2019, 269, 277 ff.; *Waltermann*, ArbR, Rn. 97.

Interesse an einer Vertragsanpassung hin zur Homeoffice-Tätigkeit im Kontext der Pandemie entstanden sein.

A. Interesse des Arbeitgebers an der Vertragsanpassung

I. Erhalt des Pflichtenkatalogs: Leistungspotenzial

Ist die Erbringung der Arbeitsleistung laut Vertrag in einer konkreten Betriebsstätte geschuldet, der Arbeitnehmer an der Erbringung dort aber gehindert, wird dem Arbeitgeber daran gelegen sein, dem Arbeitnehmer einen anderen Ort zuzuweisen, um das Leistungspotenzial der Arbeitskraft zu erhalten. Insofern dürfte die Unmöglichkeit der Arbeitsleistung bzw. deren Unzumutbarkeit iSv § 275 Abs. 3 BGB für den Arbeitgeber zentraler Beweggrund dafür sein, die Arbeit in das Homeoffice zu verlagern. Entscheidend ist, dass der Anspruch auf die Arbeitsleistung nicht realisierbar ist, ohne die vertraglich vereinbarten Leistungsmodalitäten anzupassen.

1. Unmöglichkeit der Arbeitsleistung im Betrieb

a) Das Tatbestandsmerkmal der Unmöglichkeit

Eine Leistung ist unmöglich, wenn sie dauerhaft – jedenfalls vom Schuldner – nicht mehr erbracht werden kann.[135] Für die Erbringung der Leistung ist erforderlich, dass sie mit dem geschuldeten Inhalt zur vereinbarten Zeit am vereinbarten Ort durch den Schuldner gegenüber dem Gläubiger vorgenommen wird.[136] Die Arbeitsleistung ist in der Regel eine absolute Fixschuld:[137] Die Arbeit eines Tages ist später nicht nachholbar, weil dann bereits eine andere Teilleistung geschuldet ist.[138]

---

135 HK-BGB/*Schulze*, § 275 Rn. 2.

136 *Brox/Walker*, Schuldrecht AT, § 14 Rn. 1 f.

137 ErfK/*Preis*, § 611a BGB Rn. 675 ff.; MHdB-ArbR/*Reichhold*, § 43 Rn. 8 ff.; Staudinger/*Richardi/Fischinger*, § 611a BGB Rn. 1077; *Waltermann*, ArbR, Rn. 216 f.; etwas zu weitgehend erscheint die Auffassung des Gesetzgebers, bei der Arbeitsleistung handele es sich immer um eine absolute Fixschuld, siehe BT-Drs. 14/6040 S. 129.

138 ErfK/*Preis*, § 611a BGB Rn. 676; vgl. auch BAG 19.8.2015 – 5 AZR 975/13, NZA 2015, 1460 (1461).

aa) Gründe für Unmöglichkeit während der Pandemie

Neben der Arbeitsunfähigkeit in Folge Krankheit können sich in einer Pandemiesituation weitere Umstände auf die Möglichkeit der Leistungserbringung auswirken. Bspw. kann ein Aufenthalt außerhalb der privaten Wohnung wegen Quarantänepflicht oder Ausgangsbeschränkung nicht gestattet oder die Arbeitsstätte von einer Betriebsschließung betroffen sein. Der Arbeitnehmer kann bzw. darf den Arbeitsort dann nicht mehr aufsuchen.

bb) Ergänzende Vertragsauslegung als Sperre der Unmöglichkeit

Unmöglichkeit kann jedoch nur dann eintreten, wenn der Arbeitsort, sobald die leistungshindernden Umstände eintreten, noch am unerreichbaren Ort liegt. Das ist nicht der Fall, wenn der Arbeitsvertrag vorsieht, dass sich der Arbeitsort in dieser Ausnahmesituation automatisch hin zum heimischen Schreibtisch verändert. In der Regel wird der Arbeitsvertrag eine solche *Force-Majeure*-Klausel allerdings nicht enthalten,[139] sodass lediglich eine ergänzende Vertragsauslegung gemäß §§ 133, 157 BGB in Betracht kommt.

Grundsätzlich kann ein anderer Leistungsort auf diese Weise bestimmt sein, wenn eine Leistung nicht dort erbracht werden kann, wo sie nach den Vorgaben der Parteien geschuldet ist (Teilunmöglichkeit[140]).[141] Dafür muss jedoch eine planwidrige Regelungslücke bestehen, die keinesfalls bei jeder Nichtregelung anzunehmen ist.[142] Die ergänzende Vertragsauslegung darf allerdings nicht auf „Anpassung des Gewollten an die Wirklichkeit [zielen, sondern soll] den in dem Vereinbarten zu Tage tretenden Planvorstellungen [der Parteien] zum Durchbruch […] verhelfen.“[143] Entschei-

---

139 Vgl. *Riehm/Thomas*, JURA 2020, 1164.

140 Staudinger/*Caspers*, § 275 BGB Rn. 61; MüKo-BGB/*Ernst*, § 275 Rn. 130; vgl. auch jurisPK-BGB/*Kerwer*, § 269 Rn. 25.

141 Staudinger/*Caspers*, § 275 BGB Rn. 61. jurisPK-BGB/*Kerwer*, § 269 Rn. 25 stellt unter Hinweis auf BGH 20.5.1955 – V ZR 197/54, BB 1955, 844 (845) auf § 242 BGB ab.

142 BGH 14.11.2003 – V ZR 346/02, NJW-RR 2004, 554; BGH 1.2.1984 – VIII ZR 54/83, NJW 1984, 1177 (1178); Erman/*Armbrüster*, § 157 BGB Rn. 16; MüKo-BGB/*Busche*, § 157 Rn. 38 ff.

143 BGH 14.11.2003 – V ZR 346/02, NJW-RR 2004, 554; vgl. auch Erman/*Armbrüster*, § 157 BGB Rn. 15; *Schwarze*, Recht der Leistungsstörungen, § 6 Rn. 7.

dend ist, dass das „Ergänzungsbedürfnis innerhalb der wirklich gewollten Vereinbarungen [entsteht]".[144] Dies mag bei einem Wohnsitzwechsel des Schuldners in das Ausland im Rahmen eines punktuellen Schuldverhältnisses denkbar sein,[145] nicht aber bei einer so grundlegenden Änderung des Vertragsverhältnisses, dass eine Herleitung aus dem Parteiwillen ausscheidet[146]. Es bedeutet einen qualitativen Unterschied, ob etwa eine Geldforderung aus einem punktuellen Schuldverhältnis wegen erheblicher Änderungen nun jenseits der Grenze geschuldet oder ob eine Arbeitsleistung für mehrere Monate bis Jahre außerhalb des Betriebs erbracht werden soll, in dem sie ursprünglich geschuldet war. Das Arbeitsverhältnis würde durch eine ergänzende Vertragsauslegung dahin, dass während der Pandemielage der Arbeitsort im Homeoffice liegt, in mehrerer Hinsicht umgestaltet werden, da sich neben der längerfristigen Änderung des Arbeitsorts auch teilweise der Inhalt von Pflichten, die die Erbringung der Arbeitsleistung unterstützen, änderte, etwa wie Arbeitszeitvorgaben überprüft, arbeitsschutzrechtliche Anordnungen umgesetzt und Arbeitsmaterialien beschafft werden. Eine solche Auslegung ändert das Arbeitsverhältnis von Grund auf und unterscheidet sich erheblich von den Parteivorstellungen bei Vertragsschluss.[147]

Eine ergänzende Vertragsauslegung ermöglicht damit in der Regel keine Anpassung des Arbeitsorts im Fall einer pandemischen Lage. Abweichende Ergebnisse in Einzelfällen sind nicht auszuschließen. So bleibt es im Fall einer Ortsunmöglichkeit der Arbeitsleistung während einer Pandemie in der Regel bei der Unmöglichkeit der gesamten Arbeitsleistung.

---

144 BGH 14.11.2003 – V ZR 346/02, NJW-RR 2004, 554.

145 Der BGH befasste sich in einer Entscheidung v. 20.5.1955 – V ZR 197/54, BB 1955, 844 mit dieser Frage im Hinblick auf die Zulässigkeit der Zwangsvollstreckung einer durch notariell beurkundeten Vergleich entstandenen Forderung über Aufwertungsbeträge zweier Hypotheken.

146 So BGH 26.4.2017 – IV ZR 126/16, NJW 2017, 2191, 2192. In der Entscheidung wurde in einem solchen Fall eine Vertragsanpassung auf Grundlage von § 313 BGB geprüft; wohl ebenso Palandt/*Grüneberg*, § 313 Rn. 10.

147 Vgl. LAG Düsseldorf 10.9.2014 – 12 Sa 505/14, BeckRS 2014, 73155; LAG Köln 14.8.2020 – 9 TaBV 11/20, BeckRS 2020, 27011 Rn. 31; siehe aber auch LAG Hessen 18.6.2020 – 5 TaBVGa 74/20, NZA 2021, Rn. 14 f.

b) Die Rechtsfolge der Unmöglichkeit

Im Fall der Unmöglichkeit folgt aus § 275 Abs. 1 BGB, dass der Anspruch auf die Leistung erlischt. Dies beruht auf dem römisch-rechtlichen Grundsatz *impossibilium nulla obligatio*[148] und ist insofern zwingend, als der Schuldner spätestens mit Eintritt der Unmöglichkeit von der Leistungspflicht befreit ist.[149] Diese Anordnung bezieht sich jedoch nicht auf das Schuldverhältnis im weiteren Sinn, sondern ausschließlich auf die Pflicht zur Arbeitsleistung.[150]

Diese Pflicht erlischt nach den Vorgaben der Norm nicht endgültig, sondern nur „soweit", wie sie unmöglich geworden ist. Der Schuldner ist nur solange befreit, wie er tatsächlich nicht leisten kann.[151] Im Fall der pandemiebedingten Beschränkungen können die vertraglichen Pflichten lediglich vorübergehend und nicht dauerhaft nicht erfüllt werden, es handelt sich also nur um einen Fall der zeitlichen Teilunmöglichkeit.[152] Sobald die Teilleistungen aufgrund einer erneuten Veränderung der Umstände wieder erbracht werden können, ist der Arbeitnehmer auch wieder dazu verpflichtet. Diese Änderung kann sowohl von außen auf das Schuldverhältnis wirken (zB im Fall der Rücknahme pandemiebedingter Maßnahmen) als auch von innen aus dem Schuldverhältnis heraus bewirkt werden (zB bei Änderung der geschuldeten Leistung bzw. ihrer Modalitäten).

148 Dig. 50, 17, 185.

149 Ein früherer Übergang der Leistungsgefahr ist aber durchaus privatautonom möglich: MüKo-BGB/*Ernst*, § 275 Rn. 32; *ders.*, FS Huber, S. 165 (204 f., 206 f.). Andere Unmöglichkeitsfolgen wie zB § 326 Abs. 1, 2 BGB sind dahingegen dispositiv, siehe BGH 13.1.2011 – III ZR 87/10, NJW 2011, 756 (758 mwN).

150 MüKo-BGB/*Ernst*, § 275 Rn. 71; Jauernig/*Stadler*, BGB, § 275 Rn. 31; *Zerres*, Bürgerliches Recht, S. 112.

151 Staudinger/*Caspers*, § 275 Rn. 57; MüKo-BGB/*Ernst*, § 275 Rn. 132; vgl. auch BT-Drs. 14/6040, S. 128 f.

152 Vgl. MHdB-ArbR/*Reichhold*, § 43 Rn. 7. Diese Konstellation darf nicht mit der Figur der „vorübergehenden Unmöglichkeit" verwechselt werden: Hier wird eine einmal geschuldete Leistung, die für eine gewisse Zeit nicht erbracht werden kann, zu einem späteren Zeitraum wieder möglich, siehe zu deren rechtlicher Behandlung Staudinger/*Caspers*, § 275 Rn. 48 ff.

2. Unzumutbarkeit der Arbeitsleistung im Betrieb

Neben dem Wegfall der Leistungspflicht wegen Unmöglichkeit bewirkt § 275 BGB in bestimmten Fällen der Unzumutbarkeit eine dauerhafte Hemmung der geschuldeten Leistung: Die Abs. 2 und 3 ermöglichen dem Schuldner bei Unverhältnismäßigkeit des Erbringungsaufwands (Abs. 2 S. 1) oder persönlicher Unzumutbarkeit der Leistungserbringung (Abs. 3), die Leistung zu verweigern. Ist die Leistung teilweise unzumutbar, greift die gleiche Rechtsfolge wie im Fall der Teilunmöglichkeit.[153]

Im Kontext der Pandemie wird vornehmlich an den Fall der persönlichen Unzumutbarkeit gemäß § 275 Abs. 3 BGB zu denken sein.[154] Ein Leistungsverweigerungsrecht besteht, wenn Eltern ihre erkrankten Kinder beaufsichtigen müssen.[155] Außerdem ist § 275 Abs. 3 BGB anwendbar, wenn Eltern aufgrund von Schulschließungen ihre Kinder im Alter bis zwölf Jahre bzw. hilfebedürftige behinderte Kinder unabhängig vom Alter beaufsichtigen müssen und deshalb nicht zur Arbeit erscheinen können.[156] Dafür ist jedoch erforderlich, dass eine anderweitige Betreuungsmöglichkeit ausscheidet.[157] Obliegt die Sorge den Eltern gemeinsam, kann sich grundsätzlich nur ein Elternteil auf § 275 Abs. 3 BGB berufen.[158]

Abzulehnen ist ein solcher Einwand, wenn ein Arbeitnehmer aus Furcht vor einer Ansteckung nicht mehr im Betrieb arbeiten oder den Weg dort-

---

153 MüKo-BGB/*Ernst*, § 275 Rn. 125.

154 Näher zu § 275 Abs. 3 BGB in der Coronavirus-Pandemie *Bonanni*, ArbRB 2020, 110 (112); *Dehmel/Hartmann*, BB 2020, 885 (885 f.); *Fischinger/Hengstberger*, JA 2020, 561 (563 f.).

155 BAG 20.6.1979 – 5 AZR 479/77, NJW 1980, 903 f.; *Brose*, NZA 2011, 719 mit vielen Nachw.

156 So die wohl hM, vgl. *Fischinger/Hengstberger*; JA 2020, 561 (563 f.); *Hohenstatt/Krois*, NZA 2020, 413 (414); *Weller/Lieberknecht/Habrich*, NJW 2020, 1017 (1019). Die Eingrenzung orientiert sich an der Regelung von § 45 SGB V und § 56a Abs. 1 IfSG, siehe dazu *Fischinger/Hengstberger*; JA 2020, 561 (564); *Klein*, NJ 2020, 377 (380).

157 Vgl. BAG 19.4.1978 – 5 AZR 834/76, NJW 1978, 2316 (2317); BAG 20.6.1979 – 5 AZR 361/78, AP BGB § 616 Nr. 50 [zu 4.]; BeckOK-ArbR/*Joussen*, § 616 BGB Rn. 29; Erman/*Riesenhuber*, § 616 BGB Rn. 27.

158 Vgl. BAG 20.6.1979 – 5 AZR 361/78, AP BGB § 616 Nr. 50 [zu 4.] mit zustimmender Anm. *Herschel* [zu III.]; MüKo-BGB/*Henssler*, § 616 Rn. 36; Erman/*Riesenhuber*, § 616 BGB Rn. 27.

hin nicht mehr auf sich nehmen möchte.[159] Etwas anderes kann nur in eng begrenzten Ausnahmefällen gelten.[160]

Neben das Leistungsverweigerungsrecht im Fall der Betreuung erkrankter Kinder gemäß § 275 Abs. 3 BGB tritt der Freistellungsanspruch gemäß § 45 Abs. 3, 5 SGB V.[161]

II. Sonstige Interessen

Auch über den Erhalt des Leistungspotentials hinaus sind Interessen des Arbeitgebers an der Einführung von Homeoffice denkbar. Diese sonstigen Interessen können sowohl pandemiebedingt sein als auch auf allgemeinen betriebswirtschaftlichen Erwägungen fußen:[162]

So kann der Arbeitgeber etwa anstreben, durch eine entsprechende Änderung der Arbeitsorganisation den behördlichen Empfehlungen Folge zu leisten, um einen Beitrag zum Infektionsschutz zu leisten. Dies mag aus einer solidarischen Grundhaltung resultieren oder dem Ziel dienen, konkrete Fürsorgepflichten (§ 618 BGB) zu erfüllen. Er kann sich von einer entsprechenden Einführung auch Planungssicherheit erhoffen, schließlich stellt die Beschäftigung der Arbeitnehmer im Betrieb während der Pandemie ein Risiko dar: Ein Mitarbeiter kann aufgrund einer Quarantäneanordnung ausfallen oder der gesamte Betrieb kann aufgrund eines Infektionsclusters durch die zuständige Behörde geschlossen werden, auch flächendeckende Betriebsschließungen sind möglich. Eine rechtmäßige Verlagerung der Tätigkeit in das Homeoffice stellt somit sicher, dass der gewählte Arbeitsmodus in der Pandemie beibehalten werden kann. Darüber hinaus kann dem Arbeitgeber an einer mit der Einführung von Homeoffice einhergehenden Kostensenkung gelegen sein.[163] Ebenfalls

---

159 *Dehmel/Hartmann*, BB 2020, 885 f.; *Falter*, BB 2009, 1974 (1980); *Fischinger/Hengstberger*, JA 2020, 561 (567); *Kollmer*, in: Kollmer/Klindt/Schucht, ArbSchG, Überbl. Vor § 1 Rn. 144, 152; *Schaer*, MDR 2020, R 5; *Weller/Lieberknecht/Habrich*, NJW 2020, 1017 (1019).

160 *Beden/Rombey*, BB 2020, 2870 (2873 f.); siehe auch *v. Steinau-Steinrück/Jöris*, NZA 2020, 1368 ff.

161 Näher dazu *Brose*, NZA 2011, 719 ff.

162 Siehe auch die Übersicht bei *Müller*, Homeoffice, § 1 Rn. 6 f.

163 Vgl. *Hammermann/Voigtländer*, IW-Trends 3/2020, S. 75 (abrufbar unter: https://www.iwkoeln.de/fileadmin/user_upload/Studien/IW-Trends/PDF/2020/IW-Trends_2020-03-04_Hammermann-Voigtl%C3%A4nder.pdf, zuletzt abgerufen am 31.5.2021).

kann verhaltensleitend sein, das Risiko, sich aufgrund pflichtwidriger Vorenthaltung von Homeoffice schadensersatzpflichtig zu machen, zu vermeiden.[164]

III. Zwischenergebnis

Der Arbeitgeber kann in Zeiten der Pandemie wie gezeigt in vielerlei Hinsicht ein gesteigertes Interesse daran haben, die Tätigkeit des Arbeitnehmers in das Homeoffice zu verlagern. Am gewichtigsten ist sicher das Interesse am Erhalt des Leistungspotenzials, sollte dem Arbeitnehmer die Erbringung der Leistung im Betrieb nicht möglich oder nicht zumutbar sein. Aber auch wenn dem Arbeitgeber ein durchsetzbarer Anspruch auf Erbringung der Leistung wie ursprünglich geschuldet zusteht, kann er ein Interesse an der Einführung von Homeoffice haben, etwa um einen Beitrag zur Pandemieabwehr zu leisten oder um Kosten zu senken. Andererseits streitet aufseiten der Arbeitgeber oftmals der Kosten- und Organisationsaufwand gegen eine Verlagerung der Arbeit in den häuslichen Bereich.[165]

B. Interesse des Arbeitnehmers an der Vertragsanpassung

Auch aufseiten des Arbeitnehmers könnte ein Interesse an der Anpassung des Arbeitsorts in Zeiten der Pandemie bestehen.

I. Erhalt des Pflichtenkatalogs: Entgeltzahlung

Wird die Arbeitsleistung nicht erbracht, ist der Fortbestand der Entgeltzahlungspflicht vor dem Hintergrund des synallagmatischen Charakters

164 Vgl. dazu LAG Rheinland-Pfalz 7.11.2018 – 7 Sa 46/18, BeckRS 2018 Rn. 46 ff.; *Müller*, Anm. zu ArbG Augsburg 7.5.2020 – 3 Ga 9/20, COVuR 2020, 332 (333); *Sievers*, jM 2020, 189 (194). Zum Anspruch auf Schadensersatz bei unterlassener Zuweisung eines behinderungsgerechten Arbeitsplatzes BAG 14.10.2020 – 5 AZR 649/19, NZA 2021, 406 Rn. 27 ff.

165 Vgl. *Hammermann/Voigtländer*, IW-Trends 3/2020, S. 74 (abrufbar unter: https://www.iwkoeln.de/fileadmin/user_upload/Studien/IW-Trends/PDF/2020/IW-Trends_2020-03-04_Hammermann-Voigtl%C3%A4nder.pdf, zuletzt abgerufen am 31.5.2021).

des Arbeitsverhältnisses nicht selbstverständlich. Vorrangig könnte demnach das Interesse des Arbeitnehmers bestehen, das Entgelt zu erhalten.

1. Unmöglichkeit

Kann die Arbeitsleistung wegen der Auswirkungen der Pandemie tatsächlich nicht erbracht werden, erlischt die Entgeltzahlungspflicht als Gegenleistungspflicht gemäß § 326 Abs. 1 S. 1 BGB. Von dem Grundsatz *Kein Lohn ohne Arbeit* sieht das Gesetz jedoch Ausnahmen vor.

Die Gründe für die Nichterbringbarkeit der geschuldeten Leistung können in der Person von Schuldner und Gläubiger sowie in Inhalt, Ort oder Zeit der geschuldeten Leistung liegen.[166] In der gegenwärtigen Pandemiesituation ist neben der akuten Erkrankung des Arbeitnehmers die Lage des Arbeitsorts wohl am häufigsten ausschlaggebend dafür, dass die Leistung nicht erbracht werden kann. So ist denkbar, dass der Arbeitnehmer den Arbeitsort nicht erreichen kann, weil er seinen aktuellen Aufenthaltsort nicht verlassen kann oder er diesen zwar verlassen kann, den konkreten Arbeitsort aber nicht aufsuchen kann oder darf.

a) In der Person des Arbeitnehmers liegende Gründe

aa) Akute Erkrankung des Arbeitnehmers

Für den Fall, dass ein Arbeitnehmer arbeitsunfähig erkrankt ist, steht ihm Lohnfortzahlung im Krankheitsfall gemäß § 3 Abs. 1 Entgeltfortzahlungsgesetz (EFZG) zu.

bb) Absonderung und Tätigkeitsverbot, §§ 30, 31 IfSG

Der Arbeitnehmer kann außerdem dem behördlichen Verbot unterliegen, seinen Aufenthaltsort zu verlassen (Absonderung, § 30 Abs. 1 S. 2 IfSG) bzw. den Arbeitsort aufzusuchen (Tätigkeitsverbot, § 31 S. 1 IfSG). Wegen der Unmöglichkeit entfällt der Entgeltanspruch des Arbeitnehmers nach § 326 Abs. 1 S. 1 BGB. Gemäß § 56 Abs. 1 IfSG steht ihm jedoch ein An-

166 Vgl. *Brox/Walker*, Schuldrecht AT, § 14 Rn. 2.

spruch auf Entschädigung zu. Der Arbeitgeber ist verpflichtet, die Entschädigung auszuzahlen, und kann auf Antrag von der zuständigen Behörde Erstattung verlangen, § 56 Abs. 5 IfSG. Gemäß Abs. 8 kann der Anspruch aus verschiedenen Gründen gekürzt sein, etwa bei böswilligem Unterlassen (S. 1 Nr. 3) einer anderen Beschäftigung.[167] Gänzlich ausgeschlossen ist er sogar, wenn die Infektion etwa durch eine Impfung hätte vermieden werden können (§ 56 Abs. 1 S. 4 IfSG). Der Anspruch aus § 56 Abs. 1 IfSG ist jedoch nachrangig gegenüber § 616 S. 1 BGB,[168] der den Entgeltanspruch des Arbeitnehmers für eine verhältnismäßig nicht erhebliche Zeit aufrechterhält.[169]

Wird der Arbeitnehmer wegen einer Erkrankung, die Arbeitsunfähigkeit begründet,[170] unter Quarantäne gestellt, geht § 3 Abs. 1 EFZG dem Entschädigungsanspruch nach § 56 Abs. 1 IfSG vor.[171] Dies lässt sich ebenso wie auch der Vorrang des Anspruchs aus § 616 Abs. 1 BGB damit begründen, dass § 56 Abs. 1 IfSG als subsidiäre Billigkeitsentschädigung konzipiert wurde.[172]

cc) Ausgangsbeschränkungen

Darüber hinaus können Ausgangsbeschränkungen dafür sorgen, dass Arbeitnehmer, die einer nicht systemrelevanten Tätigkeit nachgehen, sich nicht zu beruflichen Zwecken außerhalb ihrer Wohnung aufhalten dürfen.[173] Liegt in einem solchen Fall der Arbeitsort außerhalb der Wohnung

---

167 Siehe zu diesem Grund einer Anspruchskürzung die Ausführungen zu § 615 S. 2 BGB, 3. Teil B.I.1.b).aa).(4).

168 VG Koblenz, 10.5.2021 – 3 K 107/21.KO, BeckRS 2021, 13968.

169 Zu § 616 Abs. 1 BGB siehe 3. Teil B.I.2.a).

170 Zur Frage der Arbeitsunfähigkeit bei symptomlosen Verläufen siehe *Preis/Mazurek/Schmid*, NZA 2020, 1137 (1138); aA *Noack*, NZA 2021, 251 (252 mwN).

171 Umfassend zu dieser Frage *Preis/Mazurek/Schmid*, NZA 2020, 1137 (1139); iErg auch *Düwell*, BB 2020, 891 (893); *Hohenstatt/Krois*, NZA 2020, 413 (418); *Noack*, NZA 2021, 251 (252); ErfK/*Reinhard*, § 3 EFZG Rn. 19a; HWK/*Vogelsang*, § 3 EFZG Rn. 20; vgl. BAG 26.4.1978 – 5 AZR 7/77, AP LohnFG § 6 Nr. 6 [zu 2.a)]; aA *Bonanni*, ArbRB 2020, 110 (114); MHdB-ArbR/*Greiner*, § 80 Rn. 41; MüKo-BGB/*Müller-Glöge*, § 3 EFZG Rn. 10. Weiterführend ArbG Aachen 11.3.2021 – 1 Ca 3196/20, BeckRS 2021, 22029.

172 Vgl. zur Vorgängernorm § 49 BSeuchG idF v. 18.7.1961 BGH 30.11.1978 – III ZR 43/77, NJW 1979, 422 (424); BT-Drs. 3/1888, S. 27.

173 So etwa geschehen in Kalifornien/USA, zB State of California – Executive Department, Executive Ordner N-33–20 v. 19.3.2020 (abrufbar unter: https://www.

des Arbeitnehmers, kann er nicht mehr erreicht werden. Die Leistungserbringung wird gemäß § 275 Abs. 1 BGB unmöglich.

Ist der Arbeitnehmer gehindert, den Weg zur Arbeit zurückzulegen, steht ihm gemäß § 326 Abs. 1 S. 1 BGB grundsätzlich kein Lohn zu, ihm obliegt das Wegerisiko.[174] Ein Zahlungsanspruch aus § 616 BGB scheitert an der nicht unverhältnismäßig langen Dauer der Leistungsverhinderung oder daran, dass das Leistungshindernis zur selben Zeit für mehrere Arbeitnehmer gleichzeitig besteht und nicht in persönlichen Pflichten[175] begründet liegt.[176]

In der Regel wird der Erlass behördlicher Ausgangsbeschränkungen allerdings damit einhergehen, Betriebe nicht systemrelevanter Branchen zu schließen. Die Unmöglichkeit, die geschuldete Arbeitsleistung am Arbeitsort zu erbringen, liegt damit nicht nur in der Person des Arbeitnehmers begründet, sondern ist gleichermaßen betriebsbedingt.[177]

b) Im Betrieb liegende Gründe

Neben den in der Person des Arbeitnehmers liegenden Gründen, die den Aufenthalt außerhalb der Wohnung verhindern, kann auch eine Schließung des Betriebs dazu führen, dass die Arbeitsleistung nicht am geschuldeten Leistungsort erbracht werden kann. Denkbar ist sowohl, dass alle Betriebe nicht systemrelevanter Branchen durch behördliche Anordnung geschlossen werden, als auch, dass lediglich der Betrieb geschlossen wird, in dem der Arbeitnehmer laut Vertrag die Arbeitsleistung schuldet.

---

gov.ca.gov/wp-content/uploads/2020/03/3.19.20-attested-EO-N-33-20-COVID-19-HEALTH-ORDER.pdf, zuletzt abgerufen am 31.5.2021).

174 Vgl. MüKo-BGB/*Henssler*, § 615 Rn. 36; *Kollmer*, in: Kollmer/Klindt/Schucht, ArbSchG, Überbl. Vor § 1 Rn. 152; ErfK/*Preis*, § 611a BGB Rn. 680; MHdB-ArbR/*Tillmanns*, § 76 Rn. 84.

175 Vgl. ErfK/*Preis*, § 616 BGB Rn. 3.

176 Vgl. BAG 8.12.1982 – 4 AZR 134/80, AP BGB § 616 Nr. 58; BAG 8.9.1982 – 5 AZR 283/80, AP BGB § 616 Rn. 59; *Ehmann*, NJW 1987, 401 (403); MHdB-ArbR/*Tillmanns*, § 76 Rn. 84.

177 Zu den Auswirkungen auf die Rechtslage siehe 3. Teil B.I.1.c).

aa) Flächendeckende Betriebsschließungen

Bislang wurde zwar in keinem deutschen Bundesland angeordnet, alle Betriebe der sog. nicht systemrelevanten Branchen zu schließen.[178] Zu flächendeckenden Betriebsschließungen bestimmter Branchen (etwa Gastronomie, Tourismus, Freizeit und Einzelhandel) ist es jedoch sowohl im Frühjahr 2020, im Winter 2020/2021 als auch im Frühjahr 2021 gekommen. Dem Arbeitnehmer könnte wegen einer spezifischen Risikoverteilung zulasten des Arbeitgebers für diese Zeit jedoch Arbeitslohn zustehen. Dem Arbeitgeber obliegt das Betriebsrisiko, also das Risiko, dass die Arbeitsleistung aus im Betrieb liegenden Gründen unterbleibt.[179] Gemäß § 615 S. 3 iVm S. 1 und 2 BGB ist der Arbeitgeber zur Lohnfortzahlung als Annahmeverzugslohn verpflichtet.

Dass die Gegenleistungspflicht aufrechterhalten bleibt, ist kein arbeitsrechtliches Spezifikum, sondern ein allgemeiner zivilrechtlicher Grundsatz: Die Lehre vom Betriebsrisiko ist ein Unterfall der allgemeinen Substratstragungsgefahr.[180] Die Gegenleistungsgefahr trägt danach der Gläubiger, wenn der Grund für den unverschuldeten Wegfall der Leistung in seinem Organisations- und Planungsbereich liegt.[181] Die Substratstragungsgefahr obliegt dem Arbeitgeber schon gemäß § 615 S. 1 BGB, was verdeutlicht, dass die im Rahmen der Schuldrechtsmodernisierung erfolgte Einfügung von S. 3 BGB[182] nicht erforderlich war.[183]

---

178 So aber etwa in Italien, siehe Art. 1 Abs. 1 Decreto del presidente del consiglio dei minstri v. 22.3.2020, Gazetta Ufficiale 2020, Nr. 76 (abrufbar unter: https://www.gazzettaufficiale.it/eli/id/2020/03/22/20A01807/sg, zuletzt abgerufen am 31.5.2021).

179 MHdB-ArbR/*Tillmanns*, § 76 Rn. 83.

180 Grundlegend *E. Picker*, JZ 1979, 285 (290 ff.); siehe auch *Fischinger/Hengstberger*, NZA 2020, 559 (560 mwN); MüKo-BGB/*Henssler*, § 615 Rn. 107; Staudinger/*Richardi/Fischinger*, § 615 BGB Rn. 212; HK-BGB/*Schulze*, § 615 BGB Rn. 5 f.; *Weller/Schwemmer*, NJW 2020, 2985 (2990 Fn. 52); anders aber wohl das BAG, wenn es ausführt, § 615 S. 3 BGB stelle „eine gesetzlich angeordnete Analogie" von § 615 S. 1, 2 BGB dar, BAG 28.9.2016 – 5 AZR 224/16, NZA 2017, 124 (126 Rn. 21).

181 MüKo-BGB/*Henssler*, § 615 Rn. 107.

182 Gesetz zur Modernisierung des Schuldrechts v. 26.11.2001, BGBl. I, S. 3138 ff.

183 *Fischinger/Hengstberger*, NZA 2020, 559 (560); Staudinger/*Richardi/Fischinger*, § 615 BGB Rn. 6; vgl. auch MHdB-ArbR/*Tillmanns*, § 76 Rn. 4; HK-BGB/*Schulze*, § 615 Rn. 6; *Reichold*, ZfA 2006, 223 (229 f.).

Während seit Beginn der Pandemie die Frage, ob die Betriebsrisikolehre Anwendung findet, in der Literatur kontrovers diskutiert wird,[184] zeigt sich in den ersten gerichtlichen Entscheidungen zu dieser Frage eine klare Linie zu Gunsten ihrer Anwendung.[185] Dennoch wurde die Revision durch die jeweiligen Landesarbeitsgerichte zugelassen.[186] Die vermeintliche Vergleichbarkeit mit anerkannten Fallgruppen wie Überschwemmung und Smog-Alarm[187] spricht auf den ersten Blick dafür. Eine Pandemie wurde etwa schon als „Naturkatastrophe in Zeitlupe“ beschrieben.[188] Anders als im Fall einer Überschwemmung im Betrieb liegt das Leistungshindernis im Pandemiefall jedoch nicht in der Naturkatastrophe selbst, sondern in den behördlichen Maßnahmen zur Abmilderung der Folgen.[189] Das steht der Anwendung der Betriebsrisiko allerdings nicht entgegen.[190]

(1) Fehlender Betriebsbezug der Schließung als Hindernis?

Zur Abgrenzung von Betriebsrisiko und allgemeinem Lebensrisiko wird im Kontext von Leistungshindernissen, die aus behördliche Maßnahmen

---

184 Dafür *Preis/Mazurek/Schmid*, NZA 2020, 1137 (1141 ff.); *Fischinger/Hengstberger*, NZA 2020, 559 ff.; *Weller/Lieberknecht/Habrich*, NJW 2020, 1017 (1019); *Biebl*, SPA 2021, 81 f.; dagegen *Bonanni*, ArbRB 2020, 110 (116); *Sagan/Brockfeld*, NJW 2020, 1112 (1116).

185 LAG Düsseldorf 30.3.2021 – 8 Sa 674/20, BeckRS 2021, 5875; LAG Niedersachsen 23.3.2021 – 11 Sa 1062/20, BeckRS 2021, 8763; ArbG Mannheim 25.3.2021 – 8 Ca 409/20, BeckRS 2021, 6492; ArbG Dortmund 24.11.2020 – 5 Ca 2057/20, BeckRS 2020, 43244 Rn. 12 ff.; ArbG Verden 29.9.2020 – 1 Ca 391/20, BeckRS 2020, 46027 Rn. 11.

186 LAG Düsseldorf 30.3.2021 – 8 Sa 674/20, BeckRS 2021, 5875; LAG Niedersachsen 23.3.2021 – 11 Sa 1062/20, BeckRS 2021, 8763, Revision beim BAG anhängig unter dem Az. 5 AZR 211/21.

187 Siehe zu anerkannten Fallgruppen zB Staudinger/*Richardi/Fischinger*, § 615 BGB Rn. 233 ff.; MHdB-ArbR/*Tillmanns*, § 76 Rn. 83.

188 Die Bezeichnung prägte *Christian Drosten*, Tagesspiegel v. 11.3.2020 (abrufbar unter: https://www.tagesspiegel.de/wissen/virologe-christian-drosten-zum-coronavirus-wir-haben-eine-naturkatastrophe-die-in-zeitlupe-ablaeuft/25633420.html , zuletzt abgerufen am 31.5.2021). Diese Einordnung entspricht möglicherweise nicht der juristischen Definition (vgl. die Definition bei Sachs/*Erbguth/Schubert*, GG, Art. 35 Rn. 38), eine gewisse Vergleichbarkeit lässt sich aber nicht von der Hand weisen, vgl. *Hohenstatt/Krois*, NZA 2020, 345 (349).

189 *Preis/Mazurek/Schmid*, NZA 2020, 1137 (1141); *Biebl*, SPA 2021, 81 (82).

190 BeckOK-ArbR/*Joussen*, § 615 Rn. 97; ErfK/*Preis*, § 615 BGB Rn. 132; Staudinger/*Richardi/Fischinger*, § 615 BGB Rn. 240; BAG 30.5.1963 – 5 AZR 282/62, juris.

folgen, zum Teil zusätzlich verlangt, dass die Maßnahme einen Betriebsbezug aufweisen müsse.[191] Schließlich könne der Arbeitgeber das Risiko der pandemiebedingten Schließung nicht einmal abstrakt beherrschen.[192] Gleiches gilt jedoch auch im Fall von Leistungshindernissen wegen Überschwemmungen und Bränden, die unstreitig Anwendungsfälle der Betriebsrisikolehre darstellen.[193] Zwar ist der Eintritt eines behördlich herbeigeführten Leistungshindernisses für den Arbeitgeber nicht beherrschbar. Die Gefahrverlagerung auf den Arbeitgeber knüpft aber weniger an die Beherrschbarkeit des Risikos als an die Tatsache an, dass der Arbeitgeber die Erträge aus der betrieblichen Tätigkeit zieht und in seiner Kostenplanung berücksichtigen kann.[194] Darüber hinaus kann das Risiko auch versichert werden,[195] das gilt auch für das Risiko, dass eine Pandemie auftritt.[196] Allerdings legen Gerichte die Versicherungsverträge zum Teil dahingehend aus, dass Betriebsschließungen infolge der Coronavirus-Pandemie keinen Versicherungsfall darstellen.[197] Dass vermutlich nur wenige Betriebsinhaber von der Versicherungsmöglichkeit Gebrauch gemacht haben, kann hier ebenso wenig entscheidend sein wie die Anzahl betroffener Betriebe.[198]

---

191 *Bonanni*, ArbRB 2020, 110 (115 f.); *Sagan/Brockfeld*, NJW 2020, 1112 (1116).

192 *Sagan/Brockfeld*, NJW 2020, 1112 (1116); dagegen ArbG Verden 29.9.2020 – 1 Ca 391/20, BeckRS 2020, 46027 Rn. 11; *Benkert*, NJW-Spezial 2020, 306.

193 *Fischinger/Hengstberger*, NZA 2020, 559 (560); HWK/*Krause*, § 615 BGB Rn. 114.

194 Vgl. BAG 30.5.1963 – 5 AZR 282/62, juris insb. Rn. 9 f.; HWK/*Krause*, § 615 BGB Rn. 114; *Preis/Mazurek/Schmid*, NZA 2020, 1137 (1142); siehe aber auch *Kleinebrink*, DB 2020, 1457 (1459).

195 BAG 28.9.1972 – 2 AZR 506/71, NJW 1973, 342 (343); HWK/*Krause*, § 615 BGB Rn. 114; vgl. auch LG Zweibrücken 11.9.2020 – HK O 17/20, BB 2020, 2450 ff.; differenzierend *Gräf/Rögele*, NZA 2013, 1120 (1121 f.); krit. *Preis/Mazurek/Schmid*, NZA 2020, 1137 (1142).

196 ArbG Mannheim 25.3.2021 – 8 Ca 409/20, BeckRS 2021, 6492.

197 Versicherungsschutz verneinen OLG Schleswig 12.5.2021 – 16 U 25/21, BeckRS 2021, 10599; LG Stuttgart 30.9.2020 – 16 O 305/20, r+s 2020, 693 ff.; LG Leipzig 14.1.2021 – 03 O 1222/20, BeckRS 2021, 702. Dagegen bejahten Versicherungsschutz LG München I 22.10.2020 – 12 O 5868/20, r+s 2020, 686 ff. mAnm *Schneider/Schlüter*; LG Magdeburg 6.10.2020 – 31 O 45/20, BeckRS 2020, 28216. Instruktiv zum Versicherungsschutz bei Betriebsschließungen wegen der Coronavirus-Pandemie durch Betriebsschließungs- bzw. Betriebsausfallversicherungen *Lüttringhaus/Eggen*, r+s 2020, 250 ff.; *Notthoff*, r+s 2020, 551 ff.; *Rolfes*, VersR 2020, 1021 ff.

198 *Fischinger/Hengstberger*, NZA 2020, 559 (560); *Preis/Mazurek/Schmid*, NZA 2020, 1137 (1142 f.).

Der Betriebsbezug als Tatbestandsmerkmal der Betriebsrisikolehre ist eine Voraussetzung, deren Erforderlichkeit aus guten Gründen kritisch zu sehen ist.[199] Im Hinblick auf flächendeckende Betriebsschließungen infolge der Coronavirus-Pandemie liegt aber ein Betriebsbezug vor: Die Schließungen zielen darauf ab, das exponentielle Wachstum der Infektionszahlen zu unterbrechen und damit insbesondere die Zahl der schweren Krankheitsverläufe schnellstmöglich in zu reduzieren. Zur Zielerreichung wird das Mittel der Kontaktvermeidung (*social distancing*) eingesetzt. Die von einer Schließungsanordnung betroffenen Betriebe sind Adressaten solcher Maßnahmen, weil sie aufgrund der angebotenen Leistung und betrieblichen Organisation Mobilität und Kontakte fördern,[200] die nicht zwingend erforderlich sind, um die Versorgung mit wichtigen Gütern sicherzustellen oder das gesellschaftliche Leben aufrechtzuerhalten.[201]

(2) Fehlende anderweitige Verwertbarkeit der Arbeitsleistung als Hindernis?

Außerdem wird gegen die Anwendung der Betriebsrisikolehre auf flächendeckende Betriebsschließungen angeführt, es könne sich nicht um einen Betriebsrisikofall handeln, wenn die Arbeitskraft der Beschäftigten nicht anderweitig verwertbar sei.[202] Im Fall des § 615 S. 3 BGB sei der Lohn deshalb fortzuzahlen, weil gerade die arbeitsvertragliche Bindung den Arbeitnehmer von einer anderweitigen Verwertung seiner Leistungsfähigkeit abhalte.[203] Fehle es an der Möglichkeit des Arbeitnehmers, seine Leistungskapazität an anderer Stelle auszuschöpfen, könne der Arbeitgeber nicht verpflichtet sein, für das Risiko einzustehen.[204] Normativer Anknüpfungspunkt für diese Überlegung ist § 297 BGB.[205] Diesem Gedanken liegt die Einordnung des Verweises aus § 615 S. 3 BGB als Rechtsgrundverweis zugrunde, denn nur wenn diese Norm die Voraussetzungen des Annah-

---

199 Siehe dazu ausführlich *Fischinger/Hengstberger*, NZA 2020, 559 (560 f.).

200 Vgl. *Grimm*, DB 2020, 1177 (1182); *Preis/Mazurek/Schmid*, NZA 2020, 1137 (1143); vermittelnd *Kleinebrink*, DB 2020, 1457 (1459).

201 Gegen eine Betriebsbezogenheit *Sagan/Brockfeld*, NJW 2020, 1112 (1116); *Benkert*, NJW-Spezial 2020, 306.

202 *Hohenstatt/Krois*, NZA 2020, 413.

203 *Hohenstatt/Krois*, NZA 2020, 413; zustimmend *Fischinger/Hengstberger*, NZA 2020, 559 (561).

204 *Hohenstatt/Krois*, NZA 2020, 413; vgl. auch *Canaris*, FS Prölss, S. 21 (39).

205 Ausführlich *Fischinger/Hengstberger*, NZA 2020, 559 (562).

meverzugs gemäß S. 1 und 2 in Bezug nimmt, kann § 297 BGB zur Anwendung kommen.

Eine andere Ansicht sieht § 615 S. 3 BGB als Rechtsfolgenverweisung auf § 615 S. 1 und 2 BGB.[206] Der Wortlaut bringe zum Ausdruck, dass dem Gesetzgeber vor allem daran gelegen gewesen sei, der von der Rechtsprechung entwickelten Betriebsrisikolehre einen gesetzlichen Anknüpfungspunkt zu geben.[207] Folgt man jedoch der vorzugswürdigen Ansicht der Literatur[208] und geht davon aus, dass § 615 S. 1 BGB als allgemeine dienstrechtliche Norm bereits die Betriebsrisikofälle erfasst, ist die arbeitsrechtliche Spezialvorschrift des § 615 S. 3 BGB anders zu verstehen: Es bestand dann keine Regelungslücke, die es erforderlich gemacht hätte, der Betriebsrisikolehre gesetzlichen Anhalt zu geben. Ebenso fehlte es an einem sachlichen Grund und an der Notwendigkeit, die Übernahme der Substratstragungsgefahr im Arbeitsverhältnis (S. 3) an geringere Voraussetzungen zu binden als im Dienstverhältnis (S. 1).[209] Um eine Gleichstellung von Dienst- und Arbeitsverhältnis in diesem Punkt zu ermöglichen, muss es sich bei § 615 S. 3 BGB um einen Rechtsgrundverweis handeln.[210]

Es müssen also die Voraussetzungen der §§ 293 ff. BGB vorliegen, damit der Arbeitnehmer Lohn aus § 615 S. 3 BGB beanspruchen kann: Das bedeutet insbesondere, dass der Arbeitnehmer die Arbeitsleistung angeboten haben muss (§§ 294 ff. BGB) und dass er leistungsfähig (§ 297 BGB) sein muss. An der Leistungsfähigkeit fehlt es, wenn dem Arbeitnehmer die

---

206 ErfK/*Preis*, § 615 BGB Rn. 122; *Preis/Mazurek/Schmid*, NZA 2020, 1137 (1144); ebenso Jauernig/*Mansel*, § 615 BGB Rn. 9; *Schneider*, Entgeltfortzahlung und Konkurrenzen, S. 152 f., 177; vgl. auch *Auktor*, ZTR 2002, 464 (465).

207 *Auktor*, ZTR 2002, 464 (465); ErfK/*Preis*, § 615 BGB Rn. 122; vgl. auch *Berger-Delhey*, ZTR 2002, 66.

208 Instruktiv *E. Picker*, JZ 1979, 285 (290 ff.); siehe weiterführend die Nachweise bei *Auktor*, ZTR 2002, 464 Fn. 6.

209 Ähnlich *Krause*, ZfA 2018, 126 (144 f.): „[Es] führt im allgemeinen Dienstrecht kein Weg daran vorbei, die Fälle eines Substratwegfalls direkt unter § 615 Satz 1 BGB zu fassen und damit grundsätzlich an die Erfüllung der Annahmeverzugsvoraussetzungen zu binden, ohne dass ein Grund dafür ersichtlich ist, diese Frage im Arbeitsrecht von Vornherein anders zu entscheiden.“ Zur Risikotragung im Dienstverhältnis *Riehm/Thomas*, JURA 2020, 1164 (1166 f.).

210 Für einen Rechtsgrundverweis MüKo-BGB/*Henssler*, § 615 Rn. 97; *Krause*, ZfA 2018, 126 (144); Erman/*Riesenhuber*, § 615 BGB Rn. 92; Palandt/*Weidenkaff*, § 615 BGB Rn. 2 (siehe aber auch Rn. 21); wohl auch *Luke*, NZA 2004, 244 (246); etwas unklar, aber wohl dafür BeckOK-ArbR/*Joussen*, § 615 BGB Rn. 91. Die Beantwortung dieser Frage lassen *Gräf/Rögele*, NZA 2013, 1120 (1122 f.) offen, bejahen aber jedenfalls eine entsprechende Anwendung von § 297 BGB; ähnlich *Gotthardt*, ArbR nach der Schuldrechtsreform, S. 68 Rn. 139.

Erbringung der Arbeitsleistung verboten ist, also ein Betätigungsverbot besteht.[211] Die Fälle flächendeckender Betriebsschließungen in Deutschland gingen aber in der Regel mit einem an den Arbeitgeber gerichteten Beschäftigungsverbot einher.[212] Solange behördlich keine an die Arbeitnehmer gerichteten Betätigungsverbote ausgesprochen werden, handelt es sich nicht um einen Fall des § 297 BGB. Es ist insofern nicht von einer fehlenden anderweitigen Verwertbarkeit der Arbeitsleistung auszugehen bzw. diese folgt lediglich mittelbar aus den an die Arbeitgeber adressierten behördlichen Verfügungen. In diesen Fällen kann das Risiko nicht auf den Arbeitnehmer abgewälzt werden.[213]

Flächendeckende Betriebsschließungen stellen in Form der bisherigen Anordnungen Betriebsrisikofälle dar, die den Arbeitgeber gemäß § 615 S. 3 BGB zur Lohnzahlung verpflichten, wenn ein Angebot durch den Arbeitnehmer erfolgt oder wenn dieses entbehrlich ist (§§ 294 ff. BGB).

(3) Ausschlussgrund: Existenzgefährdung?

Das Bundesarbeitsgericht (BAG) geht jedoch davon aus, dass diese Lohnzahlungspflicht nicht unbegrenzt gilt; vielmehr sei der Arbeitgeber nur so lange verpflichtet, wie sich das Unternehmen nicht in Existenznöten befinde.[214] Auch wenn das Gericht selbst von einer Existenzgefährdung des Betriebs spricht, hat es klargestellt, dass der entscheidende Maßstab das gesamte Unternehmen sei.[215] Es handelt sich um eine Ausnahme, die das BAG noch nie zur Anwendung gebracht hat.[216] Mit Blick auf die massiven wirtschaftlichen Folgen der Coronavirus-Pandemie wird die Frage aufgeworfen, ob sich das BAG nun tatsächlich dazu durchringen wird,

---

211 So zB bei fehlender Unbedenklichkeitsbescheinigung eines Bergmanns, vgl. BAG 15.6.2004 – 9 AZR 483/03, NZA 2005, 462 ff.

212 Vgl. zB §§ 14 f. der Verordnung zum Schutz vor Neuinfizierungen mit dem Coronavirus SARS-CoV-2 (Coronaschutzverordnung) Nordrhein-Westfalen idF v. 7. April 2021; anders liegt das aber – wie *Weller/Schwemmer*, NJW 2020, 2985 (2990) zutreffend feststellen – etwa bei Chorsängern während des zeitweise in Berlin geltenden Verbots in geschlossenen Räumen zu singen § 5 Abs. 1 SARS-CoV-2 Infektionsschutz-VO Berlin idF v. 23.6.2020.

213 *Fischinger/Hengstberger*, NZA 2020, 559 (562).

214 BAG 30.5.1963 – 5 AZR 282/62, juris Rn. 8; BAG 23.6.1994 – 6 AZR 853/93, NZA 1995, 468 (469); dem folgend *Gräf/Rögele*, NZA 2013, 1120; MüKo/*Henssler*, § 615 Rn. 105.

215 BAG 28.9.1972 – 2 AZR 506/71, NJW 1973, 342 (343).

216 *Fischinger/Hengstberger*, NZA 2020, 559 (564); HWK/*Krause*, § 615 Rn. 120.

diese Fallkonstellation heranzuziehen.[217] Festzustellen ist in jedem Fall, dass nach dem, was sich aus der bisherigen Rechtsprechung ablesen lässt, die für die Annahme einer Existenzgefährdung gestellten Anforderungen hoch sind. Vor dem Hintergrund der als Folge der Maßnahmen zu erwartenden Insolvenzwellen[218] erscheint es nicht als unwahrscheinlich, dass Arbeitgeber versuchen werden, ihrer Lohnzahlungspflicht diesen Einwand entgegenzusetzen.

Die Literatur lehnt eine Ausnahme für den Fall der Existenzgefährdung ganz überwiegend ab.[219] Die Erkenntnis, dass die Substratstragungsgefahr in Dienst- und Arbeitsrecht parallel läuft, erleichtert auch die Annäherung an diese Problematik.

(a) Ein entsprechender Ausschluss im Dienstrecht könnte mangels speziellerer Anknüpfungspunkte durch § 313 BGB zu berücksichtigen sein. Im Kern geht es um die Frage, ob eine Anpassung des Entgelts trotz eindeutiger Verlagerung des Verwendungsrisikos auf den Dienstberechtigten möglich ist. Grundsätzlich schließt eine vertragliche Risikoverteilung (hier: § 615 S. 1 BGB) die Möglichkeit aus, sich bei Verwirklichung des Risikos auf einen Wegfall der Geschäftsgrundlage zu berufen. Davon ist nach der Rechtsprechung jedoch eine Ausnahme zu machen, wenn die Änderung der Umstände auf eng begrenzten Ausnahmefällen basiert, in denen eine unvorhergesehene Entwicklung zu existentiell bedeutsamen Folgen für eine Partei führen wird.[220] Letzterem ist entgegenzutreten: Die bloße Erwartung, den Vertragsgegenstand effektiv verwerten zu können,

---

217 *Fischinger/Hengstberger*, NZA 2020, 559 (564); *Fuhlrott/Fischer*, NZA 2020, 345 (348); *Kleinebrink*, DB 2020, 1457 (1459); *Müller*, FA 2020, 123 (124).

218 *Hielscher*, in: Wirtschaftswoche v. 26.5.2020, „Die große Pleitewelle kommt erst noch" (abrufbar unter: https://www.wiwo.de/unternehmen/dienstleister/rueckgang-der-insolvenzzahlen-die-grosse-pleitewelle-kommt-erst-noch/25862090.html, zuletzt abgerufen am 31.5.2021).

219 *Biedenkopf*, Betriebsrisikolehre, S. 14 ff.; ErfK/*Preis*, § 615 BGB Rn. 126; Staudinger/*Richardi/Fischinger*, § 615 BGB Rn. 231; *Schneider*, Entgeltfortzahlung und Konkurrenzen, S. 177 f.; MHdB-ArbR/*Tillmanns*, § 76 Rn. 87; aA MüKo-BGB/*Henssler*, § 615 Rn. 105.

220 Vgl. zum Ganzen BGH 26.5.1955 – II ZR 256/54, BGHZ 17, 317 (327); BGH 31.1.1963 – VII ZR 266/61, DB 1963, 448; zuletzt BGH 16.2.2000 – XII ZR 279/97, NJW 2000, 1714 (1716); Letzterem im Hinblick auf coronabedingte Betriebsschließungen folgend LG Frankfurt aM 2.10.2020 – 2-15 O 23/20, BeckRS 2020, 26613 Rn. 23 ff.; LG Heidelberg 30.7.2020 – 5 O 66/20, juris Rn. 53.

stellt gerade keine Geschäftsgrundlage dar.[221] Es handelt sich dabei lediglich um das Motiv des Dienstberechtigten für den Vertragsschluss. Nur bei beiderseitigen Motivirrtümern kann § 313 BGB aber überhaupt zur Anwendung kommen.[222] Selbst wenn man von einer Geschäftsgrundlage ausgehen wollte,[223] greift § 313 BGB nicht, denn der hypothetische Parteiwille dürfte bei Abschluss des Vertrags in der Regel nicht dahin gehen, das Risiko eines Vermögensausfalls des Schuldners (also des Arbeitgebers) auf den Gläubiger (also den Arbeitnehmer) zu verlagern.[224] Es fehlt damit an einer rechtlichen Grundlage für die Zurechnung.[225] Mangels Gewinnbeteiligung oder Risikoprämie stellte es eine übermäßige Belastung des Dienstverpflichteten dar, ihm das Verwertungsrisiko oder zumindest einen Teil dieses Risikos zuzuweisen.[226] Ausschlüsse der Entgeltzahlungspflicht wegen Existenzgefährdung lassen sich dem Dienstrecht damit nicht entnehmen.

(b) Vor diesem Hintergrund ist nicht erkennbar, welche arbeitsrechtlichen Besonderheiten eine andere Bewertung rechtfertigen sollten. Zwar ist zu berücksichtigen, dass aus dem Arbeitsverhältnis eine engere Bindung als aus dem Dienstverhältnis folgt: Es ist schneller möglich, sich bei Ausbleiben der Lohnzahlung vom Dienstberechtigten zu trennen (§ 621 BGB).

---

221 Vgl. zur Gewinnerwartung bei der Überlassung einer Mietsache zum Zweck gewerblicher Tätigkeit im Fall einer für den Mieter ungünstigen wirtschaftlichen Entwicklung *Zöll*, in: Lindner-Figura/Oprée/Stellmann, Geschäftsraummiete, Kap. 8 Rn. 31. Das OLG Dresden 15.2.2021 – 5 U 1782/20, NZM 2021, 231 ff. ist davon ausgegangen, dass behördliche Schließungsanordnungen in der Coronavirus-Pandemie kein „normales" Risiko der Gebrauchstauglichkeit bzw. Verwendung des Mietobjekts darstellen. Es handele sich vielmehr „um weitgehende staatliche Eingriffe in das soziale und wirtschaftliche Leben aufgrund einer Pandemie, die als Systemkrise eine Störung der großen Geschäftsgrundlage ist. Das mit der Störung der großen Geschäftsgrundlage verbundene Risiko kann regelmäßig keiner Vertragspartei allein zugewiesen werden."

222 Vgl. BT-Drs. 14/6040, S. 176; Erman/*Böttcher*, § 313 BGB Rn. 30; Jauernig/*Stadler*, § 313 BGB Rn. 26.

223 Differenzierend nach der Kündigungsmöglichkeit *Riehm/Thomas*, JURA 2020, 1164 (1170 f.).

224 Vgl. MüKo-BGB/*Finkenauer*, § 313 Rn. 78, 224.

225 Vgl. MüKo-BGB/*Finkenauer*, § 313 Rn. 224; *Kalb*, Betriebsrisiko, S. 82 ff.; *Zöll*, in: Lindner-Figura/Oprée/Stellmann, Geschäftsraummiete, Kap. 8 Rn. 31; wohl anders *Henssler*, Risiko als Vertragsgegenstand, S. 73 ff.; BeckOK-BGB/*Lorenz*, § 313 Rn. 49 f.

226 MüKo-BGB/*Finkenauer*, § 313 Rn. 78; vgl. *Kalb*, Betriebsrisiko, S. 86 ff.; anders wohl *Henssler*, Risiko als Vertragsgegenstand, S. 78.

Allerdings sieht das Arbeitsrecht für den Fall eines nur vorübergehenden Wegfalls des Arbeitsplatzes für den Arbeitgeber die Möglichkeit vor, Kurzarbeit anzuordnen. Zur Absicherung seiner Arbeitnehmer ermöglicht das Sozialrecht dem Arbeitgeber, die Zahlung von Kurzarbeitergeld unter den Voraussetzungen der §§ 93 ff. SGB III zu beantragen. Im Fall eines dauerhaften Wegfalls des Arbeitsplatzes besteht die Möglichkeit der betriebsbedingten Kündigung. Diese Optionen bringen die abschließende Wertung des Gesetzgebers zum Ausdruck, wie der Arbeitgeber bei Nichtbeschäftigung seiner Belegschaft vor existenzgefährdenden Lohnzahlungspflichten geschützt werden soll.[227]

Unabhängig davon fehlt es auch im Arbeitsrecht an einer tauglichen Zurechnungsgrundlage für eine Risikoabwälzung oder -aufteilung.[228] Da die Arbeitnehmer in der Regel nicht am Gewinn des Unternehmens beteiligt sind, wäre es unbillig, das unternehmerische Risiko (auch nur teilweise) auf sie abzuwälzen.[229] Flächendeckende Betriebsschließungen zum Zweck der Pandemiebekämpfung stellen also Betriebsrisikofälle dar.[230]

(4) Kürzung des Lohnanspruchs

In Betriebsrisikofällen nach § 615 S. 3 iVm S. 1 BGB bzw. in Fällen des Annahmeverzugs durch den Arbeitgeber nach § 615 S. 1 BGB ist S. 2 der Norm zu berücksichtigen. Danach muss sich der Arbeitnehmer den Wert desjenigen anrechnen lassen, was er infolge des Unterbleibens der Dienstleistung erspart oder durch anderweitige Verwendung seiner Dienste erwirbt oder zu erwerben böswillig unterlässt. Zu prüfen ist, ob dem Arbeitnehmer nach Treu und Glauben (§ 242 BGB) sowie unter Beachtung des Grundrechts auf freie Arbeitsplatzwahl (Art. 12 Abs. 1 GG) die Aufnahme

---

227 *Ehmann*, Betriebsrisikolehre und Kurzarbeit, S. 44; MüKo-BGB/*Finkenauer*, § 313 Rn. 226; *Zöllner/Loritz/Hergenröder*, Arbeitsrecht, § 21 S. 285; vgl. auch MHdB-ArbR/*Tillmanns*, § 76 Rn. 87.

228 *Biedenkopf*, Betriebsrisikolehre, S. 14 ff.; BeckOGK-ZivR/*Bieder*, § 615 Rn. 123; *Gotthardt*, ArbR nach der Schuldrechtsreform, S. 67 Rn. 136; *Kalb*, Betriebsrisikolehre, S. 108 ff.; ErfK/*Preis*, § 615 BGB Rn. 126; MHdB-ArbR/*Tillmanns*, § 76 Rn. 87.

229 Staudinger/*Richardi/Fischinger*, § 615 BGB Rn. 231; ErfK/*Preis*, § 615 BGB Rn. 126.

230 *Fuhlrott/Fischer*, NZA 2020, 345 (348); HWK/*Krause*, § 615 BGB Rn. 116; *Preis/Mazurek/Schmid*, NZA 2020, 1137 (1142 f.); *Schmidt/Novara*, DB 2009, 1817 (1820 f.); aA *Sagan/Brockfeld*, NJW 2020, 1112 (1116); differenzierend *Grimm*, DB 2020, 1177 (1181 f.).

einer anderweitigen Arbeit zumutbar ist,[231] wobei die Umstände des Einzelfalls zu berücksichtigen sind. Die Unzumutbarkeit kann ihren Grund in der Person des Arbeitgebers, in der Art der Arbeit oder in den sonstigen Arbeitsbedingungen haben.[232] Dabei ist mit dem Wortlaut des § 615 S. 2 Var. 2 BGB („anderweitige Verwendung seiner Dienste") grundsätzlich zu vereinbaren, dass die anderweitige Beschäftigungsmöglichkeit bei dem Arbeitgeber besteht, der sich mit der Annahme der Dienste in Verzug befindet.[233] Der Zumutbarkeit steht nicht schon ohne Weiteres entgegen, dass der Arbeitgeber dem Arbeitnehmer objektiv vertragswidrig die Arbeit im Homeoffice anbietet,[234] denn das Angebot vertragsgemäßer Arbeit würde bereits den von § 615 S. 2 BGB vorausgesetzten Annahmeverzug beenden.[235] Das Maß der gebotenen Rücksichtnahme (vgl. § 241 Abs. 2) beim Arbeitnehmer hängt insbesondere davon ab, aus welchen Gründen der Arbeitgeber keine vertragsgemäße Arbeit anbietet oder anbieten kann. Bestehen für die Änderung der vertraglichen Arbeitsbedingungen dringende Gründe, handelt der Arbeitnehmer böswillig, wenn er die Arbeit allein unter Hinweis auf die fehlende Vertragsmäßigkeit ablehnt und er deshalb ohne Erwerb bleibt. Das Interesse des Arbeitgebers an einer Änderung und das Interesse des Arbeitnehmers an der Ablehnung dieses Angebots sind gegeneinander abzuwägen.[236] Bietet der Arbeitgeber nur eine dauerhafte Veränderung der Arbeitsbedingungen an, muss sich der Arbeitnehmer nicht darauf einlassen.[237] Es erscheint jedenfalls nicht ausgeschlossen, dass der Arbeitgeber unter Berücksichtigung des Gesundheitsschutzes temporär die Arbeit im Homeoffice anweisen kann.[238] Der Arbeitnehmer kann aber

---

231 BAG 7. 2. 2007 – 5 AZR 422/06, NZA 2007, 561 Rn. 15; BAG 11. 1. 2006 – 5 AZR 98/05, NZA 2006, 314 Rn. 18 zu § 11 S. 1 Nr. 2 KSchG. Das Kriterium der Zumutbarkeit ergibt sich aus der inhaltlich weitgehend deckungsgleichen Vorschrift des § 11 Nr. 2 KSchG, wonach sich der Arbeitnehmer auf seinen Annahmeverzugslohn anrechnen lassen muss, „was er hätte verdienen können, wenn er es nicht böswillig unterlassen hätte, eine ihm zumutbare Arbeit anzunehmen". Zum Verhältnis von § 11 Nr. 2 KSchG zu § 615 S. 2 BGB MüKo-BGB/*Henssler*, § 615 BGB Rn. 72.

232 BAG 22.3.2017 – 5 AZR 337/16, NZA 2017, 988 Rn. 19.

233 BAG 14.11.1985 – 2 AZR 98/84, NZA 1986, 637 (639 f. mwN); ErfK/*Preis*, § 615 BGB Rn. 98 f.

234 Anders noch BAG 3.12.1980 – 5 AZR 477/78, AP BGB § 615 Böswilligkeit Nr. 4.

235 BAG 7.2.2007 – 5 AZR 422/06, NZA 2007, 561 Rn. 16.

236 BAG 7.2.2007 – 5 AZR 422/06, NZA 2007, 561 Rn. 18.

237 BAG 11.1.2006 – 5 AZR 98/05, NZA 2006, 314 Rn. 24; *Krieger/Rudnik/Povedano Peramato*, NZA 2020, 473 (476).

238 Siehe dazu ausführlich 4. Teil B.I.

im Einzelfall überwiegende Gründe für eine Ablehnung des Angebots zur Arbeit im Homeoffice anführen. Gelingt ihm das nicht, ist es möglich, die Nichterbringung der Arbeitsleistung im Homeoffice als böswilliges Unterlassen iSd § 615 S. 2 BGB zu qualifizieren, was zur Folge hat, dass der Arbeitnehmer (teilweise) den Anspruch auf seinen Annahmeverzugslohn verlieren würde.[239]

(5) Zwischenergebnis

Flächendeckende Betriebsschließungen zum Zweck der Pandemieabwehr stellen Betriebsrisikofälle dar. Die betroffenen Arbeitnehmer haben deshalb Anspruch auf Arbeitsentgelt aus § 615 S. 3 BGB, obwohl sie die Arbeitsleistung nicht erbringen können. Eine Einschränkung in Fällen drohender Existenzgefährdung ist abzulehnen, jedoch besteht der Anspruch nicht zwingend in Höhe des ursprünglich geschuldeten Arbeitsentgelts: So kann sich zum einen die Ablehnung eines eventuellen Angebots zur Arbeit im Homeoffice gemäß § 615 S. 3 iVm S. 2 BGB anspruchsmindernd auswirken. Zum anderen ist der Arbeitgeber nicht zu vollständiger Lohnzahlung nach § 615 S. 3 BGB verpflichtet, wenn er wirksam Kurzarbeit angeordnet hat. Er trägt dann nicht mehr das volle Risiko des Arbeitsausfalls, sondern ist, soweit ein Anspruch auf Kurzarbeitergeld gegen die Agentur für Arbeit ausnahmsweise nicht besteht, zur Lohnzahlung in Höhe des Kurzarbeitergelds verpflichtet.[240] § 615 S. 3 BGB kann durch Einzel- oder Kollektivvertrag abbedungen sein.[241]

bb) Schließung des konkreten Betriebs

(1) Schließung durch den Arbeitgeber

Entscheidet sich der Arbeitgeber infolge eines starken Auftragsrückgangs oder Absatzmangels als Folge der Pandemie zur Schließung seines Be-

239 *Bertram/Walk/Falder*, Home Office, S. 16; Kroiß/*Oehme*, Rechtsprobleme durch Covid-19, § 1 Rn. 39; *Krieger/Rudnik/Povedano Peramato*, NZA 2020, 473 (476).

240 Siehe zum Ganzen BAG 11.7.1990 – 5 AZR 557/89, NZA 1991, 67; BAG 25.1.2012 – 5 AZR 671/10, BeckRS 2012, 68091 Rn. 14; vgl. *Bertz*, NJW-Spezial 2020, 242 (243).

241 BAG 4.7.1958 – 1 AZR 559/57, juris Rn. 14; ErfK/*Preis*, § 615 BGB Rn. 129; Erman/*Riesenhuber*, § 615 BGB Rn. 4.

triebs, weil die Arbeitsleistung für ihn wirtschaftlich sinnlos geworden ist, gerät er in Annahmeverzug gemäß §§ 293 ff. BGB. Er schuldet dann Annahmeverzugslohn. Der Arbeitgeber trägt das wirtschaftliche Risiko.[242]

(2) Schließungsanordnung durch eine Behörde

Der Fall, in dem die zuständige Behörde lediglich einen einzelnen Betrieb zur Bekämpfung des Coronavirus auf Grundlage von §§ 28 f. IfSG schließt,[243] ist ebenfalls ein Betriebsrisikofall. Der Arbeitgeber hat den Lohn gemäß § 615 S. 3 BGB fortzuzahlen, solange ein Angebot nach der Maßgabe von §§ 294 ff. BGB vorliegt und der Arbeitnehmer leistungsfähig ist, § 297 BGB.

c) Zusammentreffen betrieblicher und persönlicher Leistungshindernisse

Treffen betriebs- und personenbedingte Leistungshindernisse zusammen, ist für das Bestehen der Lohnzahlungspflicht entscheidend, dass § 615 S. 3 BGB als Rechtsgrundverweis zu verstehen ist.[244]

aa) Kann der Arbeitnehmer die Arbeitsleistung nicht erbringen, weil er den Arbeitsort im Betrieb nicht aufsuchen kann, realisiert sich das ihm zugewiesene Wegerisiko.[245] Im Hinblick auf die Coronavirus-Pandemie erscheint dies insbesondere in der Situation einer strikten Ausgangssperre denkbar, die dem Arbeitnehmer den Weg zur Arbeit unmöglich macht. Es handelte sich dann um einen Fall rechtlicher Unmöglichkeit. Die Unmöglichkeit der Leistungserbringung verhindert gemäß § 297 BGB den Anspruch auf Annahmeverzugslohn aus § 615 S. 3 iVm S. 1 BGB. Treffen also

---

242 BAG 22.12.1980 – 1 ABR 2/79, NJW 1981, 937; Schaub/*Linck*, ArbRHdB, § 101 Rn. 9; MHdB-ArbR/*Tillmanns*, § 76 Rn. 85; *Waltermann*, ArbR, Rn. 232.

243 Eine Schließung auf Grundlage von § 16 Abs. 1 IfSG zur Verhütung übertragbarer Krankheiten kommt nicht in Betracht. Zur Abgrenzung siehe OVG Lüneburg 3.2.2011 – 13 LC 198/08, juris Rn. 40.

244 Siehe dazu 3. Teil B.I.1.b).(2).

245 Erman/*Riesenhuber*, § 615 BGB Rn. 75; MHdB-ArbR/*Tillmanns*, § 76 Rn. 84; *Waltermann*, ArbR, Rn. 234.

Betriebs- und Wegerisiko aufeinander, setzt sich das vorgelagerte Wegerisiko durch. Der Arbeitnehmer hat keinen Anspruch auf Lohnzahlung.[246]

bb) Erkrankt ein Arbeitnehmer während einer Betriebsschließung arbeitsunfähig oder wird er quarantänepflichtig, ist fraglich, ob ihm Lohnfortzahlung zusteht oder nicht. Ein Anspruch aus § 615 S. 3 iVm S. 1 BGB besteht jedenfalls mangels Leistungsfähigkeit (§ 297 BGB) nicht.

Der Anspruch auf Lohnfortzahlung gemäß § 3 Abs. 1 EFZG setzt Monokausalität voraus, die Krankheit muss die einzige Ursache für die Nichterbringung der Arbeitsleistung sein.[247] Schließlich soll § 3 Abs. 1 EFZG nicht den krankheitsbedingt arbeitsunfähigen gegenüber den arbeitsfähigen Arbeitnehmern privilegieren,[248] die Regelung dient vielmehr der Entlastung der Krankenkassen.[249] Im Fall der Annahmeunwilligkeit fällt mit Eintritt der krankheitsbedingten Arbeitsunfähigkeit eine Voraussetzung des Annahmeverzugs mit der Folge weg, dass dieser (*ex nunc*) nicht vorliegt. Durch die Einführung von § 615 S. 3 BGB hat der Gesetzgeber verdeutlicht, dass die Annahmeunfähigkeit (Betriebsrisikokonstellation) in gleicher Weise einen Annahmeverzug begründet wie die Annahmeunwilligkeit.[250] Entfällt also durch die Erkrankung die Leistungsfähigkeit des Arbeitnehmers, endet der Annahmeverzug nach § 297 BGB. Er ist nicht mehr ursächlich für die Nichterbringung der Leistung. Als einziger Grund dafür bleibt die Arbeitsunfähigkeit infolge von Krankheit bestehen. Ein Anspruch auf Entgeltfortzahlung ergibt sich in dieser Konstellation aus § 3 Abs. 1 EFZG.[251]

Besteht das Leistungshindernis nicht in der Arbeitsunfähigkeit in Folge in einer Krankheit, sondern aufgrund der Anordnung einer Absonderung

---

246 *Bauer/Opolony*, NJW 2002, 3503, 3508; *Fischinger/Hengstberger*, JA 2020, 561 (562); *Biebl*, SPA 2021, 81 (82); vgl. auch *Klein*, NJ 2020, 377 (381); *Schneider*, Entgeltfortzahlung und Konkurrenzen, S. 403.

247 BAG 15.2.2012 – 7 AZR 774/1, NZA 2012, 1112 (1115); BAG 26.6.1996 – 5 AZR 872/94, NZA 1996, 1087; *Müller-Glöge*, RdA 2006, 105 (106 ff.); ErfK/*Reinhard*, § 3 EFZG Rn. 14; Palandt/*Weidenkaff*, § 616 BGB Rn. 21; krit. *Gutzeit*, NZA 2003, 81 ff.

248 BAG 28.1.2004 – 5 AZR 58/03, BeckRS 2004, 40800; MHdB-ArbR/*Greiner*, § 80 Rn. 31.

249 MüKo-BGB/*Müller-Glöge*, § 3 EFZG Rn. 2.

250 MüKo-BGB/*Henssler*, § 615 Rn. 8; *Luke*, NZA 2004, 244 (246); ErfK/*Preis*, § 615 BGB Rn. 7; *Richardi*, NZA 2002, 1004 (1008).

251 Siehe zum Ganzen MHdB-ArbR/*Greiner*, § 80 Rn. 31; ErfK/*Reinhard*, § 3 EFZG Rn. 21.

oder eines Tätigkeitsverbots gemäß §§ 30, 31 IfSG, greift ein Entschädigungsanspruch gemäß § 56 Abs. 1 S. 1 IfSG. Dies gilt auch, wenn Quarantäneanordnung und Betriebsschließung gleichzeitig vorliegen, denn auch dann liegt im Ergebnis kein Annahmeverzug vor; dieser entfällt aufgrund der auf der Quarantäneanordnung gründenden Leistungsunfähigkeit.

2. Unzumutbarkeit

Im Fall einer berechtigten Leistungsverweigerung auf der Grundlage von § 275 Abs. 2, 3 BGB entfällt der Anspruch auf die Gegenleistung nach § 326 Abs. 1 S. 1 BGB. Doch auch in dieser Konstellation gibt es Ausnahmen vom Grundsatz *Kein Lohn ohne Arbeit.*

a) § 616 S. 1 BGB

Der Arbeitnehmer verliert gemäß § 616 S. 1 BGB den Anspruch auf Vergütung nicht dadurch, dass er für eine verhältnismäßig nicht erhebliche Zeit durch einen in seiner Person liegenden Grund ohne Verschulden an der Dienstleistung gehindert ist. Die Norm verlangt insofern ausdrücklich ein persönliches Leistungshindernis. Das ist insbesondere dann der Fall, wenn der Arbeitnehmer Betreuungspflichten nachkommen muss.[252]

Klärungsbedürftig ist, wie das Tatbestandsmerkmal der „verhältnismäßig nicht erheblichen Zeit“ zu verstehen ist: Maßgeblich ist das Verhältnis der Verhinderung zur voraussichtlichen Dauer des Arbeitsverhältnisses.[253] Die Angabe der von § 616 S. 1 BGB erfassten Dauer variiert im Konkreten zwischen wenigen Tagen und einigen Wochen.[254] In Fällen einer ausnahmsweise berechtigten Leistungsweigerung wegen persönlicher Ge-

---

252 Unstreitig ist, dass die Betreuung des eigenen erkrankten Kindes ein Hindernis im Sinn der Norm darstellt (zB *Schneider*, Entgeltfortzahlung und Konkurrenzen, S. 98). Auch die Betreuung wegen Schul- und Kitaschließungen stellt einen Fall des § 616 S. 1 BGB dar. Dies wird jedoch teilweise bestritten, siehe dazu die Zusammenfassung des Streitstands bei *Fischinger/Hengstberger*, JA 2020, 561 (564).

253 jurisPK-BGB/*Legleitner*, § 616 Rn. 16; Erman/*Riesenhuber*, § 616 BGB Rn. 50; Palandt/*Weidenkaff*, § 616 BGB Rn. 8; krit. ErfK/*Preis*, § 616 BGB Rn. 10a.

254 Für eine Grenze bei sechs Wochen BGH 30.11.1978 – III ZR 43/77, NJW 1979, 422 (423); ErfK/*Preis*, § 616 BGB Rn. 10a; dagegen etwa BeckOK-ArbR/*Joussen*, § 616 Rn. 48 „einige Tage“.

sundheitsrisiken wird ein Anspruch aus § 616 S. 1 BGB aus diesem Grund in aller Regel nicht bestehen.[255] Der Anspruch entfällt *ex tunc*, sobald die verhältnismäßig nicht erhebliche Zeit überschritten ist.[256]

b) § 45 SGB V

Ist es den Eltern eines Kindes unzumutbar, wegen der Betreuung ihres erkrankten Kindes der Arbeit nachzugehen, haben sie Anspruch auf Krankengeld nach Maßgabe von § 45 SGB V.

c) § 56 Abs. 1a IfSG

Kommt es zu vorübergehenden Schließungen von Betreuungseinrichtungen für Kinder, von Schulen oder Einrichtungen für Menschen mit Behinderungen zur Verhinderung der Verbreitung von Infektionen, gewährt § 56 Abs. 1a IfSG einen Entschädigungsanspruch.[257] Die Norm wurde anlässlich der Herausforderungen der Coronavirus-Pandemie in das Gesetz aufgenommen.[258] Aufgrund des Erfordernisses der verhältnismäßig nicht erheblichen Dauer des Leistungshindernisses in § 616 S. 1 BGB wird bei Schließungen von Einrichtungen im Sinn von § 56 Abs. 1a IfSG § 616 S. 1 BGB regelmäßig nicht zur Anwendung kommen.[259]

Liegen in einem konkreten Fall ausnahmsweise die Voraussetzungen sowohl von § 616 S. 1 BGB als auch von § 56 Abs. 1a IfSG vor, tritt der infektionsschutzrechtliche Entschädigungsanspruch zurück.[260] Dieses Ergebnis liegt auch im Interesse des Arbeitnehmers: Während nach § 616 S. 1 BGB der reguläre Lohn fortgezahlt wird, gewährt § 56 Abs. 1a IfSG lediglich 67 % des Verdienstausfalls (§ 56 Abs. 2 S. 4 IfSG).

---

255 *Beden/Rombey*, BB 2020, 2870 (2875).

256 Grundlegend BAG 18.12.1959 – GS 8/58, NJW 1960, 741 ff.; vgl. auch MüKo-BGB/*Henssler*, § 615 Rn. 69; Staudinger/*Oetker*, § 615 BGB Rn. 95. Für eine Änderung *de lege ferenda* plädiert *Greiner*, NZA 2007, 490 (491 f.).

257 Einführung durch das Gesetz zum Schutz der Bevölkerung bei einer epidemischen Lage von nationaler Tragweite v. 27.3.2020, BGBl. I, S. 587.

258 BT-Drs. 19/18111, S. 1.

259 *Hohenstatt/Krois*, NZA 2020, 413 (415).

260 BT-Drs. 19/18111, S. 24. So bereits zum Verhältnis des infektionsschutzrechtlichen Entschädigungsanspruchs (damals noch § 48 BSeuchG) und § 616 S. 1 BGB BGH 30.11.1978 – III ZR 43/77, NJW 1979, 422 (424 f.).

3. Zwischenergebnis

Alle dargestellten Fallkonstellationen verdeutlichen, dass der Arbeitnehmer in den meisten Situationen pandemiebedingter Leistungsunfähigkeit/-unzumutbarkeit den Anspruch auf das Arbeitsentgelt behält. Vielfach besteht damit zunächst kein monetäres Interesse der Arbeitnehmer an der Einführung von Homeoffice. Zu beachten ist jedoch, dass unter bestimmten Umständen eine Anspruchskürzung möglich ist. Außerdem wird eine Homeoffice-Tätigkeit in vielen Fällen der einzige Weg sein, um die wirtschaftliche Existenz des Arbeitgebers und damit den eigenen Arbeitsplatz zu erhalten.

II. Erhalt des Pflichtenkatalogs: Arbeitsmöglichkeit

Da die Arbeit für den Beschäftigten neben einer Gelderwerbsmöglichkeit auch eine Möglichkeit zur Selbstverwirklichung sein kann,[261] kann ihm auch im Fall der Unmöglichkeit oder Unzumutbarkeit der Arbeitsleistung nach dem oben Dargestellten am Erhalt der Arbeitsmöglichkeit gelegen sein.

III. Sonstige Interessen

Darüber hinaus sind weitere Interessen des Arbeitnehmers an einer Verlagerung der Arbeit in das häusliche Umfeld erkennbar: Im Kontext der Pandemie wird es zum einen vielfach um den Schutz der eigenen Gesundheit[262] bzw. der Gesundheit von Verwandten, Freunden und Bekannten gehen. Wie dem Arbeitgeber kann auch dem Arbeitnehmer daran gelegen sein, einen solidarischen Beitrag zur Pandemiebekämpfung zu leisten. Daneben treten Interessen, die unabhängig von der Pandemie bestehen[263] wie eine verbesserte Vereinbarkeit von Beruf und Familie, eine Verkürzung des Arbeitswegs oder eine ruhigere Arbeitsatmosphäre und damit einhergehende gesteigerte Produktivität.[264]

---

261 Vgl. BAG 24.6.2015 – 5 AZR 462/14, NZA 2016, 108 (110).

262 Vgl. *Beden/Rombey*, BB 2020, 2870 ff.

263 Siehe auch die Übersicht bei *Müller*, Homeoffice, § 1 Rn. 4 f.

264 Vgl. *Grunau/Ruf/Steffes/Wolter*, IAB-Kurzbericht 11/2019, S. 4 (abrufbar unter: http://doku.iab.de/kurzber/2019/kb1119.pdf, zuletzt abgerufen am 31.5.2021).

Teil 4 – Das Recht auf Homeoffice de lege lata

Den vorangestellten Überlegungen lässt sich entnehmen, wie vielschichtig die Interessenlage der Arbeitsvertragsparteien bei der Einführung von Homeoffice sein kann. Im Folgenden soll näher beleuchtet werden, auf welcher Rechtsgrundlage ein solches Anliegen auch ohne Zustimmung des jeweils anderen Vertragsteils durchgesetzt werden kann. Im Ausgangspunkt ist jedoch zunächst einmal festzuhalten, dass die Arbeitsvertragsparteien das Arbeitsverhältnis privatautonom umgestalten und für die Zeit der Coronavirus-Pandemie durch eine zusätzliche Homeoffice-Vereinbarung den heimischen Schreibtisch als neuen Leistungsort befristet (§§ 158, 163 BGB)[265] festlegen können.[266] Wie sich im Rahmen der ersten Infektionswelle im Frühjahr 2020 gezeigt hat, wurde von dieser Möglichkeit umfassend Gebrauch gemacht. Rund 36 % der Arbeitnehmer haben zwischen Anfang Juli und Mitte August 2020 im Homeoffice gearbeitet.[267] Es mehrten sich in der Folge aber auch die Fälle, in denen Arbeitgeber und Arbeitnehmer vor Gericht ein einseitiges Recht für sich herleiten wollten. So hatte das Arbeitsgericht Augsburg über das Begehren eines Arbeitnehmers zu entscheiden, der unter Vorlage eines ärztlichen Attests die Beschäftigung im Homeoffice beanspruchte, hilfsweise die Zuweisung eines Einzelbüros.[268] In einem anderen Fall ordnete ein öffentlich-rechtli-

---

265 Eine befristete Vertragsänderung empfiehlt etwa *Bonanni*, ArbRB 2020, 110 (111); auch pandemieunabhängig für sinnvoll hält dies *Benkert*, NJW-Spezial 2019, 306 (307).

266 Daneben besteht die Möglichkeit, Homeoffice aufgrund kollektivrechtlicher Vereinbarungen einzuführen. Den sich daraus ergebenden Fragen soll in der vorliegenden Untersuchung nicht weiter nachgegangen werden. Siehe dazu instruktiv *Müller*, Homeoffice, § 2 Rn. 83 ff.

267 Das ist ein Zuwachs von 25 %-Punkten gegenüber dem Jahr 2017, vgl. BMAS (Hrsg.), Verbreitung und Auswirkungen von mobiler Arbeit und Homeoffice, Forschungsbericht 549, S. 23, 100 f. (abrufbar unter: https://www.bmas.de/SharedDocs/Downloads/DE/Publikationen/Forschungsberichte/fb-549-pdf-verbreitung-auswirkung-mobiles-arbeiten.pdf?__blob=publicationFile&v=1, zuletzt abgerufen am 31.5.2021).

268 ArbG Augsburg 7.5.2020 – 3 Ga 9/20, COVuR 2020, 332 ff., Berufung beim LAG München anhängig unter dem Az. 5 SaGa 14/20; siehe auch LAG Köln 12.4.2021 – 2 SaGa 1/21, BeckRS 2021, 9645 zu dem Fall eines Rathausmitarbeiters, der unter Vorlage eines ärztlichen Attests von der Pflicht zum Tragen

cher Dienstherr eine mehrwöchige Versetzung einer Arbeitnehmerin in das Homeoffice an mit der Begründung, sie sei aufgrund ihres hohen Lebensalters einem erhöhten Risiko ausgesetzt, sich mit dem Coronavirus zu infizieren.[269]

A. Kein gesetzlicher Anspruch auf Versetzung in das Homeoffice

Ein allgemeiner gesetzlicher Anspruch auf Versetzung in das Homeoffice besteht *de lege lata* nicht.[270] Bereichsspezifische Regelungen enthalten die § 16 BGleiG und § 164 SGB IX, wohingegen § 28b Abs. 7 IfSG eine zeitlich befristete, allgemeine Homeoffice-Regelung enthält. Daneben stellt sich die Frage, ob das Zivil- oder das Arbeitsrecht Vorschriften enthalten, denen ein Rechtsanspruch auf Homeoffice entnommen werden kann.

I. Öffentlich-rechtliche Sonderregelungen

1. § 16 Abs. 1 S. 2 BGleiG

Für Beschäftigte in Dienststellen der unmittelbaren und mittelbaren Bundesverwaltung sowie der Bundesgerichte (vgl. § 3 Nr. 5 BGleiG) folgt aus § 16 Abs. 1 S. 2 BGleiG[271] kein unmittelbarer Anspruch auf Beschäftigung im Homeoffice.[272] Danach haben die öffentlichen Dienststellen den Beschäftigten mit Familien- oder Pflegeaufgaben im Rahmen der dienstlichen Möglichkeiten Telearbeitsplätze, mobile Arbeitsplätze oder familien- oder pflegefreundliche Arbeits- und Präsenzzeitmodelle anzubieten. Im Unterschied zu § 16 Abs. 1 S. 1 BGleiG, wonach Anträgen auf Teilzeitbeschäftigung und Beurlaubung nur bei entgegenstehenden zwingenden dienstlichen Belangen nicht zu entsprechen ist, beschränkt sich

---

eines Mund-Nasen-Schutzes befreit und hilfsweise in das Homeoffice versetzt werden wollte.

269 VG Berlin 14.4.2020 – VG 28 L 119/20, NVwZ-RR 2020, 696 ff.

270 *Chr. Picker*, ZfA 2019, 269 (275).

271 Vgl. für Beschäftigte des öffentlichen Dienstes auf Landesebene zB § 10 Abs. 1 LGG Berlin; § 13 LGG NRW.

272 BT-Drs. 14/5679, S. 25 zu § 13 Abs. 1 S. 2 BGleiG aF; OVG Lüneburg 17.7.2013 – 5 LA 203/12, juris Rn. 13. Anders *Häcker*, ArbRB 2019, 343 (346); Schaub/*Koch*, ArbRHdB, § 82 Rn. 19; wohl auch *Däubler*, Digitalisierung und ArbR, § 15 Rn. 7.

die Rechtsposition des Antragsstellers bei der Einrichtung eines Telearbeitsplatzes auf eine ermessensfehlerfreie Entscheidung „im Rahmen der dienstlichen Möglichkeiten“.[273] Im Rahmen seines grundsätzlich weiten Ermessensspielraums kann der Arbeitgeber den Antrag ablehnen, etwa wenn durch die Bewilligung des Telearbeitsplatzes Aufgaben auf die Kollegen abgewälzt werden müssten (vgl. § 16 Abs. 3 Nr. 2 BGleiG)[274] oder die Einrichtung des Telearbeitsplatzes mit einem erheblichen finanziellen und personellen Mehraufwand zur Betreuung einer sicheren Datenleitung verbunden ist.[275]

2. § 164 Abs. 1, 4 S. 1 Nr. 4 SGB IX

Schwerbehinderte und ihnen Gleichgestellte haben gemäß § 164 Abs. 1, 4 S. 1 Nr. 4 SGB IX einen Anspruch auf behinderungsgerechte Gestaltung der Arbeitsplätze und des Arbeitsumfeldes. Dieser Anspruch kann sich auch auf Beschäftigung im Homeoffice richten. Dafür muss eine behinderungsgerechte Ausübung der Tätigkeit nur dort möglich sein (zB bei Mobilitätseinschränkungen). § 164 Abs. 4 SGB IX gewährt Schwerbehinderten somit eine einklagbare Rechtsposition, die über den gemäß § 16 Abs. 1 S. 2 BGleiG bestehenden Anspruch auf ermessensfehlerfreie Entscheidung hinausgeht.[276] Der Anspruch soll Menschen mit Behinderung eine gleichberechtigte Teilhabe am Arbeitsleben ermöglichen.[277] Auch dieser Anspruch besteht jedoch nicht schrankenlos. Ist die Erfüllung des Anspruchs gemäß § 164 Abs. 4 S. 3 SGB IX für den Arbeitgeber unzumutbar oder mit unverhältnismäßig hohen Aufwendungen verbunden, tritt das Interesse des schwerbehinderten Arbeitnehmers an der Beschäftigung im Homeoffice dahinter zurück.[278]

---

273 BVerwG 31.1.2008 – 2 C 31/06, NVwZ 2008, 689 Rn. 23 f.; BayVGH 29.10.2019 – 6 CE 19.1386, juris Rn. 19; *Oberthür*, MDR 2015, 1269 (1270).

274 VG Trier 1.3.2011 – 1 K 1202/10.TR, juris Rn. 20.

275 VG Koblenz 18.2.2015 – 2 K 719/14.KO, juris Rn. 38; dazu auch *Chr. Picker*, ZfA 2019, 269 (276).

276 BayVGH 29.10.2019 – 6 CE 19.1386, juris Rn. 21; LAG Niedersachen 6.12.2010 – 12 Sa 860/10, juris Rn. 37.

277 KKW/*Kohte*, §§ 164, 165 SGB IX Rn. 1.

278 LAG Köln 24.5.2016 – 12 Sa 677/13, juris Rn. 60, 63, 74 f.; vgl. auch BAG 10.5.2005 – 9 AZR 230/04, NZA 2006, 155 (159); NPGWJ/*Greiner*, § 164 SGB IX Rn. 66.

Der Gesetzgeber hat mit § 164 Abs. 1, 4 S. 1 Nr. 4 SGB IX eine abschließende Sonderregelung für schwerbehinderte Menschen getroffen, die nicht ohne Weiteres übertragbar ist.[279] Für eine analoge Anwendung der Vorschrift auf alle Arbeitnehmer fehlt es bereits an einer planwidrigen Regelungslücke.[280] Durch die Festlegung konkreter Rechtspositionen stellt § 164 Abs. 4 SGB IX die gleichberechtigte Teilhabe schwerbehinderter Menschen am Arbeitsleben sicher.[281] Es liefe dem Willen des Gesetzgebers zuwider, wenn der Teilhabegedanke[282] zugunsten einer generellen Fürsorgepflicht des Arbeitgebers gegenüber allen Arbeitnehmern aufgeweicht würde. Schließlich sind die in § 164 Abs. 4 SGB IX verankerten Rechtspositionen an in der Person liegende Bedingungen geknüpft, sodass die Coronavirus-Pandemie als ein von außen einwirkendes Ereignis nicht dem Schutz der Regelung unterfällt.

3. § 28b Abs. 7 IfSG

Für die Dauer der Feststellung einer epidemischen Lage von nationaler Tragweite (§§ 5 Abs. 1 S. 1, 6 IfSG), längstens jedoch bis zum Ablauf des 30. Juni 2021 ist der Arbeitgeber gemäß § 28b Abs. 7 S. 1 IfSG dazu verpflichtet[283], seinen Beschäftigten im Fall von Büroarbeit oder vergleichbaren Tätigkeiten anzubieten, diese Tätigkeiten in deren Wohnung auszuführen, wenn keine zwingenden betriebsbedingten Gründe entgegenstehen.[284] Zugleich sind Beschäftigte dazu verpflichtet, dieses Angebot anzunehmen, soweit ihrerseits keine Gründe entgegenstehen (S. 2). Ein subjektiv einklagbares Recht der Parteien auf Verlagerung des Arbeitsplatzes in das Homeoffice ergibt sich daraus nicht.[285]

---

279 So auch *Meyer*, ZAT 2020, 62 (63); *Chr. Picker*, ZfA 2019, 269 (275 f.).

280 Zu den Voraussetzungen der analogen Anwendung von Rechtsvorschriften instruktiv *Larenz*, Methodenlehre, S. 381 ff.; *Wank*, Methodenlehre, S. 353 ff., 371 ff.

281 KKW/*Kohte*, §§ 164, 165 SGB IX Rn. 1.

282 Dem SGB IX liegt ebenso wie der UN-Behindertenkonvention (Art. 27) das Teilhabekonzept zugrunde, vgl. BeckOK-SozR/*Brose*, § 164 SGB IX Rn. 2.

283 Eingefügt durch das Vierte Gesetz zum Schutz der Bevölkerung bei einer epidemischen Lage von nationaler Tragweite v. 22.4.2021, BGBl. I, S. 802.

284 Die Regelung entspricht wort- und inhaltsgleich der vom 22. Januar 2021 bis zum 22. April 2021 geltenden Vorschrift des § 2 Abs. 4 Corona-ArbSchV aF.

285 Dazu ausführlich unter 5. Teil B.IV.2.c).

II. Gesetzlicher Anspruch gemäß §§ 241 Abs. 2, 242 BGB

Zum Teil wird unter Verweis auf die Regelungen der §§ 241 Abs. 2, 242 BGB ein „Rechtsanspruch" auf Homeoffice in Not- und Ausnahmesituationen angenommen.[286] Diese Ansicht verkennt jedoch die Funktionsweise der Treue- und Rücksichtnahmepflichten.[287] Gemäß § 241 Abs. 2 BGB kann das Schuldverhältnis nach seinem Inhalt jeden Teil zur Rücksicht auf die Rechte, Rechtsgüter und Interessen des anderen Teils verpflichten. Grundlage der Rücksichtnahmepflichten iSv § 241 Abs. 2 BGB ist demnach regelmäßig ein gesetzliches (zB § 812 BGB) oder ein (vor-)vertragliches (zB §§ 535, 311 Abs. 2 Nr. 1 BGB) Schuldverhältnis,[288] im Arbeitsrecht also der Arbeitsvertrag (§ 611a Abs. 1 BGB). Erst der autonomen Selbstbindung, dh der Übernahme von gegenseitigen Pflichten, entspringt die Normsetzungsbefugnis, die den Parteien innerhalb der Grenzen des Arbeitsvertrags subjektive Rechte einräumt (zB das Weisungsrecht gemäß § 106 S. 1 GewO).[289] § 241 Abs. 2 BGB bildet daher lediglich die „normative Hülle"[290] für die Konkretisierung der sich aus dem Schuldverhältnis ergebenden Schutz- und Rücksichtnahmepflichten. Ein genuiner Rechtsanspruch lässt sich daraus nicht ableiten.

B. Der Arbeitsvertrag als Grundlage für das Recht auf Homeoffice

Rechtsgrundlage für den Anspruch auf Beschäftigung im Homeoffice kann jedoch der Arbeitsvertrag selbst sein. In der Coronavirus-Pandemie kann sich ein Anspruch auf bzw. die Anordnung von Homeoffice möglicherweise auch mit den im Arbeitsvertrag verankerten gegenseitigen Rücksichtnahmepflichten gemäß §§ 241 Abs. 2, 242 BGB begründen lassen. Danach sind die Arbeitsvertragsparteien unter anderem dazu verpflichtet, im Rahmen des ihnen Zumutbaren bestehende Erfüllungshindernisse nicht

---

286 *Müller*, DB 2019, 1624 (1626) zu § 241 Abs. 2 BGB; *Klein*, NJ 2020, 377 (383); *Meyer*, ZAT 2020, 62 (63) zu § 618 Abs. 1 BGB.

287 Siehe dazu und zum Folgenden bereits *Bitzenhofer*, Grundlagen des Weisungsrechts, S. 150 f.

288 Staudinger/*Olzen*, § 241 BGB Rn. 399 f. und zu begründungsbedürftigen Problemfällen Rn. 401 ff.

289 Siehe im Hinblick auf das Homeoffice LAG Hessen 10.6.2015 – 6 Sa 451/14, BeckRS 2016, 66605, das von einem „arbeitsvertraglichen Rechtsanspruch" ausgeht.

290 *Bitzenhofer*, Grundlagen des Weisungsrechts, S. 151.

entstehen zu lassen bzw. drohende Leistungshindernisse gemeinsam zu verhindern, um so die dauerhafte Vertragsdurchführung zu gewährleisten.[291]

I. Möglichkeiten des Arbeitgebers zur Einführung von Homeoffice

Im Fall einer behördlich angeordneten Betriebsschließung oder einer bundesweiten bzw. regionalen weitestgehenden Stilllegung des öffentlichen Lebens („Lockdown“) wird der Arbeitgeber regelmäßig ein Interesse daran haben, der (Teil-)Unmöglichkeit der Arbeitsleistung durch Anordnung von Beschäftigung im Homeoffice zu entgehen. Ebenso kann er präventiv durch Kontaktreduzierung zur Minimierung der Ansteckungsgefahr einer Betriebsschließung entgegentreten[292] und dadurch gleichzeitig seinen arbeitsschutzrechtlichen Pflichten nachkommen wollen.[293]

1. Weisungsrecht und Vertragsänderung

Die Einführung von Homeoffice kann sich innerhalb des Arbeitsvertrags durch Ausübung des Weisungsrechts gemäß § 106 S. 1 GewO oder durch Änderung der Vertragsbedingungen vollziehen. Ob im Einzelfall bereits der Anwendungsbereich für eine Vertragsänderung eröffnet ist oder der Arbeitgeber noch im Rahmen seines Weisungsrechts handelt, ergibt sich aus dem Inhalt des jeweiligen Arbeitsvertrags.[294] Je konkreter die Leistungsbedingungen im Arbeitsvertrag festgehalten sind, desto weniger Raum bleibt für die Ausübung des Weisungsrechts.[295] Der Arbeitgeber kann im Arbeitsvertrag vorgesehene Leistungsbedingungen einseitig durch Ausübung seines Weisungsrechts gemäß § 106 S. 1 GewO nach Ort, Zeit und Inhalt näher bestimmen. Veränderungen der vertraglichen (Haupt-)Leistungspflichten können hingegen nur durch Vertragsanpassung bzw. durch Änderungskündigung iSv § 2 KSchG herbeigeführt werden.[296] Vorrang kommt dem Weisungsrecht bezüglich aller konkre-

291 BAG 19.5.2010 – 5 AZR 162/09, NZA 2010, 1119 Rn. 26 mwN; MüKo-BGB/*Spinner*, § 611a Rn. 931.

292 *Schmitt-Rolfes*, AuA 2020, 209.

293 Siehe dazu unter 3. Teil A.

294 EWW/*Wank*, § 106 GewO Rn. 5.

295 *Boemke*, NZA 1993, 532 (536); BeckOK-ArbR/*Rolfs*, § 2 KSchG Rn. 33.

296 *Bayreuther*, NZA 2019, 735 (738 f.).

tisierungsfähigen Vertragsinhalte zu; der durch Ausübung des Weisungsrechts konkretisierten Leistungspflicht hat der Arbeitnehmer als Schuldner der Arbeitspflicht gemäß § 611a Abs. 1 BGB nachzukommen. Der Arbeitgeber geriete ansonsten gemäß § 615 S. 1 BGB in Annahmeverzug, wenn der Arbeitnehmer eine in rechtlich einwandfreier Art und Weise bestimmte Arbeitsleistung ablehnte und stattdessen eine andere, ebenfalls vertragsgemäße Arbeit anböte.[297] Die stärker in das bestehende Vertragsverhältnis eingreifende Vertragsänderung ist demnach subsidiär für Fälle wesentlicher Veränderungen von Leistungsbedingungen anwendbar.

Im Rahmen der Abgrenzung ist der Blick zunächst auf den Umfang des Weisungsrechts als dessen äußere Grenze zu richten. Typisches Anwendungsfeld im Grenzbereich zwischen Weisungsrecht und Vertragsänderung bilden die Fälle der Weisungsrechtserweiterung in Not- und Ausnahmesituationen, in denen das Weisungsrecht des Arbeitgebers zeitweise über den im Arbeitsvertrag festgelegten Umfang hinaus erweitert ist.[298] Nach überzeugender Ansicht beruht das erweiterte Weisungsrecht des Arbeitgebers auf einer gemischten Rechtsgrundlage, dem allgemeinen Weisungsrecht gemäß § 106 S. 1 GewO, das wiederum durch den weisungserweiternden Tatbestand (Vertrag oder Gesetz) modifiziert wird.[299] In Not- und Ausnahmesituationen ergibt sich der weisungsrechtserweiternde Tatbestand aus den das Arbeitsverhältnis bestimmenden Rücksichtnahmepflichten gemäß § 241 Abs. 2 BGB und damit letztlich aus dem Arbeitsvertrag selbst.[300]

Eine weitere Unterscheidung ist hinsichtlich der Dauer der Änderung von Arbeitsbedingungen vorzunehmen: Nur bei vorübergehenden Leistungshindernissen ist eine geänderte Weisungsausübung über den vertraglich vereinbarten Umfang hinaus grundsätzlich möglich, dauerhafte Leistungshindernisse können hingegen ausschließlich durch eine Vertragsänderung behoben werden.[301] Die mit der Coronavirus-Pandemie einhergehenden Einschränkungen für das Arbeitsverhältnis sind aller Voraussicht

---

297 BAG 30.4.2008 – 5 AZR 502/07, NZA-RR 2008, 551 Rn. 24.

298 Vgl. BAG 8.10.1962 – 2 AZR 550/61, juris Rn. 16.

299 *Bitzenhofer*, Grundlagen des Weisungsrechts, S. 154; aA NK-GA/*Boecken/Pils*, § 106 GewO Rn. 48; *Müller*, DB 2019, 1624 (1625).

300 BAG 16.10.2013 – 10 AZR 9/13, NZA 2014, 264 (266); BAG 8.10.1962 – 2 AZR 550/61, juris Rn. 16; *Bitzenhofer*, Grundlagen des Weisungsrechts, S. 151; APS/*Künzl*, § 2 KSchG Rn. 72; abl. NK-GA/*Boecken/Pils*, § 106 GewO Rn. 48; *Pfrang*, Weisungen, S. 144; *Söllner*, Einseitige Leistungsbestimmung, S. 46 f., die jeweils dem Gesetz selbst die Erweiterung des Weisungsrechts entnehmen.

301 EWW/*Wank*, § 106 GewO Rn. 7.

nach nur vorübergehender Natur. Dass das Coronavirus durch Mutationen – ähnlich wie Grippeviren – auch dauerhaft Teil des gesellschaftlichen Lebens werden könnte, spielt keine Rolle, da sich arbeitsrechtlich relevante Leistungshindernisse regelmäßig nicht schon aus dem Vorhandensein eines Virus ergeben, sondern erst aus konkreten gesellschaftlichen und gesundheitlichen Folgen sowie staatlich angeordneten Beschränkungen, die Auswirkungen auf die Durchführung des Arbeitsverhältnisses haben.

2. Durch Weisung in das Homeoffice

Der Arbeitgeber kann den Arbeitsort in dem zulässigen Rahmen nach billigem Ermessen im Rahmen seines Weisungsrechts gemäß § 106 S. 1 GewO näher bestimmen. Einschränkungen des (örtlichen) Weisungsrechts können sich aus arbeitsvertraglichen Regelungen, kollektivrechtlichen Bestimmungen oder gesetzlichen Vorschriften ergeben (§ 106 S. 1 aE GewO). Ist der Arbeitgeber bereits aufgrund des Arbeitsvertrags dazu berechtigt, einseitig die Arbeit im Homeoffice anzuordnen, stellt die pandemiebedingte Versetzung in das Homeoffice nur eine Konkretisierung der im Arbeitsvertrag rahmenmäßig festgelegten örtlichen Leistungspflicht dar. Die konkrete Versetzungsanordnung muss aber auch dann billigem Ermessen entsprechen. Besteht kein Weisungsrecht zur Anordnung von Homeoffice, so kommt es auf das billige Ermessen nicht (mehr) an.[302] Bei der Rechtmäßigkeitsprüfung einer Weisung ist daher zwischen dem Umfang des Weisungsrechts („Ob“) und der Ausübung im Einzelfall („Wie“) zu unterscheiden.[303]

a) Umfang des Weisungsrechts

Der Umfang des Weisungsrechts ergibt sich aus dem Inhalt des Arbeitsvertrags (ggf. iVm einem Tarifvertrag). Ist der Betrieb des Arbeitgebers als Arbeitsort vertraglich festgelegt, bleibt für die einseitige Anordnung von

---

302 *Chr. Picker*, ZfA 2019, 269 (280).

303 BAG 22.9.2016 – 2 AZR 509/15, NZA 2016, 1461 Rn. 12; LAG Rheinland-Pfalz 18.12.2014 – 5 Sa 378/14, BeckRS 2015, 66249; HWK/*Lembke*, § 106 GewO Rn. 29; *Linck*, FS v. Hoyningen-Huene, S. 255 (258); ErfK/*Preis*, § 106 GewO Rn. 18; *Thüsing/Hütter-Brungs*, NZA-RR 2021, 231 (233). Siehe auch *Müller*, DB 2019, 1624 ff., der von äußeren und inneren Grenzen des Weisungsrechts spricht.

Homeoffice grundsätzlich kein Raum.[304] Vielmehr würde der Arbeitgeber durch die Ausübung seines Weisungsrechts den vereinbarten Vertragsrahmen überschreiten; hierfür bietet § 106 S. 1 GewO jedoch keine Grundlage.[305]

Aber auch wenn der Arbeitsort im Arbeitsvertrag nicht ausdrücklich festgelegt wurde, ist es nicht ausgeschlossen, dass er sich nach längerer Zeit auf eine bestimmte Betriebsstätte konkretisiert.[306] Dazu kommt es allerdings nicht schon dann, wenn der Arbeitgeber sein Direktionsrecht hinsichtlich des Arbeitsorts über einen längeren Zeitraum hinweg nicht ausgeübt hat. Der Nichtausübung des Direktionsrechts kommt kein gesonderter Erklärungswert zu. Hinzutreten müssen stattdessen besondere Umstände, die ein schützenswertes Vertrauen des Arbeitnehmers darauf begründen, dass der Arbeitgeber sein Direktionsrecht (durch konkludentes Verhalten) einschränken wollte.[307]

Fehlen hingegen derartige Anhaltspunkte, ergibt sich der Umfang des Weisungsrechts weiterhin aus § 106 S. 1 GewO.[308] Es ist sodann in einem ersten Schritt danach zu fragen, was grundsätzlich vom Weisungsrecht gemäß § 106 S. 1 GewO, § 611a Abs. 1 S. 2 BGB umfasst ist. Dies betrifft die äußeren Grenzen des Weisungsrechts. Erst auf zweiter Ebene kann das Weisungsrecht zusätzlich durch arbeitsvertragliche oder kollektivrechtliche Bestimmungen oder aufgrund eines Gesetzes eingeschränkt (vgl. § 106 S. 1 aE GewO) bzw. erweitert sein. Vom Umfang des Weisungsrechts grundsätzlich nicht erfasst sind die privaten Räume des Arbeitnehmers, die unter dem grundrechtlichen Schutz des Art. 13 Abs. 1 GG stehen und dem Zugriff des Arbeitgebers *a priori* entzogen sind.[309] Die Wertung des

---

304 ErfK/*Preis*, § 106 GewO Rn. 28a; Besgen/Prinz/*Ricken*, Arbeiten 4.0, § 7 Rn. 43.

305 LAG Berlin-Brandenburg 14.11.2018 – 17 Sa 562/18, BeckRS 34001 Rn. 21.

306 BAG 26.9.2012 – 10 AZR 412/11, NJOZ 2013, 457 Rn. 29; BAG 17.8.2011 – 10 AZR 202/10, NZA 2012, 265 Rn. 19 mwN; unter Verweis auf § 269 Abs. 1 BGB BAG 3.12.1985 – 4 AZR 325/84, AP TVG § 1 Tarifverträge: Großhandel Nr. 5; *Hromadka*, FS v. Hoyningen-Huene, S. 145 (149); für das österreichische Recht *Bartmann/Ondrejka*, ZAS 2020, 163 zu § 905 ABGB.

307 BAG 26.9.2012 – 10 AZR 412/11, NJOZ 2013, 457 Rn. 29. Diese sind jedoch nicht schon dann anzunehmen, wenn der Arbeitnehmer während der kritischen Phase der Pandemie im März 2020 bereits für kurze Zeit im Homeoffice arbeiten durfte, vgl. ArbG Kiel 11.3.2021 – 6 Ca 1912 c/20, BeckRS 2021, 7859 Rn. 46.

308 BAG 18.10.2017 – 10 AZR 330/16, NZA 2017 Rn. 27; HWK/*Lembke*, § 106 GewO Rn. 29.

309 So iErg auch ErfK/*Preis*, § 106 GewO Rn. 28a; vgl. weiter *Benkert*, NJW-Spezial 2019, 306; *Däubler*, Digitalisierung und ArbR, § 15 Rn. 5; *Kilian/Borsum/Hoff-*

Art. 13 Abs. 1 GG hindert den Gesetzgeber daran, dem Arbeitgeber ein allgemeines Anordnungsrecht zur Arbeit im Homeoffice zu gewähren (vgl. Art. 1 Abs. 3 GG).[310] Das Direktionsrecht kann nur Räume betreffen, die im Zugriffsbereich des Arbeitgebers liegen[311] bzw. solche, die nicht dem Schutzregime besonderer Rechte (zB §§ 854 ff. BGB) unterstehen. Diese Wertung wird von § 106 S. 2 GewO bestätigt, wonach der Arbeitgeber nur die Ordnung und das Verhalten der Arbeitnehmer „im Betrieb" regeln kann; der Bereich der privaten Lebensführung bleibt vom Weisungsrecht unbenommen.[312] Allerdings kann der Umfang des Weisungsrechts durch einzel- oder kollektivvertragliche[313] Regelungen oder in seltenen Fällen durch Gesetz[314] erweitert sein und damit ausnahmsweise auch den häuslichen Bereich erfassen.

---

meister, NZA 1987, 401 (406); *Klein*, NJ 2020, 377 (382); *Kramer*, DB 2000, 1329; *Müller*, Homeoffice, § 2 Rn. 117, § 8 Rn. 657; *Oberthür*, MDR 2015, 1269; *Chr. Picker*, ZfA 2019, 269 (279 f.); *Reinhard/Hoffmann-Remy*, in: Dahl et al., Arbeitsrechtlicher Umgang, Kap. 3 Rn. 19 f.; Besgen/Prinz/*Ricken*, Arbeiten 4.0, § 7 Rn. 44; *Schliemann*, FA 2020, 90 (91); *Schöllmann*, NZA-Beil. 2019, 81 (81 f.); Preis/*Temming*, Arbeitsvertrag, II T 20 Rn. 30; für das öffentliche Dienstverhältnis *Hahn*, öAT 2018, 202 f.; für das österreichische Recht *Bartmann/Ondrejka*, ZAS 2020, 163 (165 f.); offengelassen von LAG Berlin-Brandenburg 14.11.2018 – 17 Sa 562/18, BeckRS 2018, 34001 Rn. 21, das die einseitige Versetzung in das Homeoffice ausdrücklich nur für den Fall ausschließt, dass im Arbeitsvertrag die Betriebsstätte als Tätigkeitsort vorgesehen ist. AA LAG Rheinland-Pfalz 18.12.2014 – 5 Sa 378/14, BeckRS 2015, 66249; *Fischinger/Hengstberger*, JA 2020, 561 (562); *Krieger/Rudnik/Povedano Peramato*, NZA 2020, 473 (474 f.); *Mues/Müncheberg*, ArbRB 2020, 214 (215); *Sagan/Brockfeld*, NJW 2020, 1112 (1114).

310 Vgl. Dreier/*Dreier*, GG, Art. 1 Rn. 54 mwN.

311 *Schliemann*, FA 2020, 90 (91); ebenso *Reinhard/Hoffmann-Remy*, in: Dahl et al., Arbeitsrechtlicher Umgang, Kap. 3 Rn. 20.

312 BAG 23.8.2012 – 8 AZR 804/11, NZA 2013, 268 Rn. 24.

313 Siehe LAG Köln 14.8.2020 – 9 TaBV 11/20, BeckRS 2020, 27011 Rn. 42 zu einer tarifvertraglichen Erweiterung des Weisungsrechts, auf deren Grundlage der Arbeitgeber die Vereinbarung von Telearbeit unter Einhaltung der tarifvertraglichen Frist ohne Angabe von Gründen widerrufen konnte.

314 Zur Einführung von Homeoffice aufgrund einer innerbehördlichen Anordnung VG Berlin 14.4.2020 – VG 28 L 119/20, NVwZ-RR 2020, 696 ff. Vgl. zur Erweiterung des Weisungsrechts auf See § 36 SeeArbG und dazu instruktiv *R. Müller*, Das Heuerverhältnis, S. 221 ff.

aa) Versetzungsklauseln

In zahlreichen Arbeitsverträgen finden sich sog. Versetzungsklauseln[315], die es dem Arbeitgeber ermöglichen, einseitig durch Ausübung seines Weisungsrechts den Arbeitsort des Arbeitnehmers in dem vorgesehenen Umfang zu ändern.[316] Zu unterscheiden ist zwischen echten und unechten Direktionsrechtserweiterungen. Während letztere materiell nur den Inhalt von § 106 S. 1 GewO wiedergeben, verschaffen echte Direktionsrechtserweiterungen dem Arbeitgeber das Recht, Weisungen zu erteilen, die vom allgemeinen Umfang des Weisungsrechts nicht mehr umfasst sind.[317] Die Versetzung des Arbeitnehmers in einen anderen Betriebsteil des Unternehmens ist bereits vom weiten Umfang des Weisungsrecht gemäß § 106 S. 1 GewO erfasst.[318] Eine Versetzungsklausel dieses Inhalts unterliegt nicht der Inhaltskontrolle gemäß §§ 307 ff. BGB, sondern lediglich der Transparenzkontrolle gemäß § 307 Abs. 1 S. 2, Abs. 3 S. 2 BGB, da sie keine von Rechtsvorschriften abweichende oder diese ergänzende Regelung iSd § 307 Abs. 3 S. 1 BGB ist.[319] Wie soeben dargestellt ist die Befugnis, den Arbeitnehmer einseitig zur Arbeit im Homeoffice anzuweisen, *a priori* nicht vom Umfang des Weisungsrechts gemäß § 106 S. 1 GewO umfasst. Eine solche arbeitsvertragliche Versetzungsklausel unterliegt daher der vollen Inhaltskontrolle gemäß §§ 307 ff. BGB. Besteht aufgrund einer wirksamen[320] Ver-

---

315 Die individualrechtliche Versetzung, die von der betriebsverfassungsrechtlichen Begriffsbestimmung in § 95 Abs. 3 BetrVG abzugrenzen ist, wird als Änderung der Tätigkeit nach Ort, Art oder Umfang verstanden, BAG 6.2.1985 – 4 AZR 155/83, AP TVG § 1 Tarifverträge: Textilindustrie Nr. 3. Begrifflich unterschieden wird bei der Änderung des Arbeitsorts zwischen Umsetzung (neuer Arbeitsplatz im Betrieb) und Versetzung im eigentlichen Sinn (Arbeitsplatz außerhalb des Betriebs), vgl. MAH-ArbR/*Gragert/Kanterndahl*, § 13 Rn. 22.

316 Zur formularvertraglichen Vereinbarungsmöglichkeit von Versetzungsklauseln BAG 11.4.2006 – 9 AZR 557/05, NZA 2006, 1149 ff.; Schaub/*Linck*, ArbRHdB, § 45 Rn. 23; BeckOK-ArbR/*Joussen*, § 307 BGB Rn. 75 mwN.

317 BAG 25.8.2010 – 10 AZR 275/09, NZA 2010, 1355 Rn. 23 ff.; ErfK/*Preis*, § 106 GewO Rn. 17.

318 BAG 18.10.2017 – 10 AZR 330/16, NZA 2017, 1452 Rn. 27, 28 ff.; dazu *Bayreuther*, NZA 2019, 735 (738 f.); der 6. Senat des BAG hat in einem *obiter dictum* ausdrücklich offengelassen, ob er sich der Rechtsauffassung des 10. Senats anschließt, BAG 18.10.2012 – 6 AZR 86/11, AP § 106 GewO Nr. 23 Rn. 28 mAnm *Boemke*, RdA 2013, 240 (241 ff.); krit. *Hromadka*, NZA 2012, 233 (238).

319 BAG 13.4.2010 – 9 AZR 36/09, NJOZ 2010, 2625 Rn. 24 ff.; ausführlich dazu *Greiner/Genenger*, NZA 2008, 969 (970 ff.).

320 Zu einzelnen Wirksamkeitsvoraussetzungen *Wulff*, in: Helm/Bundschuh/Wulff, Krisenzeiten, § 8 Rn. 8.

setzungsklausel für den Arbeitgeber die Möglichkeit, den Arbeitnehmer in das Homeoffice zu versetzen, kann der Arbeitgeber davon im Rahmen billigen Ermessens gemäß § 106 S. 1 GewO, § 315 Abs. 1 BGB auch im Pandemiefall Gebrauch machen.

bb) Weisungsrechtserweiterung in Not- und Ausnahmesituationen

Fehlt es hingegen an einer solchen Regelung, kann die in der Rechtsprechung des BAG anerkannte Erweiterung des Weisungsrechts in Not- und Ausnahmesituationen zum Tragen kommen:[321] Danach darf der Arbeitgeber den Arbeitnehmer „auch ohne dessen Einverständnis in gewissen Fällen, etwa zur vorübergehenden Vertretung erkrankter oder beurlaubter Arbeitnehmer oder in Notstandsfällen[,] zur Erbringung einer grundsätzlich vertraglich nicht geschuldeten Arbeitsleistung anweisen".[322] Während sich die Pflicht zur Befolgung solcher Weisungen aus den das Arbeitsverhältnis bestimmenden Rücksichtnahmepflichten gemäß § 241 Abs. 2 BGB ergibt,[323] ist der den Weisungsrechtserweiterungstatbestand begründende Umstand einer Not- oder Ausnahmesituation auf der Ebene des „Ob" allein nach objektiven Kriterien zu bestimmen. Dieses Verständnis äußert sich auch in § 36 Seearbeitsgesetz (SeeArbG), der den vom BAG für das Landarbeitsrecht entwickelten Grundsatz für Notsituationen auf See näher ausgestaltet.[324]

(1) Der Notfallbegriff des § 14 Abs. 1 ArbZG

Die Coronavirus-Pandemie könnte einen Notstandsfall als besondere Ausprägung der weisungsrechtserweiternden Not- und Ausnahmesituationen

---

321 BAG 16.10.2013 – 10 AZR 9/13, NZA 2014, 264 (266); BAG 8.10.1962 – 2 AZR 550/61, juris Rn. 16; LAG Baden-Württemberg 31.3.2006 – 2 Sa 117/05, BeckRS 2006, 31053138; *Maschmann*, Arbeitsverträge und Verträge mit Selbstständigen, S. 204; ErfK/*Preis*, § 106 GewO Rn. 6; HWK/*Thüsing*, § 106 GewO Rn. 21.

322 BAG 8.10.1962 – 2 AZR 550/61, juris Rn. 16.

323 Dazu sogleich unter 2.b).

324 *R. Müller*, Das Heuerverhältnis, S. 222 f.; *Söllner*, Einseitige Leistungsbestimmung, S. 47 zur Vorgängerregelung des § 29 Seemannsgesetz (SeemG).

darstellen.[325] Für die Bestimmung des Notstandsfalls kann auf den Notfallbegriff des § 14 Abs. 1 ArbZG zurückgegriffen werden.[326] Es handelt sich dabei um ein für den Betrieb nachteiliges, ungewöhnliches, unvorhergesehenes und plötzlich eintretendes Ereignis, das die Gefahr eines unverhältnismäßigen Schadens mit sich bringt.[327] Entscheidend ist, dass der Eintritt des Ereignisses so plötzlich erfolgt, dass die Folgen auch von einem sorgfältigen Unternehmer nicht mehr rechtzeitig abgewendet werden können.[328] Zudem muss sich das Ereignis auf den einzelnen Betrieb als Notfall auswirken, dh dem Arbeitgeber muss aufgrund eines plötzlich eintretenden Ereignisses ein unverhältnismäßiger Schaden drohen, dem durch eine Änderung der Arbeitsleistung effektiv begegnet werden kann.[329] Unter Beachtung der erheblichen Eingriffsbefugnisse in das privatautonom begründete und konkretisierte Schuldverhältnis wird jedenfalls eine konkrete Gefahr für den Bestand des Betriebs bzw. der betrieblichen Güter erforderlich sein. Es bedarf demnach einer Sachlage, in der bei ungehindertem Geschehensablauf mit hinreichender Wahrscheinlichkeit ein Schaden an einem der Schutzgüter eintreten wird.[330]

Die Coronavirus-Pandemie stellt als Fall höherer Gewalt grundsätzlich ein solches ungewöhnliches und nicht vorhersehbares Ereignis dar.[331] Eine konkrete Gefahr für den Bestand eines Betriebs bzw. betrieblicher Güter liegt insbesondere in Fällen länger andauernder Betriebsschließungen vor, wie man sie während der Coronavirus-Pandemie vor allem in der Kulturbranche, die in den vergangenen 15 Monaten nahezu vollständig zum Erliegen gekommen ist, beobachten kann. Weisungen, die aufgrund einer notfallbedingten Weisungsrechtserweiterung erteilt werden können, sind allerdings nur in einem zeitlich eng begrenzten Umfang möglich.[332] § 14

---

325 Vgl. zu dem Begriff des Notstandsfalls BAG 8.10.1962 – 2 AZR 550/61, juris Rn. 16.

326 *Müller*, Homeoffice, § 8 Rn. 659; Schaub/*Linck*, ArbRHdB, § 45 Rn. 37; HWK/*Thüsing*, § 106 GewO Rn. 21.

327 *Baeck/Deutsch/Winzer*, ArbZG, § 14 Rn. 7 mwN.

328 *Baeck/Deutsch/Winzer*, ArbZG, § 14 Rn. 7.

329 HWK/*Thüsing*, § 106 GewO Rn. 21; *Zwarzlik*, BB 1991, 901 (903).

330 Vgl. zum Begriff der konkreten Gefahr *Thiel*, Polizei- und Ordnungsrecht, § 8 Rn. 5.

331 *Fuhlrott/Fischer*, NZA 2020, 345 (349); *Klein*, NJ 2020, 377 (383 f.); *Müller*, FA 2020, 123; vgl. zur rechtlichen Debatte iRd „Schweinegrippe“-Pandemie im Jahr 2009 *Falter*, BB 2009, 1974 (1978).

332 BeckOK-ArbR/*Kock*, § 14 ArbZG Rn. 7; ErfK/*Wank*, § 14 ArbZG Rn. 4; *Baeck/Deutsch/Winzer*, ArbZG, § 14 Rn. 16 sprechen von „wenigen Stunden bis zu mehreren Tagen“.

Abs. 1 ArbZG stellt insoweit auf „vorübergehende Arbeiten" ab. Zulässig sind nur unaufschiebbare Arbeiten, die sofort vorgenommen werden müssen, um dem Notfall rechtzeitig entgegenzutreten (zB Löscharbeiten im Brandfall, jedoch schon nicht mehr die nachfolgenden Aufräumarbeiten[333]). Die Coronavirus-Pandemie bestimmt seit März 2020 das gesellschaftliche und berufliche Leben in Europa und ein Ende ist auch über ein Jahr später noch nicht endgültig absehbar. Es würde daher den Zweck einer bewusst eng gefassten Ausnahmeregelung überdehnen, wenn der Arbeitgeber auf dieser Grundlage die Arbeit im Homeoffice – jedenfalls nicht nur kurzfristig – einseitig anordnen könnte.[334]

(2) Die Coronavirus-Pandemie als sonstige Ausnahmesituation

Höchstrichterlich anerkannt ist, dass neben Notstandsfällen weitere Ausnahmesituationen die Erweiterung des Weisungsrechts begründen können.[335] Voraussetzung ist, dass die Situation unabhängig vom Willen der Betroffenen eintritt und nicht auf andere Weise zu beseitigen ist.[336] Das wird insbesondere dann anzunehmen sein, wenn der Betrieb des Arbeitgebers aufgrund einer behördlichen Anordnung geschlossen wird. Die Coronavirus-Pandemie begründet insofern nicht unmittelbar die Weisungsrechtserweiterung, sondern sie ist Auslöser der behördlichen Entscheidung. Aber auch in Ausnahmesituationen kann die Erweiterung des Weisungsrechts nur zeitlich begrenzt infrage kommen. Die Pflicht, einer solchen Weisung Folge zu leisten, endet daher spätestens mit dem Wegfall der Ausnahmesituation,[337] also zB der Aufhebung einer behördlichen Anordnung. Zu bedenken ist auch, dass behördlich angeordnete Betriebsschließungen bisher nur durch vorherige Ankündigung ausgesprochen wurden. Besteht zumindest grundsätzlich die Möglichkeit, Schäden am

333 BeckOK-ArbR/*Kock*, § 14 ArbZG Rn. 7; *Neumann/Biebl*, § 14 ArbZG Rn. 6.

334 IErg ebenso *Reinhard/Hoffmann-Remy*, in: Dahl et al., Arbeitsrechtlicher Umgang, Kap. 3 Rn. 23.

335 BAG 8.10.1962 – 2 AZR 550/61, juris Rn. 16 nennt zB die Erkrankung oder Beurlaubung anderer Arbeitnehmer als weitere Fallbeispiele einer Not- oder Ausnahmesituation. Diese Wertung lässt sich auch § 14 Abs. 1 ArbZG entnehmen, der zwischen Notfällen und außergewöhnlichen Fällen unterscheidet. Siehe zur betriebsverfassungsrechtlichen Unterscheidung zwischen Eil- und Notfällen *Wulff*, in: Helm/Bundschuh/Wulff, Krisenzeiten, § 18 Rn. 13 ff.

336 BAG 3.12.1980 – 5 AZR 477/78, AP BGB § 615 Böswilligkeit Nr. 4.

337 *Müller*, Homeoffice, § 8 Rn. 662.

Bestand des Betriebs bzw. betrieblichen Gütern auch auf andere Weise zu beseitigen (zB durch Schichtarbeit, vgl. § 2 Abs. 5 S. 3 Corona-ArbSchV),[338] kann es schließlich auch an der für die Ausnahmesituation erforderlichen Unabwendbarkeit fehlen.

b) Billiges Ermessen

Auf der zweiten Stufe („Wie") ist das erweiterte Direktionsrecht des Arbeitgebers bei der Ausübung im Einzelfall begrenzt. Der Arbeitgeber darf sein Weisungsrecht nur nach „billigem Ermessen" (§ 106 S. 1 GewO, § 315 Abs. 3 BGB) ausüben. Der Begriff des billigen Ermessens ist ein unbestimmter Rechtsbegriff, der zugleich Einfallstor für grundrechtliche Wertungen ist.[339] Die Leistungsbestimmung nach billigem Ermessen verlangt daher eine Abwägung der wechselseitigen Interessen nach verfassungsrechtlichen und gesetzlichen Wertentscheidungen, nach Verhältnismäßigkeit und Zumutbarkeit.[340] Erst der gerechte Ausgleich der Interessen kann eine wirksame Weisung innerhalb des Direktionsrechts ermöglichen.[341] Dabei dürfen in die Abwägung Gesichtspunkte nicht konturenlos und beliebig aufgenommen werden.[342] Es ist insbesondere zu berücksichtigen, wie einschneidend die Schadensabwehrmaßnahmen wirken, aber auch wie kalkulierbar und vermeidbar der Eintritt der Haftung ist.[343] Gerade bei nur kurz andauernden und einfachen Tätigkeiten, die den Schadenseintritt mit erheblicher Wahrscheinlichkeit abschwächen oder sogar verhindern können, spricht viel für die Pflicht des Arbeitnehmers, Tätigkeiten auszuüben, zu deren Übernahme grundsätzlich keine vertragliche Verpflichtung besteht.[344] In Not- und Ausnahmesituationen folgt die Pflicht zur Befol-

---

338 BeckOK-ArbR/*Kock*, § 14 ArbZG Rn. 2.

339 BAG 18.10.2017 – 10 AZR 330/16, NZA 2017, 1452 Rn. 45 f.; ErfK/*Preis*, § 106 GewO Rn. 10 f.

340 Siehe nur BAG 18.10.2017 – 10 AZR 330/16, NZA 2017, 1452 Rn. 45 mwN.

341 BAG 23.6.1993 – 5 AZR 337/92, NZA 1993, 1127 (1129); *Falter*, FS Bauer, S. 291 (301).

342 *v. Hoyningen-Huene/Boemke*, Versetzung, S. 97; *Linck*, FS v. Hoyningen-Huene, S. 255 (259).

343 Staudinger/*Olzen*, § 241 BGB Rn. 498.

344 Vgl. MüKo-BGB/*Spinner*, § 611a Rn. 934; MAH-ArbR/*Reinfeld*, § 33 Rn. 34; Schaub/*Linck*, ArbRHdB, § 33 Rn. 37, § 53 Rn. 38; ErfK/*Preis*, § 106 GewO Rn. 6; *Bitzenhofer*, Grundlagen des Weisungsrechts, S. 147 f.; siehe auch BGH 7.6.1972 – VIII ZR 35/71, NJW 1972, 1363 f.; *Krebs*, Sonderverbindung, S. 504 ff., insb. 506 f.

gung solcher Weisungen[345] aus den das Arbeitsverhältnis bestimmenden Rücksichtnahmepflichten gemäß § 241 Abs. 2 BGB und damit letztlich aus dem Arbeitsvertrag selbst.[346] Maßgeblich für die Ausübungskontrolle ist der Zeitpunkt der Ermessensentscheidung, wobei der Arbeitgeber die Darlegungs- und Beweislast dafür trägt, dass die Weisung billigem Ermessen entspricht.[347]

Mit der Versetzung in das Homeoffice geht – jedenfalls bei erstmaliger Anordnung – eine tiefgreifende Veränderung der Arbeitsumstände und die teilweise Aufhebung der Trennung zwischen dienstlicher Tätigkeit und Freizeit einher.[348] Die Versetzung ist daher nur gerechtfertigt, wenn der Einsatz des Arbeitnehmers im Homeoffice zur Abwendung der Gefahr erforderlich ist und im Verhältnis zu dem abzuwendenden Schaden steht.[349] Als wechselseitige Interessen stehen sich bei der Anordnung von Homeoffice im Pandemiefall insbesondere das Interesse an der Aufrechterhaltung des betrieblichen Ablaufs als Ausfluss der Art. 2 Abs. 1, 12 Abs. 1 und 14 Abs. 1 GG und die Unverletzlichkeit der Wohnung gemäß Art. 13 Abs. 1 GG gegenüber.[350]

Der Eingriff in das Grundrecht des Arbeitnehmers auf Unverletzlichkeit der Wohnung gemäß Art. 13 Abs. 1 GG ist intensiv, bedeutet die Versetzung in den häuslichen Kontext doch, dass die Weisung des Arbeitgebers

345 Zum Umfang der Verpflichtung des Arbeitnehmers in Not- und Ausnahmesituationen vgl. abermals die Regelungen des SeeArbG (dazu bereits unter 4. Teil B.I.2.a).bb).). Gemäß § 36 Abs. 1 SeeArbG hat das Besatzungsmitglied „jede Anordnung (sic!) des Kapitäns zu befolgen, die dazu dienen soll, drohende Gefahr für Menschen, Schiff oder Ladung abzuwenden, einen großen Schaden zu vermeiden, schwere Störungen des Schiffsbetriebs zu verhindern oder öffentlich-rechtliche Vorschriften über die Schiffssicherheit zu erfüllen". Abs. 4 schränkt die Verpflichtung bei Schiffbruch auf ein Zutun „nach besten Kräften" ein, siehe dazu ausführlich *R. Müller*, Das Heuerverhältnis, S. 224.

346 BAG 8.10.1962 – 2 AZR 550/61, juris Rn. 16; LAG Baden-Württemberg 31.3.2006 – 2 Sa 117/05, BeckRS 2006, 31053138; MHdB-ArbR/*Reichold*, § 40 Rn. 25, § 55 Rn. 9; *Bauer/Opolony*, NJW 2002, 3503 (3506); *Lakies*, BB 2003, 364 (366 f.); vgl. auch *Maschmann*, Arbeitsverträge und Verträge mit Selbstständigen, S. 204; abl. NK-GA/*Boecken/Pils*, § 106 GewO Rn. 48.

347 BAG 24.5.2018 – 6 AZR 116/17, NZA-RR 2018, 568 Rn. 39. So bereits im Hinblick auf § 315 Abs. 3 BGB BGH 30.6.1969 – VII ZR 170/67, NJW 1969, 1809 (1809 f.).

348 Vgl. LAG Düsseldorf 10.9.2014 – 12 Sa 505/14, BeckRS 2014, 73155.

349 *Bauer/Opolony*, NJW 2002, 3503 (3506); HWK/*Lembke*, § 106 GewO Rn. 119 nimmt eine willkürliche Ausübung des Weisungsrechts in Fällen unerheblicher und leicht überbrückbarer Zeiträume an.

350 Dazu ausführlich unter 2. Teil B.II.1. und III.2.

eine Sphäre betrifft, die dem Arbeitnehmer als privater Rückzugsort dient. Erschwerend hinzu kommt, dass das Arbeitsschutzrecht und der Umstand, dass dem Arbeitgeber eine Überwachung der Leistung möglich sein muss, ein Aufsuchen der Wohnung durch den Arbeitgeber erfordern könnten und dass möglicherweise Grundrechte Dritter (der Familie bzw. der Mitbewohner des Arbeitnehmers) betroffen sind.

Auf der anderen Seite steht das Interesse des Arbeitgebers an der Aufrechterhaltung seiner Betriebsabläufe (Art. 2 Abs. 1, 12 Abs. 1, 14 Abs. 1 GG). Es ist gerade vor dem Hintergrund eines lang andauernden Lockdowns nicht unwahrscheinlich, dass sogar die Existenz seines Unternehmens gefährdet und er darauf angewiesen ist, dass die Arbeitnehmer die Arbeit, der sie nicht in der Betriebsstätte nachgehen können, zu Hause verrichten.[351]

Daneben kann die Anordnung von Homeoffice zur Einhaltung der den Arbeitgeber gemäß §§ 3, 4 ArbSchG und § 618 BGB treffenden Arbeitsschutzpflichten notwendig[352] bzw. geboten sein. Grundsätzlich obliegt es allein dem Arbeitgeber, wie er seinen arbeitsschutzrechtlichen Pflichten nachkommt.[353] Für die Zeit bis zum 30. Juni 2021 sind Arbeitgeber gemäß § 28b Abs. 7 S. 1 IfSG jedoch dazu verpflichtet, ihren Beschäftigten im Fall von Büroarbeit oder vergleichbaren Tätigkeiten anzubieten, diese Tätigkeiten in deren Wohnung auszuführen, wenn keine zwingenden betriebsbedingten Gründe entgegenstehen. Die Regelung verschafft dem Arbeitgeber zwar kein Recht zur einseitigen Einführung von Homeoffice,[354] sie unterstreicht aber die Bedeutung der betriebsfernen Arbeit im Kampf gegen das Coronavirus. Dafür spricht auch die spiegelbildliche Verpflichtung der Beschäftigten, dieses Angebot anzunehmen, soweit ihrerseits keine Gründe entgegenstehen, § 28 Abs. 7 S. 2 IfSG. Die darin enthaltene Wertung[355] entspricht der öffentlich-rechtlichen Ausgestaltung des Arbeitsschutzes, der seine volle Wirkung nur dann entfaltet, wenn die Beschäftigten ihrerseits

351 Siehe auch *Fuhlrott/Fischer*, NZA 2020, 345 (350), die bereits vor Schaffung des § 28b Abs. 7 IfSG forderten, dass der Gesetzgeber Anhaltspunkte für die situationsgebundene Abwägung gibt, indem er korrelierend zu dem diskutierten Homeoffice-Anspruch auch eine Homeoffice-Pflicht ausdrücklich regelt.

352 Vgl. auch VG Berlin 14.4.2020 – VG 28 L 119/20, NVwZ-RR 2020, 696 Rn. 17.

353 ArbG Augsburg 7.5.2020 – 3 Ga 9/20, NZA-RR 2020, 417 Rn. 16.

354 Vgl. noch zur wort- und inhaltsgleichen Vorschrift des § 2 Abs. 4 Corona-ArbSchV aF *Fuhlrott/Oltmanns*, ArbRAktuell 2021, 64 (67 f.).

355 Siehe zu den unterschiedlichen Schutzrichtungen des Arbeitsschutzes und des Infektionsschutzes unter 5. Teil B.I.

bei seiner Verwirklichung mitwirken (vgl. auch §§ 15 Abs. 1 und 2, 16 ArbSchG).

Zwar kann der Arbeitgeber zur Eindämmung der Infektionsgefahr bspw. präventiv Antigen-Schnelltests[356] einsetzen. Dies dürfte ein milderes Mittel gegenüber dem Eingriff in die Privatsphäre des Arbeitnehmers darstellen.[357] Dass diese Maßnahme aber nicht gleichrangig neben der Einführung von Homeoffice steht, ergibt sich bereits aus § 5 Abs. 1 Corona-ArbschV, wonach der Arbeitgeber seinen Beschäftigten mindestens zweimal wöchentlich ein Testangebot zu unterbreiten hat.[358] Die Vorschrift adressiert ausdrücklich nur die in Präsenz Beschäftigten. Ein „Freitesten" von der Homeoffice-Pflicht des § 28b Abs. 7 IfSG ist nicht vorgesehen; ohnehin bleibt beim Einsatz von Schnelltests ein Restrisiko bestehen.[359] Erlauben die örtlichen Gegebenheiten und der Arbeitsablauf im Betrieb einen Schichtbetrieb (vgl. § 2 Abs. 5 S. 3 Corona-ArbSchV), kann auch darin eine mildere Maßnahme zu sehen sein. Dennoch ist die Arbeit im Homeoffice das „Infektionsverhinderungsmittel erster Wahl"[360] und damit besser geeignet, Ansteckungen zu vermeiden.

---

356 Daneben besteht die Möglichkeit, sog. Selbsttests auszugeben. Siehe zu den unterschiedlichen Testmöglichkeiten die Angaben auf der Homepage des Bundesministeriums für Gesundheit (abrufbar unter: https://www.bundesgesundheitsministerium.de/coronavirus/nationale-teststrategie.html, zuletzt abgerufen am 31.5.2021).

357 So auch *Franzmann/Best*, AuR 2021, 112 (113).

358 Eingeführt durch die Zweite Verordnung zur Veränderung der SARS-CoV-2-Arbeitsschutzverordnung (Corona-ArbSchV) v. 14.4.2021, BAnz AT 15.4.2021 V1; geändert durch die Dritte Verordnung zur Änderung der SARS-CoV-2-Arbeitsschutzverordnung v. 22.4.2021, BAnz AT 22.4.2021 V1. Daneben existieren ländereigene Regelungen über Testpflichten: In Berlin sind seit dem 1.4.2021 Arbeitgeber verpflichtet, Beschäftigten, die an ihrem Arbeitsplatz präsent sind, ein Angebot zur Durchführung eines kostenlosen Antigen-Schnelltests oder eines Selbsttests mindestens zweimal pro Woche zu unterbreiten und die Testung zu organisieren, § 6a Abs. 1 Zweite SARS-CoV-2-InfektionsschutzmaßnahmeVO Berlin idF v. 1.4.2021. Spiegelbildlich sind Beschäftigte mit direktem Kontakt zu Kunden oder Gästen verpflichtet, dieses Angebot anzunehmen, § 6a Abs. 2 S. 2 BerlinCoronaSchVO. Eine ähnliche Regelung existiert in Sachsen, § 3a Verordnung des Sächsischen Staatsministeriums für Soziales und Gesellschaftlichen Zusammenhalt zum Schutz vor dem Coronavirus SARS-CoV-2 und COVID-19 (SächsCoronaSchVO) idF v. 29.3.2021.

359 Zur Zuverlässigkeit von Coronavirus-Schnelltests Robert-Koch-Institut (RKI), Wie gut ist ein SARS-CoV-2 Testresultat? (abrufbar unter: https://rki-wiko.shinyapps.io/test_qual/, zuletzt abgerufen am 31.5.2021).

360 *Schliemann*, FA 2020, 90 (92).

Nicht zuletzt ist die Anordnung einer Homeoffice-Tätigkeit für die Zeit der Coronavirus-Pandemie mit verhältnismäßig geringen Belastungen für den Arbeitnehmer verbunden, da es sich lediglich um eine temporäre Maßnahme handelt.[361] Dass der Kontakt zu Kollegen und betrieblicher Interessenvertretung durch die Tätigkeit im Homeoffice vorübergehend eingeschränkt sein kann,[362] wird im Fall der flächendeckenden Einführung von Homeoffice nicht sonderlich schwer ins Gewicht fallen. Schließlich ist der Arbeitnehmer an einem „vernetzten Arbeitsplatz" im Homeoffice auch nicht vollständig von anderen Kollegen isoliert.[363]

c) Zwischenergebnis

Der Arbeitgeber kann somit im Einzelfall während der Coronavirus-Pandemie die Arbeit im Homeoffice einseitig anordnen. Dazu muss der Arbeitnehmer zum einen grundsätzlich über die Möglichkeit verfügen, zu Hause arbeiten zu können.[364] Das ist regelmäßig nicht der Fall, wenn der Arbeitnehmer nicht über einen notwendigen Internetbreitbandanschluss verfügt oder die Wohnungssituation ein Tätigwerden im Homeoffice unmöglich macht. Darüber hinaus kann der Arbeitgeber ein bereits bestehendes Leistungshindernis nicht durch Anordnung von Homeoffice umgehen. Wird ein Arbeitnehmer iSv § 3 Abs. 1 EFZG durch Arbeitsunfähigkeit infolge Krankheit an seiner Arbeitsleistung gehindert oder ist ihm die Ausübung seiner Tätigkeit gemäß § 31 IfSG untersagt, entfällt die Arbeitspflicht des Arbeitnehmers auch für das Homeoffice.

d) Beteiligungsrechte des Betriebsrats

Die Möglichkeit der einseitigen Anordnung von Homeoffice in Not- und Ausnahmesituationen entbindet den Arbeitgeber nicht von seiner Pflicht, den Betriebsrat bei der Durchführung von Homeoffice zu beteiligen. Zwar

---

361 *Bertram/Walk/Falder*, Home Office, S. 16; *Grimm*, DB 2020, 1177 (1181); *Kollmer*, in: Kollmer/Klindt/Schucht, ArbSchG, Überbl. Vor § 1 Rn. 148; *Krieger/Rudnik/Povedano Peramato*, NZA 2020, 473 (475).

362 So LAG Berlin-Brandenburg 14.11.2018 – 17 Sa 562/18, BeckRS 34001 Rn. 21; dazu *Reinhard/Hoffmann-Remy*, in: Dahl et al., Arbeitsrechtlicher Umgang, Kap. 3 Rn. 21.

363 BAG 28.6.2018 – 2 AZR 436/17, NZA 2018, 1259 Rn. 27.

364 *Müller*, Homeoffice, § 8 Rn. 661.

unterliegt die Entscheidung über die Einführung von Homeoffice der unternehmerischen Gestaltungsfreiheit (Art. 12 Abs. 1, 14 Abs. 1, 2 Abs. 1 GG)[365] und kann vom Betriebsrat weder erzwungen noch verhindert werden,[366] die damit verbundenen rechtlichen und tatsächlichen Folgen können aber verschiedene Mitwirkungstatbestände berühren.

aa) Mitbestimmung bei personellen Einzelmaßnahmen

Die erstmalige Zuweisung von Arbeit im Homeoffice stellt regelmäßig eine mitbestimmungspflichtige Versetzung gemäß §§ 99 Abs. 1 und 2, 95 Abs. 3 BetrVG dar. Danach bedarf die Versetzung eines Arbeitnehmers (vgl. § 5 Abs. 1 S. 1 BetrVG) in Unternehmen mit in der Regel mehr als zwanzig wahlberechtigten Arbeitnehmern der Zustimmung des Betriebsrats. Versetzung ist gemäß § 95 Abs. 3 S. 1 BetrVG die Zuweisung eines anderen Arbeitsbereichs, die die Dauer von voraussichtlich einem Monat überschreitet oder die mit einer erheblichen Änderung der Umstände verbunden ist, unter denen die Arbeit zu leisten ist. Um die Zuweisung eines anderen Arbeitsbereichs handelt es sich, wenn sich das gesamte Bild der Tätigkeit des Arbeitnehmers so verändert hat, dass die neue Tätigkeit vom Standpunkt eines mit den betrieblichen Verhältnissen vertrauten Beobachters als eine „andere" anzusehen und für eine längere Zeit als einen Monat geplant ist.[367] Unerheblich für die Versetzung gemäß § 95 Abs. 3 S. 1 BetrVG ist, ob der Arbeitgeber individualrechtlich im Verhältnis zu dem betroffenen Arbeitnehmer befugt ist, der Arbeitgeber also kraft seines Weisungsrechts gemäß § 106 S. 1 GewO dem Arbeitnehmer einen anderen Arbeitsort zuweisen kann.[368]

Durch die Einführung von Homeoffice ändert sich der Pflichtenkatalog des Arbeitnehmers sowie seine Eingliederung in betriebliche Abläufe erheblich.[369] Dies ergibt sich nicht schon aus der örtlichen Verlagerung des Arbeitsplatzes. Entscheidend ist, dass der Arbeitnehmer funktional anders in die Aufgabenerfüllung (zB telefonische Teilnahme an Konferenzen,

---

365 Siehe dazu bereits unter 2. Teil B.II.1.a).

366 *Rieble/Chr. Picker*, ZfA 2013, 383 (425).

367 BAG 16.3.2010 – 3 AZR 31/09, NZA 2010, 1028 Rn. 36.

368 BAG 29.9.2020 – 1 ABR 21/19, NZA 2021, 213 Rn. 24; BAG 26.5.1988 – 1 ABR 18/87, NZA 1989, 438 (438 f.).

369 Vgl. LAG Düsseldorf 10.9.2014 – 12 Sa 505/14, BeckRS 2014, 73155; LAG Köln 14.8.2020 – 9 TaBV 11/20, BeckRS 2020, 27011 Rn. 31; aA LAG Hessen 18.6.2020 – 5 TaBVGa 74/20, NZA 2021, 291 Rn. 14 f., 25.

elektronisches Zeiterfassungssystem) eingebunden ist und die Verkehrssicherungspflicht für den außerbetrieblichen Arbeitsplatz trägt. Die Anweisung der Arbeit im Homeoffice stellt somit regelmäßig eine mitbestimmungspflichtige Versetzung dar mit der Folge, dass der Betriebsrat aus den in § 99 Abs. 2 BetrVG normierten Gründen seine Zustimmung zu der Versetzung verweigern kann.[370]

Der Arbeitgeber kann gemäß § 100 Abs. 1 BetrVG aus dringenden sachlichen Gründen die Versetzung vorläufig durchführen, bevor sich der Betriebsrat geäußert oder wenn dieser die Zustimmung verweigert hat. Dies setzt voraus, dass die Versetzung notwendig ist, um den geordneten Arbeitsablauf kurzfristig sicherzustellen.[371] Die an das Vorliegen dringender sachlicher Gründe gestellten Anforderungen steigen mit der geplanten Dauer der Versetzung:[372] Soll der Arbeitnehmer nur für einen kurzen Zeitraum während einer behördlich angeordneten Betriebsschließung in das Homeoffice versetzt werden, übersteigt das betriebliche Interesse an der Aufrechterhaltung des geordneten Arbeitsablaufs zur Abwendung von Schäden am Betrieb das Interesse an einer sofortigen Beteiligung des Betriebsrats. Jedoch hat der Arbeitgeber den Betriebsrat gemäß § 100 Abs. 2 S. 1 BetrVG unverzüglich von der Versetzung zu unterrichten.

bb) Mitbestimmung in sozialen Angelegenheiten

Neben Mitbestimmungsrechten gemäß § 99 Abs. 1 BetrVG können bei der Versetzung in das Homeoffice grundsätzlich auch Mitbestimmungsrechte des Betriebsrats in sozialen Angelegenheiten gemäß § 87 Abs. 1 BetrVG – insbesondere nach Nr. 2, 6 und 7[373] sowie Nr. 14[374] – betrof-

---

370 Ausführlich zu den einzelnen Verweigerungsgründen *Wulff*, in: Helm/Bundschuh/Wulff, Krisenzeiten, § 8 Rn. 52 ff.

371 BAG 7.11.1977 – 1 ABR 55/75, NJW 1978, 848 (849).

372 Richardi/*Thüsing*, § 100 BetrVG Rn. 8.

373 Instruktiv zu den Mitbestimmungstatbeständen gemäß § 87 Abs. 1 BetrVG bei der Einführung von Homeoffice *Reinhard/Hoffmann-Remy*, in: Dahl et al., Arbeitsrechtlicher Umgang, Kap. 3 Rn. 50 ff. mwN.

374 Eingefügt durch das Gesetz zur Förderung der Betriebsratswahlen und der Betriebsratsarbeit in einer digitalen Arbeitswelt (Betriebsrätemodernisierungsgesetz) v. 14.6.2021, BGBl. I, S. 1762. Danach hat der Betriebsrat bei der Ausgestaltung von mobiler Arbeit, die mittels Informations- und Kommunikationstechnik erbracht wird, ein Mitbestimmungsrecht. Dies liege im Interesse der Arbeitnehmer, weil eine Beteiligung des Betriebsrats einheitlich verbindliche und auf den Betrieb zugeschnittene Regeln zu mobiler Arbeit schaffen und

fen sein.[375] Umstritten ist, ob die Einführung von Homeoffice auch ein Mitbestimmungsrecht gemäß § 87 Abs. 1 Nr. 1 BetrVG auslöst.[376] Danach hat der Betriebsrat bei Fragen der Ordnung des Betriebs und des Verhaltens der Arbeitnehmer im Betrieb ein Mitbestimmungsrecht. Weisungen, mit denen die Arbeitspflicht unmittelbar konkretisiert wird, sind nicht mitbestimmungspflichtig (sog. mitbestimmungsfreies Arbeitsverhalten).[377] Die Einführung von Homeoffice ist untrennbar mit der Erbringung der Arbeitsleistung verbunden und als solche mitbestimmungsfrei.[378] Daran anknüpfende Überwachungs- bzw. Zutrittsregeln, die der Sicherstellung arbeitsschutzrechtlicher Vorgaben dienen, fallen demgegenüber unter den Tatbestand.[379] Angesichts des Eingriffs in die Privatsphäre des Arbeitnehmers (Art. 13 Abs. 1, 2 Abs. 1 GG)[380] dürfte die Festlegung konkreter Regeln über den zum Zutritt berechtigten Personenkreis sowie hinsichtlich bestimmter Anmeldefristen und Tageszeiten auch geboten sein.

Die Mitbestimmungsrechte des Betriebsrats gemäß § 87 Abs. 1 BetrVG entfallen auch nicht schon deshalb, weil es sich bei der Coronavirus-Pandemie um eine außergewöhnliche Situation handelt, deren Folgen ein sofortiges Tätigwerden des Arbeitgebers verlangen (sog. Eilfall).[381] Dies

---

zugleich die Risiken der Entgrenzung von Arbeits- und Privatleben reduzieren könne, BT-Drs. 19/28899, S. 14 f. Die Einführung von mobiler Arbeit unterliegt aber weiterhin der Entscheidungsbefugnis des Arbeitgebers; krit. zum Mehrwert der Neuregelung *Giesen*, ZfA 2021, 177 (194 f.). Das Mitbestimmungsrecht ergänzt somit den Entwurf des „Mobile-Arbeit-Gesetzes“ des BMAS, wonach Arbeitgeber verpflichtet werden sollen, mit ihren Arbeitnehmern Beginn, Dauer, Umfang und Verteilung von mobiler Arbeit zu erörtern, dazu ausführlich unter 5. Teil A.

375 LAG Köln 23.4.2021 – 9 TaBV 9/21, BeckRS 2021, 13339 Rn. 31; LAG Berlin-Brandenburg 17.2.2021 – 4 TaBV 50/21, BeckRS 2021, 5152 Rn. 34 ff.; *Müller*, Homeoffice, § 8 Rn. 698; *Krieger/Rudnik/Povedano Peramato*, NZA 2020, 473 (476 mwN); *Fischer*, Anm. zu LAG Hessen 18.6.2020 – 5 TaBVGa 74/20, jurisPR-ArbR 14/2021, Anm. 8; aA LAG Hessen 18.6.2020 – 5 TaBVGa 74/20, NZA 2021, 291 Rn. 19 f.

376 Siehe zum Streitstand LAG Hessen 18.6.2020 – 5 TaBVGa 74/20, NZA 2021, 291 Rn. 10 mAnm *Fischer*, jurisPR-ArbR 14/2021, Anm. 8; *Wiese*, RdA 2009, 344 (347 ff.).

377 BAG 7.2.2012 – 1 ABR 63/10, NZA 2012, 685 Rn. 17.

378 LAG Hessen 18.6.2020 – 5 TaBVGa 74/20, NZA 2021, 291 Rn. 10 mAnm *Fischer*, jurisPR-ArbR 14/2021, Anm. 8, der die arbeitsvertragliche Leistungspflicht „im Kern getroffen“ sieht.

379 *Rieble/Chr. Picker*, ZfA 2013, 383 (426); *Wiese*, RdA 2009, 344 (348).

380 Siehe dazu unter 2. Teil B.II.1.c).

381 BAG 5.3.1974 – 1 ABR 28/73, NJW 1974, 1724 (1726); BAG 9.7.2013 – 1 ABR 19/12, NZA 2014, 99 Rn. 19.

ergibt sich aus dem Fehlen einer dem § 100 Abs. 1 S. 1 BetrVG vergleichbaren Regelung.[382] In Notfällen können hingegen die Mitbestimmungsrechte des Betriebsrats suspendiert bzw. ausgeschlossen sein. Voraussetzung ist das Vorliegen einer Extremsituation, in der ein Abwarten der Beschlussfassung durch den Betriebsrat dem Arbeitgeber nicht zumutbar ist, der Arbeitgeber also sofort handeln muss, um vom Betrieb oder den Arbeitnehmern nicht wiedergutzumachende Schäden abzuwenden.[383] Dies kann der Fall sein, wenn der Betrieb von einem auf den anderen Tag geschlossen wird[384] oder eine unkontrollierbare Verbreitung des Coronavirus unter den Arbeitnehmern die Aufrechterhaltung des Betriebsablaufs unmöglich macht und der Arbeitgeber nur durch die Anweisung zur Arbeit im Homeoffice den geregelten Geschäftsablauf und die Sicherheit der Beschäftigten sicherstellen kann.

cc) Homeoffice als Betriebsänderung

Während der Coronavirus-Pandemie ermöglichen Arbeitgeber nicht nur einzelnen Arbeitnehmern das Tätigwerden im Homeoffice, sondern in vielen Betrieben werden – auch aufgrund der Homeoffice-Pflicht gemäß § 28b Abs. 7 S. 1, 2 IfSG – große Teile der Belegschaft in das Homeoffice geschickt. Darin kann eine Betriebsänderung iSv § 111 S. 1, 3 Nr. 4, 5 BetrVG liegen, die zusätzliche Unterrichtungs- und Beratungsrechte des Betriebsrats auslöst. Voraussetzung ist das Vorliegen grundlegender Änderungen der Betriebsorganisation bzw. der Arbeitsmethoden, die wesentliche Nachteile für die Belegschaft oder erhebliche Teile der Belegschaft zur Folge haben können. Für die zahlenmäßige Festlegung eines erheblichen Teils der Belegschaft lässt sich auf die Schwellenwerte in § 17 Abs. 1 KSchG zurückgreifen mit der Maßgabe, dass wenigstens 5 % der Gesamtbelegschaft betroffen sein müssen.[385] Die Einführung von Homeoffice geht regelmäßig mit einer grundlegenden Änderung der Betriebsorganisation einher (Nr. 4);[386] auch kann die (erstmalige) Verlagerung typischer

---

382 BAG 5.3.1974 – 1 ABR 28/73, NJW 1974, 1724 (1726); ErfK/*Kania*, § 87 BetrVG Rn. 7; vgl. auch BAG 19.1.2010 – 1 ABR 55/08, NZA 2010, 659 (662).

383 BAG 2.3.1982 – 1 ABR 74/79, AP BetrVG 1972 § 87 Arbeitszeit Nr. 6; BAG 17.11.1999 – 1 ABR 12/98, NZA 1999, 662 (663); siehe auch *Bitzenhofer*, Grundlagen des Weisungsrechts, S. 148 mwN.

384 *Müller*, FA 2020, 123 (128).

385 BAG 6.12.1988 – 1 ABR 47/87, NZA 1989, 557 (558).

386 ErfK/*Kania*, § 111 BetrVG Rn. 19; Richardi/*Annuß*, § 111 BetrVG Rn. 109.

Bildschirmarbeiten in das Homeoffice eine neue Arbeitsmethode darstellen (Nr. 5), da das arbeitsplatzbezogene Umfeld und die Interaktion der Arbeitnehmer untereinander fehlen.[387] In einem Interessenausgleich können die Betriebsparteien die konkrete Durchführung der Betriebsänderung vereinbaren. Ist die Einführung von Homeoffice zudem mit wirtschaftlichen Nachteilen für den Arbeitnehmer verbunden, wovon allein schon im Hinblick auf zusätzliche Stromkosten auszugehen sein dürfte, sind diese im Rahmen eines Sozialplans (§ 112 Abs. 1 S. 2 BetrVG) auszugleichen. Kommt eine Einigung über den Sozialplan nicht zustande, so entscheidet gemäß § 112 Abs. 4 S. 1 BetrVG die Einigungsstelle über die Aufstellung eines Sozialplans.

e) Anordnung von mobiler Arbeit als Ausweg?

Als vermeintlich weniger eingriffsintensive Alternative zur Versetzung in das Homeoffice besteht die Möglichkeit, mobile Arbeit anzuordnen.[388] Mobile Arbeit ist das Tätigwerden an beliebigen Orten außerhalb der Betriebsstätte unter Verwendung von Informationstechnologie (vgl. § 111 Abs. 1 S. 2 GewO-E).[389] Stimmen in der Literatur[390] verneinen für diesen Fall das Vorliegen eines Eingriffs in Art. 13 Abs. 1 GG mit der Begründung, dass mit der Anordnung von mobiler Arbeit keine verbindliche Vorgabe zum Arbeitsort, insbesondere nicht in Bezug auf die Privatwohnung, einhergehe. Diese Überlegung greift jedoch während der Pandemie zu kurz. Aufgrund der mit der Pandemie verbundenen (abstrakten) Gefahr,

---

387 IErg auch *Fischer*, Anm. zu LAG Hessen 18.6.2020 – 5 TaBVGa 74/20, jurisPR-ArbR 14/2021, Anm. 8, der „die quantitativen Parameter des § 112a Abs. 1 BetrVG bei der Prüfung der materiellen Schwere der Arbeitsplatzveränderung iSv § 111 S. 3 Nr. 4 und 5 BetrVG zur Anwendung bringen" will.

388 *Baeck/Winzer/Abend*, NZG 2020, 1129; *Krieger/Rudnik/Povedano Peramato*, NZA 2020, 473 (475).

389 Vgl. zur Allgemeingültigkeit der im Entwurf des „Mobile-Arbeit-Gesetzes" des BMAS (dazu ausführlich unter 5. Teil A.) verwendeten Definition von mobiler Arbeit LAG Köln 23.4.2021 – 9 TaBV 9/21, BeckRS 2021, 13339 Rn. 26. *Preis*, RdA 2019, 75 (87) spricht in Anlehnung an § 2 Abs. 1 HAG von einer „selbstgewählten Arbeitsstätte".

390 So *Dehmel/Hartmann*, BB 2020, 885 (888); *Klein*, NJ 2020, 377 (383); *Köhler/Schürgers*, BB 2020, 2613; *Reinhard/Hoffmann-Remy*, in: Dahl et al., Arbeitsrechtlicher Umgang, Kap. 3 Rn. 24; *Sagan/Brockfeld*, NJW 2020, 1112 (1114); wohl auch *Schöllmann*, NZA-Beil. 2019, 81 (81 f.); differenzierend *Bayer*, ArbRAktuell 2020, 433 (434).

sich an öffentlich zugänglichen Orten aufzuhalten, ist davon auszugehen, dass Arbeitnehmer auch bei der Anordnung von mobiler Arbeit von zu Hause aus arbeiten werden. Den meisten Arbeitnehmern dürfte es bereits an der Möglichkeit fehlen, eine andere geeignete Lokalität aufzusuchen; das gilt erst recht in Zeiten der Pandemie, in denen die Gastronomie ihre Öffnungszeiten beschränkt hat oder weniger Sitzplätze anbietet. Ohnehin ist der Aufenthalt an anderen Plätzen als am Arbeitsplatz und in der eigenen Privatwohnung in Zeiten der Pandemie mit zusätzlichen gesundheitlichen Risiken verbunden, was mit Blick auf eine angestrebte Eindämmung des Infektionsgeschehens kontraproduktiv wäre. Hinzu kommt, dass in der Regel nur in der Wohnung des Arbeitnehmers der Zugang zu benötigter arbeitstechnischer Infrastruktur (Drucker, Scanner etc.) gegeben ist und nur dort die zur Konzentration auf die Arbeit notwendige Ruhe herrscht.[391]

Die Weisung, in Pandemiezeiten mobile Arbeit zu verrichten, läuft *de facto* darauf hinaus, dass der Arbeitnehmer auf die Nutzung seiner Privatwohnung angewiesen ist. Davon wird der Arbeitgeber im maßgeblichen Zeitpunkt der Rechtsausübung gemäß § 106 S. 1 GewO ausgehen müssen. Damit ist die Anordnung mobiler Arbeit in Pandemiezeiten keine weniger eingriffsintensive Alternative zur Anordnung von Homeoffice. Art. 13 Abs. 1 GG ist auch im Rahmen der Anordnung von mobiler Arbeit in die umfassende Interessenabwägung miteinzubeziehen.[392]

f) Ergebnis

Dem Arbeitgeber ist die Versetzung des Arbeitnehmers in das Homeoffice jenseits der individual- und kollektivvertraglichen Grenzen ausnahmsweise und in engen Grenzen möglich. Während der Coronavirus-Pandemie als Ausnahmesituation kann der Arbeitnehmer zumindest zeitlich begrenzt dazu verpflichtet sein, zur Abwendung einer konkreten Gefahr für den Betrieb an einem anderen Ort zu arbeiten als von den Parteien arbeitsvertraglich festgelegt worden ist. Dazu zählt auch das Tätigwerden im Homeoffice. In der Regel löst die Versetzung in das Homeoffice Beteiligungsrechte des Betriebsrats aus, die in Notsituationen jedoch vorübergehend suspendiert sein können.

391 *Bayer*, ArbRAktuell 2020, 433 (434).

392 Ebenso *Krieger/Rudnik/Povedano Peramato*, NZS 2020, 473 (475); differenzierend *Bayer*, ArbRAktuell 2020, 433 (434).

3. Vertragsanpassungsanspruch

Ein daneben möglicherweise bestehender Vertragsanpassungsanspruch auf Änderung der Leistungsbedingungen ist jedenfalls subsidiär gegenüber der Ausübung des (erweiterten) Weisungsrechts[393] und kommt daher nur in Betracht, soweit die Voraussetzungen einer Versetzung durch Weisung im Einzelfall nicht vorliegen. Als Anspruchsgrundlage käme § 313 Abs. 1 BGB in Betracht, der im Fall einer Störung der Geschäftsgrundlage dazu berechtigt, die Anpassung des Vertrags zu verlangen. Grundsätzlich ist § 313 BGB auch im Arbeitsverhältnis anwendbar, was sich damit begründen lässt, dass § 313 BGB inhaltlich auf § 242 BGB beruht, dessen Anwendbarkeit im Arbeitsrecht unbestritten ist.[394] Voraussetzung des Anpassungsanspruchs ist, dass für eine Vertragspartei unter Berücksichtigung der getroffenen vertraglichen oder gesetzlichen Risikoverteilung wegen nachträglicher unvorhersehbarer und schwerwiegender Änderungen das Festhalten am Vertrag unzumutbar geworden ist. Die Anwendung des § 313 Abs. 1 BGB scheidet aus, soweit sich ein Risiko verwirklicht, das von einer Vertragspartei allein zu tragen ist (normatives Element).[395] Selbst wenn man die Anwendung des § 313 Abs. 1 BGB trotz des vom Arbeitgeber zu tragenden Betriebsrisikos bejahen wollte,[396] bleibt systematisch zu berücksichtigen, dass die (Änderungs-)Kündigung *lex specialis* gegenüber einer Vertragsanpassung gemäß § 313 BGB ist (*arg. ex* § 313 Abs. 3 S. 2 BGB).[397] Der Anwendungsbereich des § 313 BGB beginnt erst dort, wo die Änderungskündigung nicht mehr greift. Kann also die Verlagerung der Tätigkeit in das Homeoffice im Weg der Änderungskündigung erreicht werden, kommt eine Vertragsanpassung auf der Grundlage von § 313 Abs. 1 BGB nicht (mehr) in Betracht.[398]

---

393 Siehe dazu unter 4. Teil B.I.1. Dies verkennen *Reinhard/Hoffmann-Remy*, in: Dahl et al., Arbeitsrechtlicher Umgang, Kap. 3 Rn. 23, die in Notfällen dem Vertragsanpassungsanspruch den Vorrang vor der Ausübung des erweiterten Weisungsrechts geben wollen.

394 Erman/*Böttcher*, § 313 BGB Rn. 12.

395 MüKo-BGB/*Finkenauer*, § 313 Rn. 59; *Lichtenberg*, RdA 2020, 265 (267); krit. zum unbedingten Vorrang *Säcker/C. Schubert*, BB 2020, 2563 (2568 f.).

396 Dazu ausführlich unter 3. Teil B.I.1.b).

397 BAG 20.10.2017 – 2 AZR 783/16, NZA 2018, 440 Rn. 30 mwN; ErfK/*Oetker*, § 2 KSchG Rn. 1a; BeckOGK-ZivR/*Matthes*, § 313 Rn. 95.

398 Zu einem anderen Ergebnis kommen *Klein*, NJ 2020, 377 (383); *Weller/Lieberknecht/Habrich*, NJW 2020, 1017 (1018).

4. Änderungskündigung

Die Änderungskündigung[399], die den Voraussetzungen der §§ 2, 1 Abs. 2, 3 KSchG unterliegt,[400] bewirkt die dauerhafte Änderung der Arbeitsvertragsbedingungen.[401] Allerdings ist sie aufgrund der mit ihr verbundenen Bestandskraftgefährdung unverhältnismäßig, wenn der Arbeitgeber die Veränderung der Arbeitsbedingungen auch durch die Ausübung seines Weisungsrechts iSv § 106 S. 1 GewO herbeiführen könnte.[402] Liegen bereits die Voraussetzungen eines erweiterten Direktionsrechts vor, das den Arbeitgeber zur Anordnung von Arbeit im Homeoffice berechtigt,[403] ist die Änderungskündigung von Anfang an nicht dafür geeignet, das Ziel zu erreichen.[404] Aber auch wenn ein Weisungsrecht nicht bestehen sollte, müssen gemäß §§ 2, 1 Abs. 2 S. 1 KSchG dringende betriebliche Erfordernisse vorliegen, die das Bedürfnis an der Weiterbeschäftigung zu den bisherigen Bedingungen dauerhaft entfallen lassen.[405] An dem Kriterium der Dauerhaftigkeit dürfte es bei einer zeitlich begrenzten Pandemie fehlen. Der Rückkehr an den betrieblichen Arbeitsort steht nach dem Ende der Pandemie nichts im Weg.

Dem Arbeitgeber bliebe es aber unbenommen, durch die Änderungskündigung eine Versetzungsklausel, die ihn in Zeiten einer Pandemie zur einseitigen Anordnung von Homeoffice berechtigt, im Arbeitsvertrag zu implementieren.[406] Gleichwohl müsste die Ergänzung ebenfalls dringen-

---

399 Spricht der Arbeitgeber für den gesamten Betrieb Änderungskündigungen aus, ist an die Durchführung eines Massenentlassungsverfahrens gemäß § 17 KSchG zu denken, vgl. BAG 20.2.2014 – 2 AZR 346/12, NZA 2014, 1069 ff.

400 Zu den Voraussetzungen der Änderungskündigung im Einzelnen HWK/*Molkenbur*, § 2 KSchG Rn. 3 ff.

401 BAG 23.2.2012 – 2 AZR 45/11, AP KSchG 1969 § 2 Nr. 156 Rn. 11; BAG 21.2.2002 – 2 AZR 556/00, NJOZ 2003, 1646 (1648); BAG 27.9.2001 – 2 AZR 246/00, RdA 2002, 372 (373); APS/*Künzl*, § 2 KSchG Rn. 247.

402 Siehe dazu bereits unter 4. Teil B.I.1.; vgl. auch BAG 22.9.2016 – 2 AZR 509/15, NZA 2016, 1461 Rn. 10; BAG 6.9.2007 – 2 AZR 368/06, NZA-RR 2008, 291 Rn. 19.

403 Siehe dazu unter 4. Teil B.2.a).bb).

404 BAG 26.1.2012 – 2 AZR 102/11, NZA 2012, 856 Rn. 14; BAG 19.7.2012 – 2 AZR 25/11, NZA 2012, 1038 Rn. 21; BeckOK-GewO/*Hoffmann/Schulte*, § 106 GewO Rn. 11; ErfK/*Oetker*, § 2 KSchG Rn. 14 f.; MHdB-ArbR/*Reichold*, § 40 Rn. 60.

405 BAG 17.6.1999 – 2 AZR 141/99, NZA 1999, 1098 (1100); BAG 23.2.2012 – 2 AZR 548/10, NZA 2012, 852 Rn. 16.

406 Vgl. LAG Rheinland-Pfalz 6.6.2006 – 5 Sa 181/06, BeckRS 2007, 40651 zur Implementierung einer Versetzungsklausel durch Änderungskündigung. Kroiß/

den betrieblichen Erfordernissen entsprechen und damit auch das relativ mildeste Mittel zur Änderung der Arbeitsbedingungen darstellen.[407] Davon ist auszugehen, wenn die Beschäftigung in der Betriebsstätte während der Pandemie (zB aufgrund einer behördlich angeordneten Betriebsschließung) unmöglich ist. Die Versetzungsklausel müsste aber darüber hinaus konkrete Kriterien beinhalten, nach denen sich ihre Anwendbarkeit im Einzelfall richtet; Anhaltspunkt könnte die vom Bundestag festgestellte pandemische Lage von nationaler Tragweite (vgl. §§ 5 Abs. 1 S. 1, 6 IfSG) sein. Bei der Prüfung der sozialen Rechtfertigung der Änderung der Arbeitsbedingungen (§ 2 iVm § 1 Abs. 2, 3 KSchG) müsste wiederum die Wertung des Art. 13 Abs. 1 GG Berücksichtigung finden.[408] Beschränkte sich das Änderungsangebot auf eine vertragliche Direktionsrechtserweiterung in pandemischen Krisensituationen (zB während Betriebsschließungen), würde man in der Abwägung der widerstreitenden Interessen die gleichen Gesichtspunkte zu berücksichtigen haben wie ihm Rahmen einer Weisungsrechtserweiterung in Not- und Ausnahmesituationen.[409] Die Implementierung einer entsprechenden pandemiebedingten Versetzungsklausel wäre jedoch nur dann durch dringende betriebliche Erfordernisse bedingt, wenn die Weisungsrechtserweiterung aus anderen Gründen scheiterte als an der Abwägung der widerstreitenden Interessen.

Im Kontext einer Pandemie ist zusätzlich zu bedenken, dass regelmäßig nur eine außerordentliche betriebsbedingte Änderungskündigung (vgl. § 626 BGB) dem akuten Interesse des Arbeitgebers an der Versetzung des Arbeitnehmers in das Homeoffice gerecht wird.[410] Die gegenüber einer ordentlichen betriebsbedingten Änderungskündigung geltenden gesteigerten Anforderungen an die Rechtfertigung sind nicht erfüllt, wenn der

---

Oehme, Rechtsprobleme durch Covid-19, § 1 Rn. 40 will die durch Änderungskündigung herbeigeführte Vertragsanpassung ebenfalls auf die prognostizierte Dauer der coronabedingten Einschränkungen begrenzen. *Wulff*, in: Helm/Bundschuh/Wulff, Krisenzeiten, § 8 Rn. 15 schlägt einen nach § 14 Abs. 1 TzBfG befristeten Homeoffice-Vertrag mit dem Sachgrund Pandemie vor verbunden mit dem Angebot eines unbefristeten Arbeitsvertrags zu alten Konditionen nach Ablauf der Befristung.

407 ErfK/*Oetker*, § 2 KSchG Rn. 55.

408 *Kilian/Borsum/Hoffmeister*, NZA 1987, 401 (406); *Müller*, Homeoffice, § 2 Rn. 118; Besgen/Prinz/*Ricken*, Arbeiten 4.0, § 7 Rn. 45; Preis/*Temming*, Arbeitsvertrag, II T 20 Rn. 30. AA *Collardin*, Telearbeit, S. 159; für den Fall dringender betrieblicher Erfordernisse die Änderungskündigung bejahend *Däubler*, Digitalisierung und ArbR, § 15 Rn. 5a.

409 Siehe dazu unter 4. Teil B.2.b).

410 Kroiß/*Oehme*, Rechtsprobleme durch Covid-19, § 1 Rn. 40.

Arbeitgeber aufgrund seines Unternehmerrisikos zur Einhaltung der ordentlichen Kündigungsfrist verpflichtet ist.[411]

In Betrieben, in denen ein Betriebsrat existiert, ist gemäß § 102 BetrVG vor Ausspruch der Änderungskündigung zudem der Betriebsrat anzuhören. Unterbleibt die Anhörung, ist die Änderungskündigung unwirksam (§ 102 Abs. 1 S. 3 BetrVG). Da die Einführung von Homeoffice durch Änderungskündigung gleichzeitig eine Versetzung gemäß § 95 Abs. 3 BetrVG darstellt, hat der Arbeitgeber zugleich das Beteiligungsverfahren gemäß § 99 BetrVG durchzuführen.[412]

II. Möglichkeiten des Arbeitnehmers zur Einführung von Homeoffice

Ist aufgrund der pandemischen Lage mit einem erhöhten Ansteckungsrisiko im öffentlichen Raum zu rechnen[413] oder machen private Gründe das Erscheinen in der Betriebsstätte unzumutbar (etwa wegen zu übernehmender Kinderbetreuung), wird das Bedürfnis zur Verlagerung des Tätigkeitsortes in das Homeoffice regelmäßig vom Arbeitnehmer ausgehen. Angelehnt an die Ausführungen zum Anspruch des Arbeitgebers auf Einführung von Homeoffice[414] kann sich der Anspruch des Arbeitnehmers aus einer im Einzelfall eingeschränkten Ausübung des Weisungsrechts oder aus einem Vertragsanpassungsanspruch ergeben.

1. Anspruch als Kehrseite des arbeitgeberseitigen Weisungsrechts

Zunächst kann der Arbeitgeber unter bestimmten Voraussetzungen bei der Ausübung seines Weisungsrechts gemäß § 106 S. 1 GewO dazu ver-

411 BAG 2.3.2006 – 2 AZR 64/05, NZA 2006, 985 Rn. 28; dazu *Wulff*, in: Helm/Bundschuh/Wulff, Krisenzeiten, § 8 Rn. 16.

412 *Wulff*, in: Helm/Bundschuh/Wulff, Krisenzeiten, § 8 Rn. 56. Beide Verfahren können aber zweckmäßig miteinander verbunden werden, APS/*Künzl*, § 2 KSchG Rn. 141. Zum Konkurrenzverhältnis der Beteiligungsverfahren nach §§ 99, 102 BetrVG Richardi/*Thüsing*, § 102 BetrVG Rn. 284 ff.

413 Dabei ist zu beachten, dass der Arbeitnehmer grundsätzlich das Wegerisiko trägt. Die bloße Ansteckungsgefahr berechtigt den Arbeitnehmer nicht dazu, von zu Hause aus zu arbeiten, vgl. *Kollmer*, in: Kollmer/Klindt/Schucht, ArbSchG, Überbl. Vor § 1 Rn. 144, 152; *Reinhard/Hoffmann-Remy*, in: Dahl et al., Arbeitsrechtlicher Umgang, Kap. 3 Rn. 37.

414 Siehe dazu unter 4. Teil B.I.

pflichtet sein, dem Arbeitnehmer eine Beschäftigung im Homeoffice zuzuweisen.

a) Ermessensreduzierung „auf Null“

In der Literatur wird teilweise die Ansicht vertreten, dass der Arbeitnehmer während der Coronavirus-Pandemie einen Anspruch auf Beschäftigung im Homeoffice aus dem Weisungsrecht des Arbeitgebers herleiten könne.[415] Dem steht nicht schon entgegen, dass der Arbeitgeber sein Weisungsrecht zuvor bereits (rechtmäßig) ausgeübt hat. Wenn der Arbeitnehmer aus in seiner Person liegenden Gründen an einem ihm vorher unter Ausübung des Direktionsrechts zugewiesenen Arbeitsort nicht mehr tätig werden kann, ist der Arbeitgeber aufgrund der ihm obliegenden Rücksichtnahmepflichten gemäß § 241 Abs. 2 BGB unter Umständen verpflichtet, sein Direktionsrecht erneut auszuüben, damit dem Arbeitnehmer die Leistungserbringung wieder möglich wird.[416] Diese Wertung steht im Einklang mit der kündigungsrechtlichen Weiterbeschäftigungspflicht gemäß § 1 Abs. 2 S. 3 KSchG, deren *telos* auch auf das ungekündigte Arbeitsverhältnis ausstrahlt.[417] Ein Anspruch auf Homeoffice folgt daraus jedoch nicht zwangsläufig, da der Arbeitgeber bei der erneuten Ausübung des Weisungsrecht zwischen mehreren Alternativen, die für sich genommen leistungssichernd sind, frei wählen kann. Im Kontext der Coronavirus-Pandemie können jedoch behördlich angeordnete Schließungen von Schulen und sonstigen Betreuungseinrichtungen für nicht unerhebliche Zeiträume (vgl. § 616 S. 1 BGB) Aufsichtspflichten von Arbeitnehmern mit Kindern auslösen, die die Erbringung der Arbeitsleistung im Betrieb unmöglich machen.[418] In diesen Fällen kann der Arbeitgeber von seinem Weisungsrecht nur in der Weise ermessensgerecht Gebrauch machen, dass dem

415 *Krieger/Rudnik/Povedano Peramato*, NZA 2020, 473 (478); *Müller*, Anm. zu ArbG Augsburg 7.5.2020 – 3 Ga 9/20, COVuR 2020, 332 (333); *Sagan/Brockfeld*, NJW 2020, 1112 (1115); ebenso für mobile Arbeit *Bayer*, ArbRAktuell 2020, 433 (434); aA *Reinhard/Hoffmann-Remy*, in: Dahl et al., Arbeitsrechtlicher Umgang, Kap. 3 Rn. 38. Gegen einen Anspruch des Arbeitnehmers auf bestimmte Weisungsausübung durch den Arbeitgeber auch *Bauer/Opolony*, BB 2002, 1590 (1591).

416 Vgl. BAG 19.5.2010 – 5 AZR 162/09, NZA 2010, 1119 Rn. 27.

417 *Greiner*, RdA 2013, 9 (14).

418 *Krieger/Rudnik/Povedano Peramato*, NZA 2020, 473 (478).

Arbeitnehmer die Beschäftigung im Homeoffice gestattet ist (Ermessensreduzierung „auf Null“[419]).

Das würde spiegelbildlich zu dem erweiterten Direktionsrecht des Arbeitgebers voraussetzen, dass die Anordnung zur Arbeit im Homeoffice vom Umfang des Weisungsrechts gemäß § 106 S. 1 GewO gedeckt ist. Wie bereits festgestellt, bleibt die Privatwohnung des Arbeitnehmers aufgrund der Wertungen des Art. 13 Abs. 1 GG vom einseitigen Leistungsbestimmungsrecht des Arbeitgebers grundsätzlich ausgenommen.[420] Zwar kann das Weisungsrecht in Not- und Ausnahmesituationen aufgrund von Rücksichtnahmepflichten gemäß § 241 Abs. 2 BGB erweitert sein mit der Folge, dass der Arbeitgeber auch die Tätigkeit im Homeoffice anordnen kann. Es ist jedoch zu berücksichtigen, dass es sich bei dem Weisungsrecht gemäß § 106 S. 1 GewO um ein subjektives Gestaltungsrecht[421] des Arbeitgebers handelt.[422] Es wäre systemwidrig, zunächst auf der Ebene des „Ob“ eine Erweiterung des Direktionsrechts zugunsten des Arbeitgebers anzunehmen, um dieses sodann in der Einzelfallprüfung („Wie“) aufgrund arbeitgeberseitiger Rücksichtnahmepflichten gemäß § 241 Abs. 2 BGB im Weg der Ermessensreduzierung „auf Null“ wieder einzuschränken. Schließlich werden durch die Erweiterung des Direktionsrechts die Pflichten des Arbeitnehmers ausgeweitet.[423] Daraus einen Vorteil für den Arbeitnehmer herzuleiten, widerspräche der Zielsetzung des Erweiterungstatbestands. Eines solchen Umwegs bedarf es außerdem nicht, da der Arbeitnehmer unter vergleichbaren Voraussetzungen im Einzelfall einen Vertragsanpassungsanspruch für sich herleiten kann.[424]

419 So ausdrücklich BAG 11.10.1995 – 5 AZR 1009/94, NZA-RR 1996, 313 (314) für den Fall der Selbstbindung der Verwaltung durch Erlass einer Verwaltungsvorschrift; vgl. auch LAG Köln 24.5.2016 – 12 Sa 677/13, BeckRS 2016, 69901 Rn. 43, 64.

420 Siehe dazu unter 4. Teil B.I.2.a).

421 Es ist zu unterscheiden zwischen dem Weisungsrecht als subjektivem Gestaltungsrecht und der (Einzel-)Weisung als einseitiger empfangsbedürftiger Willenserklärung, vgl. dazu *Bitzenhofer*, Grundlagen des Weisungsrechts, S. 98 f., 110 ff., 123.

422 BAG 24.5.2018 – 6 AZR 116/17, NZA-RR 2018, 568 Rn. 39; LAG Rheinland-Pfalz 18.12.2014 – 5 Sa 378/14, BeckRS 2015, 66249; *Bitzenhofer*, Grundlagen des Weisungsrechts, S. 99 mwN; ebenso BeckOK-ArbR/*Tillmanns*, § 106 GewO Rn. 4; differenzierend *Enriquez*, ZfA 2011, 121 (136 ff., 156 „hybrides Recht“); ablehnend NK-GA/*Boecken/Pils*, § 106 GewO Rn. 8.

423 *Pfrang*, Weisungen, S. 144.

424 Siehe dazu unter 4. Teil B.II.4.

Etwas anderes wird jedoch anzunehmen sein, wenn die Vertragsparteien aufgrund der tatsächlichen Durchführung des Arbeitsvertrags zu erkennen gegeben haben, dass sich das arbeitgeberseitige Direktionsrecht auch auf das Homeoffice erstrecken soll;[425] das gilt insbesondere dann, wenn der Arbeitnehmer in der Vergangenheit bereits (dauerhaft) im Homeoffice tätig war.[426] In diesem Fall übt der Arbeitgeber sein Weisungsrecht in Zeiten der Coronavirus-Pandemie nur dann nach billigem Ermessen aus, wenn unter Berücksichtigung der berechtigten Interessen des Arbeitnehmers (zB Betreuungspflichten oder Vorerkrankungen) die Arbeit nunmehr ausschließlich am Betriebssitz ausgeübt werden kann.[427]

b) Arbeitsrechtlicher Gleichbehandlungsgrundsatz als Ausübungsschranke

Im Rahmen des billigen Ermessens ist zudem der arbeitsrechtliche Gleichbehandlungsgrundsatz als Ausübungsschranke zu berücksichtigen. Als spezielle Ausprägung des allgemeinen Gleichheitssatzes aus Art. 3 Abs. 1 GG ist der arbeitsrechtliche Gleichbehandlungsgrundsatz gewohnheitsrechtlich anerkannt und findet seinen einfachgesetzlichen Niederschlag in § 77 Abs. 1 S. 1 BetrVG und in § 67 Abs. 1 S. 1 BPersVG.[428] Der arbeitsrechtliche Gleichbehandlungsgrundsatz verpflichtet den Arbeitgeber dazu, seine Arbeitnehmer oder Gruppen von Arbeitnehmern, die sich in vergleichbarer Lage befinden, bei Anwendung einer selbst gesetzten Regel gleich zu behandeln.[429] Die Besserstellung Einzelner ist ohne Weiteres möglich; entscheidend ist, dass ein kollektiver Bezug besteht.

Wird aufgrund der pandemischen Lage ein Teil der Beschäftigten zur Arbeit im Homeoffice angewiesen, hat der Arbeitgeber bei der Ausübung seines Ermessens darauf zu achten, dass er die Interessen aller Arbeitneh-

---

425 *Chr. Picker*, ZfA 2019, 269 (280 f.). Gleiches gilt, wenn die Möglichkeit zur Versetzung des Arbeitnehmers in das Homeoffice – bspw. auf Grundlage einer kollektivrechtlichen oder einzelvertraglichen Versetzungsklausel (dazu näher unter 4. Teil B.I.2.a).aa).) – bereits vom Umfang des Weisungsrechts erfasst ist.

426 Zur Verstetigung des regelmäßig praktizierten Homeoffice zu einer rechtlichen Bindung über die Grundsätze der betrieblichen Übung *v. Steinau-Steinrück/Beismann*, NJW-Spezial 2020, 626 f.

427 LAG Rheinland-Pfalz 17.12.2014 – 4 Sa 404/14, BeckRS 2015, 68467.

428 Zur Rechtsnatur des arbeitsrechtlichen Gleichbehandlungsgrundsatzes ErfK/*Preis*, § 611a BGB Rn. 574 ff. mwN.

429 BAG 3.6.2020 – 3 AZR 730/19, NZA 2021, 347 Rn. 42.

mer gleichermaßen berücksichtigt.[430] Durch die Ausübung des Weisungsrechts bindet er sich daher selbst, sein Weisungsrecht in dieser Weise auszuüben.[431] Differenziert der Arbeitgeber zwischen einzelnen Arbeitnehmern, bedarf die Ungleichbehandlung eines sachlichen Grundes. Die soeben angestellten systematischen Bedenken im Hinblick auf die Einschränkung eines aufgrund von Rücksichtnahmepflichten gemäß § 241 Abs. 2 BGB erweiterten Weisungsrechts gelten mit den genannten Ausnahmen an dieser Stelle allerdings gleichermaßen.

2. Arbeitsrechtlicher Gleichbehandlungsgrundsatz als Anspruchsgrundlage

Der arbeitsrechtliche Gleichbehandlungsgrundsatz ist seiner Struktur nach aber nicht nur Ausübungsschranke, sondern auch Anspruchsgrundlage.[432] Als solche kann sich daraus ein Anspruch des Arbeitnehmers auf Beschäftigung im Homeoffice ergeben.[433] Voraussetzung ist, dass die Lage der Arbeitnehmer, die im Homeoffice beschäftigt werden, vergleichbar ist.[434] Die Gruppenbildung hat anhand abstrakt-genereller Kriterien zu erfolgen. Schließt der Arbeitgeber einzelne Arbeitnehmer in vergleichbarer Lage von der Gruppe der Begünstigten aus, bedarf diese Ungleichbehandlung der sachlichen Rechtfertigung.[435] Zulässig ist es, für einzelne Beschäftigtengruppen, die aufgrund ihrer Qualifikation und der konkret ausgeübten Tätigkeit eine Sonderstellung im Unternehmen einnehmen, Arbeit im Homeoffice anzuordnen und andere Beschäftigtengruppen von dieser Entscheidung auszunehmen.[436]

---

430 BAG 9.4.2014 – 10 AZR 637/13, NZA 2014, 719 Rn. 31 f.; ErfK/*Preis*, § 106 GewO Rn. 16.

431 BAG 21.11.2013 – 6 AZR 23/12, NZA-RR 2014, 263 Rn. 76; ErfK/*Preis*, § 106 GewO Rn. 16.

432 ErfK/*Preis*, § 611a BGB Rn. 575.

433 *Däubler*, Digitalisierung und ArbR, § 15 Rn. 7; *Klawitter*, in: Effer-Uhe/Mohnert, Vertragsrecht, S. 223 (230); *Meyer*, ZAT 2020, 62 (63); *Müller*, Homeoffice, § 2 Rn. 107 ff.

434 *Wulff*, in: Helm/Bundschuh/Wulff, Krisenzeiten, § 8 Rn. 26.

435 *Reinhard/Hoffmann-Remy*, in: Dahl et al., Arbeitsrechtlicher Umgang, Kap. 3 Rn. 42.

436 LAG Rheinland-Pfalz 18.12.2014 – 5 Sa 378/14, BeckRS 2015; ebenso für das Beamtenrecht VG Berlin 14.4.2020 – VG 28 L 119/20, NVwZ-RR 2020, 696 Rn. 19. Dem Dienstherrn kommt bei Entscheidung über die Anordnung von Arbeit im

Das Arbeitsgericht Siegburg[437] hatte während der „zweiten Infektionswelle“ im Dezember 2020 im einstweiligen Rechtsschutz über den Antrag eines Rathausmitarbeiters zu entscheiden, der von der Pflicht zum Tragen eines Mund-Nasen-Schutzes befreit werden wollte und hilfsweise die Versetzung in das Homeoffice begehrte. Tatsächlich wurde einigen Angestellten der Arbeitgeberin die Tätigkeit im Homeoffice ermöglicht. Ein Regelwerk, nach welchem grundsätzlich jedem Arbeitnehmer die Möglichkeit, im Homeoffice zu arbeiten, eingeräumt wird, sei nicht ersichtlich. Während der Coronavirus-Pandemie könne der Arbeitgeber die Zugehörigkeit von Arbeitnehmern zu einer „Hochrisikogruppe“[438] zum Anlass für Differenzierungen nehmen.[439]

3. Eigenmächtige Verlagerung des Arbeitsorts in das Homeoffice

Zu Beginn der Coronavirus-Pandemie war das Arbeitsgericht Augsburg mit der Frage befasst, ob ein Verstoß des Arbeitgebers gegen die Fürsorgepflicht gemäß § 618 Abs. 1 BGB einen Anspruch des Arbeitnehmers auf Beschäftigung im Homeoffice begründen kann.[440] Die in § 618 Abs. 1 BGB (iVm §§ 3, 4 Nr. 3 ArbSchG[441], §§ 3 ff. ArbStättV) enthaltenen Schutzpflichten konkretisieren die allgemeinen vertraglichen Rücksichtnahmepflichten gemäß §§ 241 Abs. 2, 242 BGB.[442] § 618 Abs. 1 BGB nimmt dabei eine „Scharnierfunktion“ zwischen öffentlich-rechtlichem Arbeitsschutz

---

Homeoffice ein (weites) Organisationsermessen zu, VG München 3.12.2020 – M 21b S 20.5613, BeckRS 2020, 33771 Rn. 33.

437 ArbG Siegburg 16.12.2020 – 4 Ga 18/20, NZA-RR 2021, 129 ff. mAnm *Fuhlrott/Kulbach*; bestätigt durch LAG Köln 12.4.2021 – 2 SaGa 1/21, BeckRS 2021, 9645.

438 Krit. zur Verwendung des Begriffs „Risikogruppe“ *Beden/Rombey*, BB 2020, 2870 ff.

439 ArbG Siegburg 16.12.2020 – 4 Ga 18/20, NZA-RR 2021, 129 Rn. 26. Siehe auch ArbG Mainz 8.6.2020 – 4 Ga 10/20, BeckRS 2020, 12262 Rn. 18 zum Einsatz im Präsenzunterricht an einer Förderschule.

440 ArbG Augsburg 7.5.2020 – 3 Ga 9/20, NZA-RR 2020, 417 f., Berufung beim LAG München anhängig unter dem Az. 5 SaGa 14/20.

441 Zur Transformation öffentlich-rechtlicher Arbeitsschutzvorschriften in das Arbeitsverhältnis BAG 12.08.2008 – 9 AZR 1117/06, NZA 2009, 102 ff.; *Schmidt/Novara*, DB 2009, 1817 (1818).

442 BAG 27.7.1995 – 6 AZR 129/95, NZA 1996, 708 (710); Staudinger/*Oetker*, § 618 BGB Rn. 263. Daneben existiert für das Recht der Handlungsgehilfen eine vergleichbare Vorschrift in § 61 Abs. 1 HGB.

und zivilrechtlichem Vertragsrecht ein.[443] Der Arbeitgeber ist danach zu Schutzmaßnahmen gegenüber seinen Arbeitnehmern verpflichtet und hat unter anderem dafür Sorge zu tragen, dass Arbeitnehmer an ihrem Arbeitsplatz vor einer Ansteckung durch andere Personen geschützt sind.[444] Verletzt der Arbeitgeber seine Schutzpflichten, knüpfen daran arbeitsvertragliche Rechtsfolgen an.[445]

a) Das Arbeitsgericht Augsburg stellte fest, dass der Erfüllungsanspruch des Dienstverpflichteten auf Beachtung der Schutzpflichten gemäß § 618 Abs. 1 BGB keinen Anspruch des Arbeitnehmers auf Versetzung in das Homeoffice begründen könne, da es allein dem Arbeitgeber obliege, „wie er seinen Verpflichtungen aus § 618 BGB gerecht [werde] und sie ermessensgerecht durch entsprechende Ausübung seines Leistungsbestimmungsrechts umsetz[e]".[446] Während der Coronavirus-Pandemie soll demnach auch die Nutzung eines Büros durch mehrere Personen möglich sein, wenn entsprechende Schutzvorkehrungen durch den Arbeitgeber getroffen werden.[447] Solche dürften insbesondere in der Ausarbeitung und Umsetzung von Hygieneregeln liegen (vgl. § 4 Nr. 3 ArbSchG, §§ 2 Abs. 1, 4 S. 2, 3 Abs. 1 Corona-ArbSchV[448]). Darunter fallen die in der SARS-CoV-2-Arbeitsschutzregel (C-ASR)[449] zusammengefassten und durch die Corona-ArbSchV ergänzten Grundsätze, wonach Beschäftigte unter anderem einen Mindestabstand von 1,5 Metern zu anderen Personen einzuhalten haben (Ziff. 2.8 C-ASR) bzw. bei der gleichzeitigen Nutzung von Räumen eine Mindestfläche von 10 Quadratmetern für jede im Raum

443 *Kollmer*, in: Kollmer/Klindt/Schucht, ArbSchG, Überbl. Vor § 1 Rn. 143.
444 So bereits RAG 27.11.1935 – RAG 208/35, ARS 26, 13 (14).
445 Instruktiv ErfK/*Wank*, § 618 BGB Rn. 23 ff.
446 ArbG Augsburg 7.5.2020 – 3 Ga 9/20, NZA-RR 2020, 417 Rn. 12.
447 ArbG Augsburg 7.5.2020 – 3 Ga 9/20, NZA-RR 2020, 417 Rn. 13.
448 SARS-CoV-2-Arbeitsschutzverordnung (Corona-ArbSchV) idF v. 22.4.2021, BAnz AT 22.4.2021 V1.
449 Die SARS-CoV-2-Arbeitsschutzregel idF v. 29.4.2021, GMBl. 2021, S. 622 hat als technische Regel nicht den Rechtscharakter einer Verordnung, vgl. BAG 18.7.2017 – 1 ABR 59/15, NZA 2017, 1615 Rn. 25; *Sagan/Brockfeld*, NZA-Beil. 2020, 17 (18 f.). Die C-ASR beschreibt für den gemäß §§ 5 Abs. 1 S. 1, 6 IfSG vom Bundestag festgestellten Zeitraum einer epidemischen Lage von nationaler Tragweite die Anforderungen an den Arbeitsschutz im Hinblick auf SARS-CoV-19 sowie den Stand von Technik, Arbeitsmedizin und Hygiene (vgl. § 4 Nr. 3 ArbSchG) und dient somit der Konkretisierung ausfüllungsbedürftiger normativer Anforderungen in Verordnungen nach dem ArbSchG, GMBl. 2021, S. 227.

befindliche Person nicht unterschritten werden darf (§ 2 Abs. 4 S. 1 Corona-ArbSchV aF). Können die Mindestabstände nicht eingehalten werden, kommen eine Mund-Nase-Bedeckung (Ziff. 4.2.13 (1) C-ASR, § 4 Corona-ArbSchV), Trennwände zwischen den Beschäftigten (§ 2 Abs. 4 S. 2 Nr. 2 Corona-ArbSchV) und gegebenenfalls sonstige im betrieblichen Hygienekonzept ausgewiesene Maßnahmen[450] zum Einsatz. Zur Einhaltung dieser Maßnahmen auf dem Betriebsgelände kann der Arbeitgeber den Arbeitnehmer gemäß § 106 S. 1, 2 GewO anweisen.[451] Mit der Einhaltung dieser Regelungen soll dem Arbeitgeber die Gewissheit gegeben werden, dem Arbeitsschutz Genüge zu tun.[452] Wird der Arbeitgeber den genannten Grundsätzen hingegen nicht gerecht, hat der Arbeitnehmer einen Erfüllungsanspruch auf Herstellung eines arbeitsschutzkonformen Zustands.[453] Bis der Arbeitgeber die Gefahr durch geeignete Maßnahmen beseitigt oder Vorkehrungen zur Eindämmung der Gefahr getroffen hat, kann der Arbeitnehmer seine Arbeitsleistung gemäß § 273 Abs. 1 BGB zurückbehalten.[454]

Ein Anspruch auf Beschäftigung im Homeoffice ergibt sich daraus allerdings nicht.[455] Anders ist dies bspw., wenn die Gefahr einer Gesundheitsbeeinträchtigung von dem Arbeitsumfeld selbst ausgeht (zB bei Kontakt mit giftigen Dämpfen und Gasen). In einem solchen Fall kann der Arbeitgeber aufgrund seiner Fürsorgepflicht gemäß § 618 Abs. 1 BGB dazu verpflichtet sein, den Arbeitnehmer auf einen anderen Arbeitsplatz zu versetzen, wenn ihm dies zumutbar und möglich ist.[456]

b) Bietet der Arbeitnehmer für die Zeit bis zur (Wieder-)Herstellung des arbeitsschutzkonformen Zustands seine Arbeitsleistung gemäß § 295 S. 2 BGB an, gerät der Arbeitgeber in Annahmeverzug mit der Folge, dass der Arbeitnehmer seinen Anspruch auf Entgeltzahlung gemäß § 615 S. 1

---

450 Zu weiteren während der Coronavirus-Pandemie an Arbeitsstätten in Betracht kommenden Maßnahmen *Klein*, NJ 2020, 377 (381).

451 LAG Köln 12.4.2021 – 2 SaGa 1/21, BeckRS 2021, 9645 Rn. 21.

452 GMBl. 2021, S. 227.

453 Instruktiv zu den Rechtsfolgen einer Schutzpflichtverletzung Staudinger/*Oetker*, § 618 BGB Rn. 248 ff. mwN.

454 BAG 8.5.1996 – 5 AZR 315/95, NZA 1997, 86 ff.

455 So ausdrücklich ArbG Kiel 11.3.2021 – 6 Ca 1912 c/20, BeckRS 2021, 7859 Rn. 47 ff.; vgl. auch LAG Köln 24.5.2016 – 12 Sa 677/13, BeckRS 2016, 69901 Rn. 10; anders *Mues/Müncheberg*, ArbRB 2020, 214 (216).

456 BAG 17.2.1998 – 9 AZR 130/97, NZA 1999, 33 (34) unter Verweis auf § 6 Abs. 4 lit. a ArbZG.

iVm § 611a Abs. 2 BGB behält.[457] Der Grundsatz von Treu und Glauben iSv § 242 BGB sowie das Verhältnismäßigkeitsprinzip gebieten es dem Arbeitnehmer jedoch, von der Ausübung des Leistungsverweigerungsrechts bei nur geringfügigen oder kurzzeitigen Verstößen ohne nennenswertes Schadenspotenzial abzusehen.[458]

c) In der Literatur wird anlässlich der Coronavirus-Pandemie teilweise die Auffassung vertreten, dass der Arbeitnehmer aufgrund eines ihm zustehenden Leistungsverweigerungsrechts gemäß § 273 Abs. 1 BGB auch ohne Einwilligung des Arbeitgebers seine Tätigkeit eigenmächtig in das Homeoffice verlagern könne.[459] Es ist zwar davon auszugehen, dass die Ausübung der Tätigkeit im Homeoffice als „Minus" gegenüber der Leistungsverweigerung regelmäßig im Interesse des Arbeitgebers sein dürfte. Allerdings überdehnt die eigenmächtige Verlagerung des grundsätzlich dem Weisungsrecht unterliegenden Arbeitsorts den Umfang des Zurückbehaltungsrechts aus § 273 Abs. 1 BGB; denn die Schutzpflichten des § 618 Abs. 1 BGB beeinflussen nicht die Arbeitspflicht selbst, sondern verpflichten den Arbeitgeber während der Durchführung des Arbeitsverhältnisses dazu, bestimmte Rahmenbedingungen einzuhalten.[460] Etwas anderes ergibt sich auch nicht aus § 28b Abs. 7 S. 1 IfSG. Die Regelung sieht lediglich eine Angebotspflicht des Arbeitgebers zur Arbeit im Homeoffice vor.[461] Ein auf § 618 Abs. 1 BGB gestütztes Recht zur Arbeit im Homeoffice ergibt sich daraus nicht.[462] Zum einen kann der Arbeitgeber das Vorliegen zwingender betriebsbedingter Gründe geltend machen. Aber auch wenn

---

457 *Waltermann*, ArbR, Rn. 451; *Weller/Lieberknecht/Habrich*, NJW 2020, 1017 (1019).

458 BAG 28.6.2018 – 2 AZR 436/17, NZA 2018, 1259 (1263); MüKo-BGB/*Henssler*, § 618 Rn. 92; ErfK/*Wank*, § 618 BGB Rn. 26; *Wlotzke*, Anm. zu BAG 8.5.1999 – 5 AZR 315/95, AP BGB § 618 Nr. 23.

459 *Günther/Böglmüller*, ArbRAktuell 2020, 186 (187); im Anschluss daran *Baeck/Winzer/Schaaf*, NZG 2021, 14 (15 f.); *Müller*, Anm. zu ArbG Augsburg 7.5.2020 – 3 Ga 9/20, COVuR 2020, 332 (333); *Panzer*, in: Geck/Hey, Telearbeit, S. 37 (38); auf einen Vertragsanpassungsanspruch abstellend *Klein*, NJ 2020, 377 (383); hinsichtlich eines Verstoßes gegen die Corona-ArbSchV *Fuhlrott/Oltmanns*, ArbRAktuell 2021, 64 (67); abl. *Beden/Rombey*, BB 2020, 2870 (2874).

460 Staudinger/*Oetker*, § 618 BGB Rn. 260; siehe ebenfalls HWK/*Krause*, § 618 BGB Rn. 30.

461 Siehe dazu unter 5. Teil B.IV.2.

462 Anders wohl *Kohte*, Anm. zu OVG Bautzen 30.3.2021 – 3 B 83/21, jurisPR-ArbR 18/2021 Anm. 9.

der Arbeitgeber sich weigert, derartige Gründe (ggf. auf Verlangen der zuständigen Behörde) vorzubringen, oder schlichtweg keine vorliegen, ist die Erbringung der Arbeitsleistung aus dem Homeoffice gegen den ausdrücklichen Willen des Arbeitgebers nicht vom Wortlaut der Vorschrift gedeckt.[463] Stattdessen kann der Arbeitnehmer Fortzahlung der Vergütung verlangen (§ 615 S. 1 BGB), wenn er die Erbringung der Arbeitsleistung im Homeoffice anbietet.[464]

4. Vertragsanpassungsanspruch

Arbeitnehmer können jedoch unter gewissen Umständen einen Vertragsanpassungsanspruch auf Beschäftigung im Homeoffice haben.[465] Das Gesetz sieht einen Vertragsanpassungsanspruch für Dauerschuldverhältnisse ausdrücklich in § 313 Abs. 1, 2 BGB iVm Abs. 3 S. 2 vor.[466] Es ist daneben höchstrichterlich anerkannt, dass der Arbeitgeber gemäß § 241 Abs. 2 iVm dem Arbeitsvertrag innerhalb der Grenzen des ihm Zumutbaren und rechtlich Möglichen verpflichtet sein kann, „im Zusammenwirken mit dem Arbeitnehmer die Voraussetzungen für die Durchführung des Vertrags zu schaffen, Erfüllungshindernisse nicht entstehen zu lassen bzw. zu beseitigen und dem anderen Teil den angestrebten Leistungserfolg zukommen zu lassen. Im Rahmen der Mitwirkungspflicht kann es auch geboten sein, auf den Wunsch nach Vertragsanpassung als Reaktion auf unerwartete Änderungen der tatsächlichen Verhältnisse einzugehen, ins-

---

463 Davon geht auch der Gesetzgeber aus, vgl. BT-Drs. 19/28732, S. 20; siehe zur Vorgängerregelung des § 2 Abs. 4 Corona-ArbSchV aF den Referentenentwurf zur SARS-CoV-2-Arbeitsschutzverordnung, S. 9 (abrufbar unter: https://www.bmas.de/SharedDocs/Downloads/DE/Gesetze/Regierungsentwuerfe/reg-sars-cov-2-arbeitsschutzverordnung.pdf?__blob=publicationFile&v=2, zuletzt abgerufen am 31.5.2021).

464 *Sagan/Witschen*, NZA 2021, 593 (596).

465 So auch *Däubler*, Arbeitsrecht in Coronazeiten, § 3 Rn. 43 f.; *Fischinger/Hengstberger*, JA 2020, 561 (562); *Krieger/Rudnik/Povedano Peramato*, NZA 2020, 473 (478); *Müller*, Homeoffice, § 2 Rn. 96; *ders.*, Anm. zu ArbG Augsburg 7.5.2020 – 3 Ga 9/20, COVuR 2020, 332 (333); aA BMAS (Hrsg.), Verbreitung und Auswirkungen von mobiler Arbeit und Homeoffice, Forschungsbericht 549, S. 65 (abrufbar unter: https://www.bmas.de/SharedDocs/Downloads/DE/Publikationen/Forschungsberichte/fb-549-pdf-verbreitung-auswirkung-mobiles-arbeiten.pdf?__blob=publicationFile&v=1, zuletzt abgerufen am 31.5.2021).

466 Eingefügt durch das Gesetz zur Modernisierung des Schuldrechts v. 26.11.2001, BGBl. I, S. 3138 ff.

besondere wenn anderenfalls in Dauerschuldverhältnissen Unvermögen des Schuldners droht".[467] Liegen die Voraussetzungen eines Vertragsanpassungsanspruchs vor, verändert sich der Arbeitsort jedoch nicht *ipso iure*, sondern es bedarf der Geltendmachung des Anspruchs durch den Arbeitnehmer, vgl. § 194 Abs. 1 BGB.

a) Rücksichtnahmepflichten

Im Ausgangspunkt ist bedenken, dass es grundsätzlich der freien Unternehmerentscheidung (Art. 2 Abs. 1, 12 Abs. 1 und 14 Abs. 1 GG)[468] des Arbeitgebers unterliegt, ob er den Arbeitsort Homeoffice begründet. Dies gilt selbst dann, wenn ihm das aus betrieblichen Gründen problemlos möglich ist.[469] Ist der Arbeitnehmer allerdings aus in seiner Person liegenden Gründen nicht mehr in der Lage, die vom Arbeitgeber aufgrund seines Weisungsrechts gemäß § 106 S. 1 GewO näher bestimmte Leistung zu erbringen, kann der Arbeitgeber gemäß § 241 Abs. 2 BGB zu leistungssichernden Maßnahmen verpflichtet sein.[470] Eine solche Maßnahme kann, wenn der Arbeitnehmer die Arbeitsleistung aufgrund besonderer Umstände nur dort erbringen kann, auch die Verlegung des Arbeitsorts in das Homeoffice sein.[471] Allerdings muss dem Arbeitgeber die Verlegung des Arbeitsorts zumutbar sein, dh es dürfen nicht Rücksichtnahmepflichten gegenüber anderen Arbeitnehmern oder betriebliche Gründe wie die Notwendigkeit, dass die Stammbelegschaft zur Aufrechterhaltung des Geschäftsablaufs anwesend sein muss[472], entgegenstehen. Dazu bedarf es einer umfassenden Abwägung der im Einzelfall betroffenen Interessen,[473] wobei eine Pflicht zum aktiven Schutz durch den Arbeitgeber einer besonderen Rechtfertigung bedarf, da er die von außen einwirkende Gefahr nicht selbst begründet hat.[474]

---

467 BAG 19.5.2010 – 5 AZR 162/09, NZA 2010, 1119 Rn. 26; BAG 13.8.2009 – 6 AZR 330/08, NZA-RR 2010, 420 Rn. 31.

468 Siehe dazu unter 2. Teil B.III.1.a).

469 LAG Hessen 10.6.2015 – 6 Sa 451/14, BeckRS 2016, 66605.

470 BAG 13.8.2009 – 6 AZR 330/08, NZA-RR 2010, 420 Rn. 31; LAG Köln 24.5.2016 – 12 Sa 677/13, BeckRS 2016, 69901 Rn. 46.

471 Vgl. *Chr. Picker*, ZfA 2019, 269 (282).

472 *Donauer*, in: Geck/Hey, Telearbeit, S. 181 (186).

473 Staudinger/*Olzen*, § 241 BGB Rn. 497.

474 *Krebs*, Sonderverbindung, S. 505 f.

Dem Arbeitnehmer ist die Erbringung der Arbeitsleistung im Betrieb aber nicht schon deshalb unmöglich, weil er wegen der hohen Gefahr einer Infektion mit dem Virus den Arbeitsweg vermeiden möchte. Hindernisse auf dem Arbeitsweg obliegen dem Arbeitnehmer (vgl. auch die Ausführungen zum Wegerisiko[475]).[476] In Betracht kommen jedoch in der Person des Arbeitnehmers liegende Gründe, die während der Pandemie das Interesse des Arbeitgebers an der Erbringung der Arbeitsleistung im Betrieb überwiegen können.

Es ist denkbar, dass der Arbeitnehmer aufgrund von Vorerkrankungen besonders gefährdet ist und er deshalb seine körperliche Unversehrtheit gemäß Art. 2 Abs. 2 S. 1 GG durch die Verlagerung der Arbeit in die häusliche Sphäre schützen möchte. Für viele Arbeitnehmer stellt die Organisation der Kinderbetreuung in Zeiten der Pandemie vor dem Hintergrund, dass Betreuungseinrichtungen und Schulen in der Regel während eines Lockdowns geschlossen oder zumindest nur eingeschränkt geöffnet sind, eine besondere Herausforderung dar.[477] Diese beiden Gesichtspunkte und der Umstand, dass es sich bei der Coronavirus-Pandemie um eine zeitlich begrenzte Ausnahmesituation handelt, können im Rahmen einer Gesamtabwägung aller zu berücksichtigenden Umstände dazu führen, dass das Interesse des Arbeitnehmers an einer Erbringung der Arbeitsleistung im häuslichen Kontext überwiegt.

---

475 Siehe dazu unter 3. Teil B.I.1.b).cc).(1).

476 *Kollmer*, in: Kollmer/Klindt/Schucht, ArbSchG, Überbl. Vor § 1 Rn. 152; *Schliemann*, FA 2020, 90; MHdB-ArbR/*Tillmanns*, § 76 Rn. 84.

477 Siehe dazu unter 2. Teil B.II.2.; *Müller*, Homeoffice, § 8 Rn. 685 ff. In Fällen, in denen aufgrund unvorhersehbarer Schließungen von Schulen oder sonstigen Betreuungseinrichtungen kurzfristig die Betreuungsmöglichkeit entfällt, behält der Arbeitnehmer seinen Anspruch auf Entgeltzahlung gemäß § 616 BGB, wenn er für einen verhältnismäßig nicht erheblichen Zeitraum durch die Aufsicht seiner betreuungspflichtigen Kinder an der Arbeitsleistung verhindert wird, vgl. dazu *Fischinger/Hengstberger*, JA 2020, 561 (564); MüKo-BGB/*Henssler*, § 616 Rn. 42.

b) Störung der Geschäftsgrundlage

Subsidiär kann dem Arbeitnehmer gemäß § 313 Abs. 1, 2 BGB[478] ein Anspruch auf Beschäftigung im Homeoffice zustehen.[479] In die Abwägung sind die soeben dargestellten Überlegungen einzubeziehen.

5. Änderungskündigung

Eine besondere Konstellation ergibt sich im Fall einer durch den Arbeitgeber ausgesprochenen betriebsbedingten Änderungskündigung (§§ 2, 1 Abs. 2, 3 KSchG).[480] Wird ein Betriebsstandort bspw. im Rahmen einer Unternehmensumstrukturierung geschlossen und sollen die bislang dort beschäftigten Arbeitnehmer an einen anderen Standort versetzt werden, hat der Arbeitgeber vor Aussprache einer Änderungskündigung, soweit es ihm möglich und zumutbar ist, dem Arbeitnehmer zunächst die Weiterbeschäftigung zu geänderten Arbeitsbedingungen anzubieten;[481] darunter fällt grundsätzlich auch die Verlagerung des Arbeitsorts in die Wohnung des Arbeitnehmers.[482] Voraussetzung ist allerdings, dass die Arbeit vor Ort nicht als Teil der unternehmerischen Entscheidung des Arbeitgebers aufgenommen wurde.[483] In diesem Fall können die Arbeitsgerichte nicht derart in die verfassungsrechtlich geschützte unternehmerische Organisationsentscheidung (Art. 14, 12, 2 GG) des Arbeitgebers eingreifen, dass sie im Rahmen einer Kündigungsschutzklage dessen Entscheidung im Weg einer Verhältnismäßigkeitsprüfung abändern.[484] Teil der unternehmerischen Entscheidung kann sein, bestimmte Arbeitsplätze in der Zentrale des Arbeitgebers zu konzentrieren und für diese Arbeitsplätze daher kein Homeoffice anzubieten.[485]

---

478 Siehe zu den Voraussetzungen bereits unter 4. Teil B.I.3.

479 *Kollmer*, in: Kollmer/Klindt/Schucht, ArbSchG, Überbl. Vor § 1 Rn. 150; *Weller/Lieberknecht/Habrich*, NJW 2020, 1017 (1018 mwN).

480 Siehe zur Änderungskündigung bereits 4. Teil B.I.4.

481 *v. Hoyningen-Huene/Boemke*, Versetzung, S. 115 f.

482 *Stück*, MDR 2021, 268 (272).

483 LAG Berlin-Brandenburg 24.3.2021 – 4 Sa 1243/20, BeckRS 2021, 11259 Rn. 47.

484 *Stück*, MDR 2021, 268 (272).

485 LAG Berlin-Brandenburg 24.3.2021 – 4 Sa 1243/20, BeckRS 2021, 11259 Rn. 46.

III. Ergebnis

Das bestehende Recht sieht bereits Möglichkeiten der Modifizierung des arbeitsvertraglich konkretisierten Arbeitsorts vor. Punktuell können das Weisungsrecht des Arbeitgebers gemäß § 106 S. 1 GewO und die beiden Arbeitsvertragsparteien obliegenden Rücksichtnahmepflichten gemäß § 241 Abs. 2 BGB zu einem Anspruch auf Homeoffice führen. Eine vertragsrechtliche Lösung, die sich an den Interessen der Vertragsparteien orientiert, wird einer wirkungsvollen Pandemiebekämpfungsstrategie allerdings nur teilweise gerecht. Es bedarf daher im Kontext der Pandemie weiterer Instrumente der betrieblichen Kontaktreduzierung.

Teil 5 – Regelungsansätze für ein Recht auf Homeoffice

Vor dem Hintergrund, dass aus dem geltenden Recht kein generelles Recht auf Arbeit im Homeoffice und nur unter eng begrenzten Voraussetzungen ein solches Recht im Pandemiefall folgt, stellt sich die Frage nach der möglichen Ausgestaltung einer Regelung im Rahmen einer Verordnung oder eines formellen Gesetzes. Denkbar ist neben einer allgemeinen Vorschrift zur Verlagerung der Arbeit in das Homeoffice (wie es etwa im Entwurf des „Mobile-Arbeit-Gesetzes" vorgesehen ist, A.) eine zeitlich auf die Pandemie begrenzte Vorschrift (B.).

A. *Das „Mobile-Arbeit-Gesetz"*

Zur Umsetzung der Richtlinie (EU) 2019/1158[486] zur Vereinbarkeit von Beruf und Privatleben für Eltern und pflegende Angehörige sowie des Koalitionsvertrags zwischen CDU, CSU und SPD[487] hat das BMAS einen Referentenentwurf für ein „Mobile-Arbeit-Gesetz"[488] vorgelegt. Dieser sieht vor, dass in den bislang unbesetzten § 111 GewO ein Erörterungsanspruch des Arbeitnehmers eingefügt werden soll, der darauf zielt, mit dem Arbeitgeber zu einer Vereinbarung über Beginn, Dauer, Umfang und Verteilung sowie Art der mobilen Arbeit zu gelangen (Abs. 2). Damit hat das BMAS zugleich Abstand von seinem ersten Referentenentwurf genommen, der noch einen verbindlichen Rechtsanspruch des Arbeitnehmers auf mobile Arbeit an 24 Tagen im Jahr vorgesehen hatte.[489]

---

486 ABl. 2019 L 118, S. 79. Zur Europarechtskonformität des Vorhabens *Visser*, ZRP 2021, 112 (113 ff.).

487 Ein neuer Aufbruch für Europa – Eine neue Dynamik für Deutschland – Ein neuer Zusammenhalt für unser Land, Koalitionsvertrag zwischen CDU, CSU und SPD für die 19. Legislaturperiode, Ziff. 769 f., 1822 ff. (abrufbar unter: http://www.cdu.de/, http://www.csu.de/ und http://www.spd.de/, zuletzt abgerufen am 31.5.2021).

488 Referentenentwurf eines Gesetzes zur mobilen Arbeit (Mobile-Arbeit-Gesetz – MAG) v. 14.1.2021 (abrufbar unter: https://www.bmas.de/SharedDocs/Downloads/DE/Gesetze/Referentenentwuerfe/ref-mobile-arbeit-gesetz.pdf?__blob=publicationFile&v=1, zuletzt abgerufen am 31.5.2021).

489 Referentenentwurf eines Gesetzes zur mobilen Arbeit (Mobile-Arbeit-Gesetz – MAG) v. Oktober 2020 (abrufbar unter: https://freie-berufe-niedersachsen.de/w

Die Erörterungsphase leitet der Arbeitnehmer gemäß § 111 Abs. 1 S. 1 GewO-E durch eine Mitteilung ein, mit der er seinen Wunsch regelmäßig, dh planmäßig wiederkehrend, mobil zu arbeiten spätestens drei Monate vor dem gewünschten Beginn in Textform (§ 126b BGB) dem Arbeitgeber zukommen lässt. Kommt eine Vereinbarung über mobile Arbeit zustande, ist das Weisungsrecht des Arbeitgebers bezüglich des Arbeitsorts gemäß § 106 S. 1 GewO insoweit nicht mehr einschlägig.[490] Anderenfalls hat der Arbeitgeber gemäß § 111 Abs. 3 S. 1 GewO-E innerhalb von zwei Monaten nach der Mitteilung seine ablehnende Entscheidung sowie deren Gründe[491] ebenfalls in Textform zu erklären. In diesem Fall kann der Arbeitnehmer gemäß § 111 Abs. 4 GewO-E frühestens vier Monate nach Zugang der ablehnenden Entscheidung erneut eine Mitteilung nach Abs. 1 S. 1 machen. Bei einer Verletzung der Erklärungs- oder Erörterungspflicht fingiert § 111 Abs. 3 S. 2 GewO-E für die Dauer von maximal sechs Monaten eine Vereinbarung über die vom Arbeitnehmer mitgeteilte mobile Arbeit.[492]

Mobile Arbeit iSv § 111 Abs. 1 S. 2 GewO-E liegt vor, wenn der Arbeitnehmer die geschuldete Arbeitsleistung unter Verwendung von Informationstechnologie außerhalb der Betriebsstätte von einem Ort oder von Orten seiner Wahl (Nr. 1) oder von einem mit dem Arbeitgeber vereinbarten Ort oder von mit dem Arbeitgeber vereinbarten Orten (Nr. 2) erbringt. Homeoffice ist danach als Unterfall der mobilen Arbeit zu verstehen.[493] Die Engfassung mobiler Arbeit durch das Abstellen auf den Einsatz von Informationstechnologie lässt sich auf die Rahmenvereinbarung der europäischen Sozialpartner über Telearbeit vom 16. Juli 2002[494] zurückführen. Telearbeit setzt hingegen bereits begrifflich die telekommunikative Verbindung zum Betrieb voraus (vgl. auch § 2 Abs. 7 ArbStättV); auf diesen Begriff hatte das BMAS zugunsten eines weiten, ortsbezogenen Begriffs („mobil")

p-content/uploads/2020/10/BMAS-Entwurf-eines-Gesetzes-zur-mobilen-Arbeit.pdf, zuletzt abgerufen am 31.5.2021); ausführlich dazu *Düwell*, BB 2020, 2676 ff. und 2868 f.; krit. *Giesen*, ZfA 2021, 177 (181 f.); *Chr. Picker*, ZRP 2020, 167.

490 Referentenentwurf (Fn. 488), S. 13.

491 Da es keiner „zwingenden betriebsbedingten Gründe" iSv § 28b Abs. 7 S. 1 IfSG oder „betriebliche[r] Gründe" gemäß § 8 Abs. 4 TzBfG bedarf, verbleibt dem Arbeitgeber bei seiner Entscheidung ein weiter Spielraum, vgl. auch *Schiefer*, BB 2021, 114 (118). Ausreichend sind alle Ablehnungsgründe, die nicht sachfremd oder willkürlich sind, vgl. Referentenentwurf (Fn. 488), S. 14.

492 Die Fiktion der Zustimmung ist § 8 Abs. 5 S. 3 TzBfG nachgebildet. Siehe dazu bereits *Baeck/Winzer/Schaaf*, NZG 2021, 14 (17); *Düwell*, BB 2020, 2676 (2677).

493 So auch ausdrücklich der Referentenentwurf (Fn. 488), S. 13.

494 Abgedruckt in *Müller*, Homeoffice, Anhang Rn. 736.

verzichtet.[495] Soweit die Regelung darauf abzielt, Tätigkeiten, die eine „berufsbedingte Mobilität“ voraussetzen,[496] vom Anwendungsbereich auszuschließen, ist die Einschränkung auch nicht zweckmäßig. Schließlich übt auch ein Fernfahrer seine Tätigkeit unter Einsatz von Informationstechnologie aus (GPS, Boardcomputer etc.).

Andererseits verlangt das Zusammenspiel zwischen Erörterungs- bzw. Erklärungspflicht auf der einen und der Fiktionswirkung des § 111 Abs. 3 S. 2 GewO-E auf der anderen Seite eine Einschränkung auf zur mobilen Arbeit geeignete Tätigkeiten bereits auf Ebene der Mitteilung gemäß § 111 Abs. 1 S. 1 GewO-E und nicht erst bei der Erklärungspflicht gemäß § 111 Abs. 3 S. 1 GewO-E im Rahmen der Ablehnungsgründe. Ansonsten wäre etwa der merkwürdige Fall denkbar, dass eine Aufsichtsperson, die ihrer Tätigkeit normalerweise im Kontrollraum eines Kernkraftwerks nachgeht, dem Arbeitgeber seinen Wunsch nach mobiler Arbeit mitteilen könnte, der bei einer Verletzung der Erörterungs- bzw. Erklärungspflicht aufgrund der Fiktionswirkung des § 111 Abs. 3 S. 2 GewO-E für bis zu sechs Monaten zu einer Vereinbarung über mobile Arbeit erstarken würde. Das Problem wird auch im Referentenentwurf erkannt und so soll ausweislich der Entwurfsbegründung keine mobile Arbeit vorliegen, wenn „die geschuldete Arbeitsleistung aufgrund der Eigenart der Tätigkeit ausschließlich an einem von den Arbeitsvertragsparteien nicht oder nur bedingt beeinflussbaren Arbeitsort erbracht werden kann“.[497] Warum diese Einschränkung, die sich aus dem Wortlaut von § 111 Abs. 1 S. 2 GewO-E nicht zwingend ergibt, nicht auch in den Regelungstext aufgenommen wurde, bleibt offen.[498] Im weiteren Verlauf des Gesetzgebungsverfahrens sollte § 111 Abs. 1 S. 2 GewO-E daher ein neuer 2. Hs. angefügt werden, der Tätigkeiten vom Anwendungsbereich der Regelung ausnimmt, die aufgrund der Eigenart der Tätigkeit für mobile Arbeit ungeeignet sind.[499] Zur Abgrenzung ließe

495 Siehe zu den Konsequenzen der Engfassung bereits unter 1. Teil C. IErg auch DGB (Hrsg.), Stellungnahme zum Referentenentwurf des BMAS eines Gesetzes zur mobilen Arbeit (Mobile-Arbeit-Gesetz – MAG) v. 22.12.2020, S. 4 (abrufbar unter: https://www.dgb.de/downloadcenter/++co++15d90832-445f-11eb-8083-001a4a160123, zuletzt abgerufen am 31.5.2021); für eine extensive Auslegung des Begriffs „Informationstechnologie“ *Giesen*, ZfA 2021, 177 (185).

496 Als Beispiele werden Monteur- oder Fahrertätigkeiten genannt, vgl. Referentenentwurf (Fn. 488), S. 13.

497 Referentenentwurf (Fn. 488), S. 13.

498 So auch *Giesen*, ZfA 2021, 177 (186).

499 Damit blieben gleichzeitig Tätigkeiten vom Anwendungsbereich ausgenommen, die aufgrund der Eigenart der Tätigkeit ein Tätigwerden außerhalb der Betriebsstätte erfordern, vgl. dazu bereits BRAK (Hrsg.), Stellungnahme

sich auf die Orts(un-)gebundenheit der Tätigkeit abstellen. Für mobile Arbeit geeignet wären demnach nur Tätigkeiten, die an (beliebig) vielen Orten erbracht werden können.[500]

Beträgt die Dauer der mobilen Arbeit mehr als sechs Monate, sollen Arbeitgeber und Arbeitnehmer, soweit nichts anderes vereinbart ist, gemäß § 111 Abs. 6 GewO-E jeweils durch Erklärung gegenüber dem anderen Teil die Beendigung der mobilen Arbeit mit einer Frist von drei Monaten zum Ende eines Kalendermonats, frühestens jedoch zum Ende des sechsten Kalendermonats seit dem Beginn der mobilen Arbeit in Textform erklären können. Vereinbaren die Parteien eine kürzere Laufzeit als sechs Monate, läuft die Regelung demnach leer. Zeiten unterbrochener mobiler Arbeit werden dabei nicht zusammen gerechnet.[501] Zwar muss der Arbeitgeber bei einer Regelung, die für beide Parteien die einseitige Beendigung der mobilen Arbeit vorsieht, die Vorgaben des § 2 KSchG nicht beachten; er kann die mobile Arbeit allerdings nur unter Wahrung der Grenzen billigen Ermessens gemäß § 106 S. 1 GewO beenden und muss vorab regelmäßig den Betriebsrat beteiligen (vgl. §§ 99, 95 Abs. 3 BetrVG[502]).[503]

Die §§ 111 Abs. 5, 112 GewO-E enthalten Regelungen über den Arbeitsschutz bzw. Arbeitszeitnachweise bei mobiler Arbeit. Da die Möglichkeit der Einflussnahme des Arbeitgebers auf Arbeitsverhältnisse außerhalb der Arbeitsstätte begrenzt ist, treffen Arbeitnehmer besondere Mitwirkungspflichten. Der Arbeitnehmer soll durch Unterweisung gemäß § 111 Abs. 5 S. 2 GewO-E dazu befähigt werden können, für seine Sicherheit und Gesundheit Sorge zu tragen.[504] Zudem kann der Arbeitgeber die Pflicht zur

Nr. 86/2020, S. 6 (abrufbar unter: https://brak.de/zur-rechtspolitik/stellungnahmen-pdf/stellungnahmen-deutschland/2020/dezember/stellungnahme-der-brak-2020-86.pdf, zuletzt abgerufen am 31.5.2021). Das Merkmal der (Un-)Geeignetheit ebenfalls erwägend, iErg aber ablehnend *Schiefer*, BB 2021, 114 (119), der Rechtsunsicherheiten und -streitigkeiten vorprogrammiert sieht.

500 So auch die im Rahmen des Gesetzgebungsverfahrens zum Betriebsrätemodernisierungsgesetz in der Gesetzesbegründung zu § 87 Abs. 1 Nr. 14 BetrVG ergänzte Negativabgrenzung: „Mobile Arbeit liegt nicht vor, wenn der Arbeitnehmer oder die Arbeitnehmerin die geschuldete Arbeitsleistung aufgrund deren Eigenart ortsgebunden erbringen muss", vgl. BT-Drs. 19/28899, S. 22.

501 Referentenentwurf (Fn. 488), S. 15.

502 Dazu bereits ausführlich unter 4. Teil B.I.2.d).

503 LAG Düsseldorf 10.9.2014 – 12 Sa 505/14, BeckRS 2014, 73155.

504 Referentenentwurf (Fn. 488), S. 15.

Aufzeichnung der täglichen Arbeitszeit[505] auf den Arbeitnehmer delegieren, § 112 Abs. 2 Hs. 1 GewO-E, der Arbeitgeber bleibt gemäß § 112 Abs. 2 Hs. 2 GewO-E jedoch letztverantwortlich.[506] Die Einhaltung der Aufzeichnungspflicht soll durch eine Bußgeldbewehrung sichergestellt werden (§ 147 Abs. 1 Nr. 1 GewO-E). An einer entsprechenden Anordnung für den Fall der Verletzung der Unterweisungspflicht aus § 111 Abs. 5 S. 2 GewO-E fehlt es hingegen.

Abgerundet wird das Gesetzespaket durch eine Tariföffnungsklausel (§ 111 Abs. 7 GewO-E), die es den Tarif- und Betriebsparteien ermöglicht, abweichende Vereinbarungen – auch zu Lasten der Arbeitnehmer – zu treffen.

Eine allgemeine Regelung zur Verlagerung der Tätigkeit ins Homeoffice ist in verschiedenen Intensitäten denkbar. Von einer bloßen Erörterungsmöglichkeit erstreckt sich die Bandbreite bis hin zu einem Rechtsanspruch auf einseitige Änderung des Arbeitsorts, wobei eine Steuerung vor allem über die Anspruchsvoraussetzungen erfolgen dürfte. Deren Inhalt und Umfang ist, soweit sich ein Regelungsentwurf im Rahmen des geltenden Rechts bewegt, Sache der Politik.[507] Die dem Entwurf eines Gesetzes zur mobilen Arbeit zugrundeliegenden Erwägungen erweisen sich mit Blick auf die Änderungen des Arbeitsorts zur Pandemiebekämpfung jedenfalls als ungeeignet, denn die starren Fristenregelungen des § 111 Abs. 1 S. 1, Abs. 3 S. 1 und Abs. 4 GewO-E sind wenig flexibel und die Verfahrensdauer zu lang, um kurzfristig auf Änderungen des Infektionsgeschehens reagieren zu können. Zielführend erscheint es deshalb, zur Verwirklichung des Infektionsschutzes eine Spezialregelung zur Anpassung des Arbeitsorts in Pandemiezeiten auf den Weg zu bringen.

B. Pandemiebezogene Homeoffice-Regelung

Mit Blick auf eine pandemiespezifische Regelung gilt es zunächst, deren Zielrichtung zu bestimmen (I.) und die bisherigen gesetzgeberischen Entwicklungen nachzuzeichnen (II.), bevor geklärt werden kann, welchen Charakter eine solche Vorschrift haben bzw. wo sie systematisch sinnvol-

---

505 Vgl. dazu EuGH 14.5.2019 – C-55/18, NZA 2019, 683 ff. – CCOO; zur Erweiterung der Nachweispflichten gemäß § 16 ArbZG *de lege ferenda Bayreuther*, NZA 2020, 1 (9).

506 Instruktiv zu § 112 GewO-E *Schiefer*, BB 2021, 114 (120 ff.).

507 Vgl. *Chr. Picker*, ZRP 2020, 167.

lerweise angesiedelt werden sollte (III.) und welche Möglichkeiten der Ausgestaltung im Einzelnen für die aktuelle und künftige Pandemiesituationen zweckmäßig erscheinen (IV.).

I. Zielrichtung

Wie aus dem Referentenentwurf hervorgeht, soll das „Mobile-Arbeit-Gesetz“[508] dem durch die Digitalisierung angetriebenen dynamischen strukturellen Wandel der Wirtschaft und der Arbeitswelt begegnen; der Entwurf konstatiert, die Arbeitsstrukturen hätten sich durch neue technologische Entwicklungen verändert, wodurch flexible Arbeitsformen zunehmend an Bedeutung gewännen; die Motivation und Arbeitszufriedenheit der Arbeitnehmer könne durch die Förderung mobiler Arbeit gestärkt und eine bessere Vereinbarkeit von Beruf und Privatleben sowie eine Reduzierung der Pendelzeiten erreicht werden.[509]

Demgegenüber haben pandemiebezogene Regelungen, also solche, die im Zusammenhang mit der Coronavirus-Pandemie diskutiert und beschlossen wurden, eine andere Stoßrichtung; wie eingangs dargestellt hat die Coronavirus-Pandemie der Debatte über die Einführung eines Anspruchs auf Arbeit im Homeoffice neuen Schwung verliehen; auch wenn sich im Lauf der Zeit die Zielrichtung dieser Fragestellung grundsätzlich geändert hat. Stand im Mittelpunkt der Debatten der Vergangenheit der Flexibilisierungsgedanke, soll eine Verlagerung der Arbeit in den häuslichen Kontext in Zeiten der Pandemie dazu dienen, die beteiligten Akteure vor einer möglichen Ansteckung zu schützen, sich damit insgesamt positiv auf das Infektionsgeschehen auswirken und einen wichtigen Beitrag für einen Weg aus der Pandemie leisten.

Schon die Wahl des § 28b Abs. 7 IfSG als Regelungsstandort der aktuell geltenden pandemiebezogenen Homeoffice-Regelung und der Erlass der Vorschrift im Rahmen des Vierten Gesetzes zum Schutz der Bevölkerung bei einer epidemischen Lage von nationaler Tragweite vom 21. April

---

508 Referentenentwurf eines Gesetzes zur mobilen Arbeit (Mobile-Arbeit-Gesetz – MAG) v. 14.1.2021 (abrufbar unter: https://www.bmas.de/SharedDocs/Downloads/DE/Gesetze/Referentenentwuerfe/ref-mobile-arbeit-gesetz.pdf?__blob=publicationFile&v=1, zuletzt abgerufen am 31.5.2021), siehe dazu unter A.

509 Referentenentwurf eines Gesetzes zur mobilen Arbeit (Mobile-Arbeit-Gesetz – MAG) v. 14.1.2021 (abrufbar unter: https://www.bmas.de/SharedDocs/Downloads/DE/Gesetze/Referentenentwuerfe/ref-mobile-arbeit-gesetz.pdf?__blob=publicationFile&v=1, zuletzt abgerufen am 31.5.2021), S. 1.

2021[510] lassen erahnen, dass der Anspruch zeitlich auf die Pandemie begrenzt sein soll und dass Sinn und Zweck der Regelung maßgeblich in der Bekämpfung der aktuellen pandemischen Situation liegen.

Alle in §§ 28 ff. IfSG geregelten Maßnahmen zielen auf die Eindämmung des Infektionsgeschehens ab; die in § 28b IfSG eingefügten und mWv 23. April 2021[511] geltenden bundeseinheitlichen Maßnahmen sind vor dem Hintergrund der durch das Auftreten mehrerer Virusvarianten zusätzlichen Dynamik erlassen worden. Nach der Gesetzesbegründung stellt der Gesetzgeber somit die Funktionsfähigkeit des Gesundheitssystems sowie eine bestmögliche Krankenversorgung sicher und wird damit der staatlichen Schutzpflicht für Leben und Gesundheit gerecht.[512] Eine bundeseinheitliche Grundlage soll, so der Wortlaut der Gesetzesbegründung, sicherstellen, dass bei einem hohen Infektionsgeschehen hinreichend weitgehende Maßnahmen ergriffen würden, um den sog. R-Wert verlässlich unter 1,0 zu senken und damit eine Abschwächung des Infektionsgeschehens insgesamt zu erreichen.[513]

Zielrichtung dieser Maßnahme und damit auch Anknüpfungspunkt für eine verfassungsrechtliche Rechtfertigung der Eingriffe in Grundrechte von Arbeitnehmern und Arbeitgebern ist also der Gesundheitsschutz, der seine Ausprägung im Grundrecht auf Leben und körperliche Unversehrtheit in Art. 2 Abs. 2 S. 1 GG erfährt.[514] Zwar stellt die Gesetzesbegründung wie oben gezeigt ausschließlich auf erhoffte positive Wirkungen auf die Funktionsfähigkeit des Gesundheitswesens als Ganzes ab, doch verfolgt eine gesetzlich verankerte Verpflichtung zur Arbeit im Homeoffice auch den Gesundheits- und Lebensschutz der konkret betroffenen Individuen. Nicht zuletzt soll die Einführung einer Homeoffice-Pflicht dazu führen, die Mobilität der Arbeitnehmer auf ein Minimum zu reduzieren mit dem Ziel, dass weniger körperliche Kontakte und damit weniger Infektionen erfolgen.

Die Erkenntnis, dass die gesetzliche Verankerung einer Homeoffice-Regelung auf eine Verbesserung des Infektionsschutzes abzielte und nicht etwa vor dem Hintergrund erwünschter Flexibilisierung der Arbeitswelt erfolgte, ist nicht nur entscheidend für die Rechtfertigung möglicher Ein-

---

510 BT-Drs. 19/28692.

511 BGBl. I, S. 802.

512 BT-Drs. 19/28692, S. 2.

513 BT-Drs. 19/28692, S. 2. Zur Ausgestaltung im Einzelnen siehe unter 2. Teil A.II.1.

514 Siehe dazu ausführlich unter 2. Teil B.I.

griffe in Grundrechte von Arbeitnehmern und Arbeitgebern,[515] sondern muss auch fruchtbar gemacht werden für die Frage einer sinnvollen Ausgestaltung (siehe dazu V.). Auch der Umstand, dass die Maßnahme zeitlich limitiert ist, muss in den weiteren Überlegungen Berücksichtigung finden.

Während der Gesundheitsschutz im Zentrum der Überlegungen einer zeitlich auf die Pandemie begrenzten Regelung steht, stehen der mit der Förderung ortsflexibler Arbeit verbundene Flexibilisierungsgedanke und die bessere Vereinbarkeit von Beruf und Privatleben nicht vollständig dahinter zurück und sind in die Überlegungen einzubeziehen.[516]

II. Pandemiebezogene Homeoffice-Regelungen de lege lata

Lange haben die zuständigen Behörden die Möglichkeit der Versetzung in das Homeoffice in der aktuellen Pandemie lediglich in Form eines Appells an die Arbeitgeber formuliert.[517] Der Grund für die Zurückhaltung dürfte zum einen die Grundrechtsrelevanz einer Homeoffice-Regelung (Art. 13 Abs. 1, 12 Abs. 1, 14 Abs. 1, 2 Abs. 2 S. 1 GG) und zum anderen die Komplexität ihrer Umsetzung sein. Da die erwünschte Wirkung nicht eintrat, verpflichtete die Bundesregierung die Arbeitgeber schließlich, den Arbeitnehmern ein Angebot zur Verlagerung der Tätigkeit ins Homeoffice zu machen, wenn keine zwingenden betriebsbedingten Gründe entgegenstehen (§ 2 Abs. 4 Corona-ArbSchV aF). Später folgte eine strukturell ähnliche Regelung in Form eines formellen Gesetzes (§ 28b Abs. 7 IfSG).

---

515 Siehe dazu unter 2. Teil B.I.

516 Nach der Gesetzesbegründung zum „Mobile-Arbeit-Gesetz“ hat sich der Wandel der Arbeitswelt dadurch, dass Arbeitnehmer viele berufliche Tätigkeiten mit Hilfe von mobilen Endgeräten ortsunabhängig erbringen können, im Verlauf der Coronavirus-Pandemie nochmals beschleunigt, Referentenentwurf eines Gesetzes zur mobilen Arbeit (Mobile-Arbeit-Gesetz – MAG) v. 14.1.2021 (abrufbar unter: https://www.bmas.de/SharedDocs/Downloads/DE/Gesetze/Referentenentwuerfe/ref-mobile-arbeit-gesetz.pdf?__blob=publicationFile&v=1, zuletzt abgerufen am 31.5.2021), S. 1, 7.

517 ZB Beschluss der Bund-Länder-Konferenz v. 5.1.2021, S. 3 (abrufbar unter: https://www.bundesregierung.de/resource/blob/997532/1834306/75346aa9bba1050fec8025b18a4bb1a3/2021-01-05-beschluss-mpk-data.pdf?download=1, zuletzt abgerufen am 31.5.2021). Diesem Vorgehen gegenüber krit. *Sascha Lobo* bei Spiegel Online, 6.1.2021 (abrufbar unter: https://www.spiegel.de/netzwelt/netzpolitik/corona-massnahmen-die-inkonsistenz-ist-unverschaemt-kolumne-a-3d7e59ae-1fc2-4a53-b194-d73b8d70a096, zuletzt abgerufen am 31.5.2021).

1. § 2 Abs. 4 Corona-ArbSchV aF

Das BMAS hat mit Wirkung vom 27. Januar 2021 bis 22. April 2021 in § 2 Abs. 4 Corona-ArbSchV aF eine Regelung zur Verlagerung der Tätigkeiten in die Wohnungen der Arbeitnehmer erlassen. Dabei handelt es sich um eine Rechtsverordnung auf der Grundlage von § 18 Abs. 3 ArbSchG, der das BMAS ermächtigt, im Fall einer epidemischen Lage von nationaler Tragweite iSv § 5 Abs. 1 IfSG ohne Beteiligung des Bundesrates befristet festzulegen, welche Maßnahmen der Arbeitgeber und die anderen verantwortlichen Personen zu treffen haben, um ihre Pflichten aus dem Arbeitsschutzgesetz zu erfüllen, und wie sich die Beschäftigten zu verhalten haben.

Inhaltlich knüpft die Verordnung an den im Frühjahr 2020 vom BMAS entwickelten SARS-CoV-2-Arbeitsschutzstandard (C-ASS)[518] an.[519] Dabei regelt die Corona-ArbSchV bindend, wie der Arbeitgeber seine Arbeitsschutzpflichten in Pandemiezeiten zu erfüllen hat, wohingegen der C-ASS nur ein „unverbindliches Regelwerk“ darstellt.[520] So wurde auch die Bereitstellung von Homeoffice-Arbeitsplätzen nicht nur empfohlen,[521] sondern es bestand eine Rechtspflicht. Gemäß § 2 Abs. 4 Corona-ArbSchV aF hatte der Arbeitgeber den Beschäftigten im Fall von Büroarbeit oder vergleichbaren Tätigkeiten anzubieten, diese Tätigkeit in ihrer Wohnung auszuführen, wenn keine zwingenden betriebsbedingten Gründe entgegenstehen.

Trotz anderslautender Prognosen nach Inkrafttreten der Norm[522] ging mit der Normierung ein signifikanter Zuwachs der Homeoffice-Tätigkeit einher.[523] Auch wenn die Regelung keinen Anspruch des Arbeitnehmers

---

518 IdF v. 22.2.2021 (abrufbar unter: https://www.bmas.de/SharedDocs/Downloads/DE/Arbeitsschutz/sars-cov-2-arbeitsschutzstandard.pdf?__blob=publicationFile&v=1, zuletzt abgerufen am 31.5.2021).

519 *Fuhlrott*, Homeoffice wird zur Pflicht, LTO v. 20.1.2021 (abrufbar unter: https://www.lto.de/recht/hintergruende/h/corona-homeoffice-pflicht-rechtsverordnung/, zuletzt abgerufen am 31.5.2021).

520 *Wilrich*, NZA 2020, 634; siehe auch *Sagan/Brockfeld*, NZA-Beil. 2020, 17.

521 C-ASS (Fn. 518), S. 2.

522 Siehe dazu Spiegel Online, Behörden setzen Corona-Arbeitsschutz offenbar nur selten durch, 9.2.2021 (abrufbar unter: https://www.spiegel.de/wirtschaft/unternehmen/corona-behoerden-setzen-arbeitsschutz-offenbar-nur-selten-durch-a-fcdf1a4a-9885-443f-8eeb-0de87de87d1f, zuletzt abgerufen am 31.5.2021).

523 BMAS (Hrsg.), Arbeitssituation und Belastungsempfinden im Kontext der Corona-Pandemie, Forschungsbericht 570, S. 27 (abrufbar unter: https://www.bmas.de/SharedDocs/Downloads/DE/Publikationen/Forschungsberichte/fb-570

auf Homeoffice begründete, hat sie ihr primäres Ziel, nämlich die Stärkung des Infektionsschutzes durch Arbeitsschutz, erreicht.

2. § 28b Abs. 7 IfSG

Mit Wirkung vom 23. April 2021 hat der Bundesgesetzgeber § 2 Abs. 4 Corona-ArbschV aF mit dem Vierten Gesetz zum Schutz der Bevölkerung bei einer epidemischen Lage von nationaler Trageweite[524] in § 28b Abs. 7 IfSG[525] in Gesetzesform gegossen, ergänzt um den Zusatz, dass Beschäftigte das Angebot des Arbeitgebers gemäß § 28b Abs. 7 S. 2 IfSG anzunehmen haben, soweit ihrerseits keine Gründe entgegenstehen. Die Tatsache, dass mehrere Vorversionen des letztendlich verabschiedeten Entwurfs kursierten, die keine Regelung zum Homeoffice enthielten, macht deutlich, dass die Einfügung der Regelung in § 28b IfSG innerhalb der Bundesregierung und der sie tragenden Koalitionsfraktionen nicht unstreitig war.[526]

Vor dem Hintergrund der Grundrechtsrelevanz einer gesetzlichen Homeoffice-Regelung wird deutlich, dass die Normierung durch ein formelles Bundesgesetz angebracht ist.[527] Das gilt erst recht, wenn sich der Gesetzgeber für eine längere Befristungsdauer der Regelung entscheidet als der Verordnungsgeber der Corona-ArbSchV oder sogar eine unbefristete Regelung wählt und versucht, den Pandemiebezug durch einen Rechtsbegriff wie den der epidemischen Lage zu gewährleisten.

-arbeitssituation-belastungsempfinden-corona-pandemie.pdf?__blob=publicationFile&v=2, zuletzt abgerufen am 31.5.2021).

524 BGBl. I, S. 802.

525 § 28b Abs. 7 IfSG idF v. 22.4.2021: „Der Arbeitgeber hat den Beschäftigten im Fall von Büroarbeit oder vergleichbaren Tätigkeiten anzubieten, diese Tätigkeiten in deren Wohnung auszuführen, wenn keine zwingenden betriebsbedingten Gründe entgegenstehen. Die Beschäftigten haben dieses Angebot anzunehmen, soweit ihrerseits keine Gründe entgegenstehen. Die zuständigen Behörden für den Vollzug der Sätze 1 und 2 bestimmen die Länder nach § 54 Satz 1."

526 Siehe dazu die Formulierungshilfe der Bundesregierung für die Fraktionen der CDU/CSU und SPD zum Entwurf eines Gesetzes zur Änderung des Infektionsschutzgesetzes (Infektionsschutzänderungsgesetz) v. 9.4.2021, S. 4 (abrufbar unter: https://cdn.businessinsider.de/wp-content/uploads/2021/04/2021-04-09-16.30-Uhr-Formulierungshilfe-IfSG.pdf, zuletzt abgerufen am 31.5.2021), die für § 28b Abs. 1 Nr. 5 IfSG die Regelung für das Homeoffice vorsah, und den Gesetzesentwurf der Fraktionen der CDU/CSU und SPD v. 13.4.2021, BT-Drs. 19/28444, der anders als das letztendlich verabschiedete Gesetz überhaupt keine Homeoffice-Regelung enthält.

527 Siehe dazu 2. Teil A.II.2., B.

III. Charakter der Vorschrift

Klärungsbedürftig ist, ob eine gesetzliche Regelung sinnvollerweise als subjektives Recht der Parteien oder als objektiv-rechtliches Gebot erfolgen sollte. Im Fall der Ausgestaltung als Gebot wäre darüber hinaus zu klären, ob eine arbeitsschutzrechtliche Ausgestaltung oder eine infektionsschutzrechtliche Standardmaßnahme geschaffen werden sollte. Eine privatrechtliche Ausgestaltung würde dagegen erforderlich machen, zu entscheiden, welcher Partei das subjektive Recht auf Homeoffice zustehen bzw. ob es nicht sogar beiden eingeräumt werden sollte.

Eine Norm, die dazu führt, dass von der Möglichkeit des Homeoffice aus Gründen des Infektionsschutzes mehr Gebrauch gemacht wird, kann (wie etwa ursprünglich im Entwurf des „Mobile-Arbeit-Gesetz" vorgesehen) einen Anspruch einer oder beider Arbeitsvertragsparteien auf die Verlagerung der Arbeit in den häuslichen Kontext enthalten oder wie die Ausgestaltung der pandemiebezogenen Regelungen in § 2 Abs. 4 Corona-ArbSchV aF und in § 28b Abs. 7 IfSG schlicht als Gebot formuliert sein mit der Folge, dass in bestimmten Situationen die Entscheidung für das Homeoffice nicht im Belieben der Parteien stünde.

1. Konzeption als subjektives Recht der Parteien

Eine an den ersten Entwurf des MAG[528] anknüpfende Konzeption der Vorschrift würde einen Anspruch einer oder beider Arbeitsvertragsparteien auf die Erbringung der Arbeit im Homeoffice in einem bestimmten Umfang enthalten. Vor dem Hintergrund der grundrechtlich gewährten Unternehmerfreiheit des Arbeitgebers aus Art. 12 Abs. 1 iVm Art. 14 Abs. 1 und Art. 2 Abs. 1 GG ist es möglicherweise geboten, auch ihm in Pandemiezeiten die Möglichkeit einzuräumen, den Arbeitnehmer einseitig in das Homeoffice zu versetzen. Auch der Schutzzweck einer solchen Norm, nämlich die weitere Eindämmung der Pandemie, spricht dafür, beiden Parteien ein subjektives Recht einzuräumen.[529]

---

528 Referentenentwurf eines Gesetzes zur mobilen Arbeit (Mobile-Arbeit-Gesetz – MAG) v. Oktober 2020 (abrufbar unter: https://freie-berufe-niedersachsen.de/wp-content/uploads/2020/10/BMAS-Entwurf-eines-Gesetzes-zur-mobilen-Arbeit.pdf , zuletzt abgerufen am 31.5.2021).

529 So auch *Kubiciel*, jurisPR-StrafR 2/2021, Anm. 2; *Schuster/Schunder*, NZA-Editorial 3/2021.

Jedoch lässt sich die erwünschte Ausweitung der Arbeit im Homeoffice durch eine Ausgestaltung, die den Parteien ein subjektives Recht einräumt, nur bedingt steuern. Ist die Versetzung der Arbeitnehmer für den Arbeitgeber im Einzelfall nicht erwünscht (etwa weil er den damit verbundenen Aufwand scheut oder weil es ihm wirtschaftlich nicht erforderlich erscheint) oder machen viele Arbeitnehmer einen Anspruch nicht geltend (etwa weil für sie die Vorzüge des Arbeitens in der Betriebsstätte überwiegen oder weil sie eine Erwartungshaltung des Arbeitgebers vermuten), wird von der Möglichkeit zum Wechsel in den häuslichen Kontext insgesamt möglicherweise nicht ausreichend Gebrauch gemacht werden. Die Einräumung eines subjektiven Rechts birgt also die Gefahr, dass die örtliche Verlagerung der Arbeit insgesamt nicht in einer Dimension erfolgt, die zu einem deutlichen Rückgang der Neuinfektionen führt.

Da im Kontext einer pandemischen Lage sowohl Arbeitgeber als auch Arbeitnehmer ein Interesse an der Verlagerung der Tätigkeit in das Homeoffice haben können und die größtmögliche Kontaktreduzierung im Interesse des Normgebers liegt, wäre es naheliegend, beiden Parteien die Möglichkeit zur Initiative einzuräumen.[530] Zu beachten sind jedoch jeweils die Interessen des anderen Parts: So sollte der Arbeitnehmer nicht um jeden Preis die Verlagerung beantragen, der Arbeitgeber sie wiederum nicht um jeden Preis durchsetzen können. Als Grenze bietet es sich jeweils an, auf „dringende betriebliche Gründe" zu rekurrieren, eine Formulierung, die auch das TzBfG verwendet (siehe zB § 9 S. 1 Nr. 4). Dies böte dem Rechtsanwender Anhaltspunkte und brächte zugleich eine Steigerung der Dringlichkeit gegenüber dem allgemeinen Flexibilisierungsanspruch des § 8 Abs. 4 S. 1 TzBfG zum Ausdruck.

Zugleich muss eine Regelung für den Fall getroffen werden, dass die Erbringung der Arbeitsleistung aus dem Homeoffice für den Arbeitnehmer nicht möglich oder ihm nicht zumutbar ist. Sinnvoll erscheint es insofern, ein Ablehnungsrecht des Arbeitnehmers zu schaffen. Zu Beweiszwecken könnten Formerfordernisse, zur Gewährleistung von Rechtssicherheit eine Frist zur Ablehnung dienen.

Zur Absicherung einer reibungslosen Erbringung der mobilen Arbeit empfiehlt sich eine Ausgestaltung, bei der der Arbeitgeber den Arbeitnehmer dahingehend aufklären muss, wie er seinen Pflichten in der sich neu ergebenden Situation nachzukommen hat. Dies gilt insbesondere für den

530 So auch *Kubiciel*, jurisPR-StrafR 2/2021, Anm. 2; *Schuster/Schunder*, NZA-Editorial 3/2021.

Datenschutz von Kunden, Mandanten und Patienten. Der Gesetzgeber könnte einen Verstoß sanktionieren.

Für den Fall von Änderungswünschen der Parteien sollte die Regelung ausreichend Raum für privatautonome Vereinbarungen bieten. Dem Gesundheitsschutz würde jedoch nicht Genüge getan, könnten die Parteien die Vereinbarung ohne wichtigen Grund einseitig beenden.

Da ein solch spezieller, hauptsächlich dem Gesundheitsschutz von Arbeitnehmern und Bevölkerung dienender Anspruch auf mobile Arbeit auf die Besonderheiten einer Pandemiesituation zugeschnitten ist und keine Flexibilisierung des Arbeitsverhältnisses bezweckt, erscheint es sinnvoll, einen eventuell daneben bestehenden allgemeinen Homeoffice-Anspruch (wie etwa § 111 GewO-E) unberührt zu lassen. Zur Stärkung der Akzeptanz von Versetzungsentscheidungen des Arbeitgebers kann die betriebliche Mitbestimmung beitragen[531]; keinesfalls sollte diese zurückgenommen werden.

2. Konzeption als objektiv-rechtliches Gebot

Den oben skizzierten Bedenken könnte eine als objektiv-rechtliches Gebot zum Angebot einer örtlichen Verlagerung der Arbeit an den Arbeitgeber formulierte Vorschrift begegnen. Angelehnt an die Regelung des § 2 Abs. 4 Corona-ArbSchV aF[532] bzw. des § 28b Abs. 7 IfSG würde sie dem Arbeitgeber auferlegen, den Arbeitnehmern die Arbeit im Homeoffice unter bestimmten Voraussetzungen zu ermöglichen.

Für die Ausgestaltung der Regelung als Vorschrift mit Gebotscharakter spricht vor allem, dass die Verlagerung der Arbeit in das Homeoffice nicht von einer Initiative von Arbeitnehmer oder Arbeitgeber abhängt; vielmehr entsteht dadurch, dass die Norm eine Pflicht des Arbeitgebers, die örtliche Verlagerung anzubieten, statuiert, eine Situation, in der der Rückgriff auf die Arbeit im Homeoffice weniger vom Belieben einer Partei abhängt als im Fall eines kodifizierten Anspruchs, der zunächst von einer Seite geltend gemacht werden muss.

Um Fallkonstellationen Rechnung zu tragen, in denen die Erledigung der Arbeit im häuslichen Kontext nicht möglich ist (zB weil es sich nicht um Büroarbeit handelt oder die notwendige technische Infrastruktur am

---

531 Vgl. zB MHdB-ArbR/*Boemke*, § 283 Rn. 4; zur Einführung von Telearbeit *Schmechel*, NZA 2004, 237 (241).

532 Siehe dazu 5. Teil B.II.1.

Heimarbeitsplatz nicht vorhanden ist und private Endgeräte nicht zur Verfügung stehen) oder eine unzumutbare Härte für eine der Arbeitsvertragsparteien bedeuten würde, ist es denkbar, das Gebot abzumildern. Dies kann etwa dadurch erfolgen, dass der Anwendungsbereich des Gebots von vornherein auf bestimmte Tätigkeiten beschränkt bleibt oder die Norm den Arbeitnehmern die Möglichkeit einräumt, eine Versetzung in den häuslichen Kontext (möglicherweise mit Begründung) abzulehnen.

Die Norm könnte dabei eine arbeitsschutzrechtliche Ausgestaltung erfahren (wie § 2 Abs. 4 Corona-ArbSchV aF) oder als infektionsschutzrechtliche Standardmaßnahme (wie § 28b Abs. 7 IfSG) konzipiert sein. Während im Arbeitsschutzrecht der Fokus auf dem Schutz der Beschäftigten liegt und deshalb idR keine in die Persönlichkeitsrechte der Arbeitnehmer eingreifende Pflicht normiert wird, zielt das Infektionsschutzrecht auf den Bevölkerungsschutz im Allgemeinen und damit auch auf den Schutz von Personen, die außerhalb des Arbeitsverhältnisses stehen, aber mit den Arbeitsvertragsparteien typischerweise in Berührung kommen (zB Kunden und Geschäftspartner, die in Kontakt mit den Arbeitnehmern kommen), ab.[533] Deshalb erscheint es vor dem Hintergrund eines sich dynamisch entwickelnden Infektionsgeschehens sinnvoll, eine Norm, die auch eine Verpflichtung der Arbeitnehmer enthält (zB eine Pflicht zur Annahme des Angebots aus Verlagerung der Arbeit in die häusliche Sphäre), als infektionsschutzrechtliche Maßnahme auszugestalten.

IV. Ausgestaltung der Homeoffice-Regelung

Bei der konkreten Ausgestaltung einer solchen Regelung muss eine Vielzahl von Aspekten Beachtung finden. Im Folgenden werden auf der Grundlage des § 28b Abs. 7 IfSG Anforderungen an eine Homeoffice-Regelung in Pandemiezeiten, die durch die Einschränkung der Mobilität von Erwerbstätigen der Kontaktreduzierung und somit der Durchbrechung von Infektionsketten dienen soll, definiert.

533 *Kohte*, Anm. zu OVG Bautzen 30.3.2021 – 3 B 83/21, jurisPR-ArbR 18/2021 Anm. 9.

1. Persönlicher und zeitlicher Geltungsbereich

Dem Ziel der Pandemiebekämpfung wird eine verpflichtende Homeoffice-Regelung insbesondere dann gerecht, wenn sie einen möglichst großen Personenkreis in den Blick nimmt. § 28b Abs. 7 S. 1, 2 IfSG adressiert Arbeitgeber und ihre Beschäftigten gleichermaßen. Ausweislich der Gesetzesbegründung liegt diesen Begriffen in Anlehnung an § 2 Abs. 4 Corona-ArbSchV aF ein arbeitsschutzrechtliches Verständnis zugrunde.[534] Der unionsrechtlich geprägte Beschäftigtenbegriff des Arbeitsschutzgesetzes (§ 2 Abs. 2 ArbSchG)[535] erfasst neben Arbeitnehmern auch Auszubildende, arbeitnehmerähnliche Personen, Beamte, Richter, Soldaten und die in Werkstätten für Behinderte Beschäftigten. Arbeitgeber ist gemäß § 2 Abs. 3 ArbSchG, wer eine der vorgenannten Personen beschäftigt. Der arbeitsschutzrechtlichen Ausrichtung des § 28 Abs. 7 IfSG ist geschuldet, dass von § 2 Abs. 2 ArbSchG nicht erfasste Selbstständige dem Anwendungsbereich der Regelung nicht unterfallen. Im Kontext der Pandemie gerät insbesondere die Differenzierung zwischen Beschäftigten und Kleinen Selbstständigen, die, ohne eigene Arbeitnehmer zu beschäftigen, ebenfalls typischer Büroarbeit nachgehen, in den Fokus. Zu denken ist etwa an Programmierer, die ihre Tätigkeit in freier Mitarbeit im Betrieb des Auftraggebers erbringen. Eine erhöhte Ansteckungsgefahr durch die Nutzung des öffentlichen Nahverkehrs sowie am Tätigkeitsort[536] selbst besteht für diese Personengruppe ebenfalls. Zwecks einer effektiven Pandemiebekämpfung wäre es sinnvoll, die Pflicht zur Arbeit in der eigenen Wohnung auf Solo-Selbstständige zu erweitern, soweit ihnen die Ausübung ihrer Tätigkeit in der eigenen Wohnung möglich und die Tätigkeit nach ihrer Art dazu geeignet ist[537]. Der mit dieser Regelung verbundene Eingriff in die Organisationsfreiheit der Solo-Selbstständigen gemäß Art. 12 Abs. 1 GG und die Unverletzlichkeit der Wohnung gemäß Art. 13 Abs. 1 GG dürfte nicht schwerer wiegen als bei Arbeitgebern und Beschäftigten und vor dem Hintergrund von Erwägungen des Gesundheitsschutzes nach Art. 2 Abs. 2 S. 1 GG ebenso gerechtfertigt sein.[538] Zudem könnte Art. 3 Abs. 1 GG

---

534 BT-Drs. 19/28732, S. 20 f.; *Sagan/Witschen*, NZA 2021, 593 (594).

535 Instruktiv *Wank*, ARP 2020, 50 ff.

536 ZB in Bürogemeinschaften oder in Co-Working-Spaces.

537 Siehe dazu sogleich unter IV.3.

538 Zum Ganzen 2. Teil B.

die Ausweitung des § 28b Abs. 7 IfSG unter Beachtung der vergleichbaren Lage von Beschäftigten und Solo-Selbstständigen[539] auch gebieten.

Zeitlich muss eine solche Regelung aufgrund des Eingriffs in Art. 13 und 12 Abs. 1 GG auf Zeiten der Pandemie beschränkt bleiben. § 28b Abs. 10 IfSG zieht dazu eine doppelte Linie ein. Danach gilt § 28b Abs. 7 IfSG nur für die Dauer der Feststellung einer epidemischen Lage von nationaler Tragweite durch den Bundestag (§§ 5 Abs. 1 S. 1 iVm 6 IfSG), längstens jedoch bis zum Ablauf des 30. Juni 2021. Als weiteren Parameter kennt das Gesetz die Sieben-Tage-Inzidenz (vgl. § 28b Abs. 1 S. 1 IfSG). Diese ist im Zusammenhang mit der Pflicht zur Arbeit im Homeoffice aber nicht zweckmäßig. Es wäre den von der Regelung betroffenen Personengruppen nicht zuzumuten, wenn die Geltung der Vorschrift von einem sich täglich ändernden Inzidenzwert, dessen konkrete Höhe außerhalb ihres Einflussbereichs liegt, abhinge. In nicht wenigen Fällen wird zur Einrichtung eines häuslichen Bildschirmarbeitsplatzes die Installation betrieblicher Arbeitsmittel im Homeoffice erforderlich sein. Der bei dem Arbeitsortswechsel entstehende Zeit- und Kostenaufwand kann für den grundsätzlich kostentragungspflichtigen Arbeitgeber[540] eine enorme Belastung darstellen. Für Solo-Selbstständige sind Wechsel des Tätigkeitsorts immer auch gleichbedeutend mit finanziellen Verlusten, da die dafür aufgewandte Zeit nicht zur unternehmerischen Wertschöpfung eingesetzt werden kann. Die zeitliche Befristung der Regelung iVm dem Bestehen einer epidemischen Lage von nationaler Tragweite gibt den Verpflichteten die nötige Planungssicherheit, um den Ortswechsel und die damit zusammenhängenden betrieblichen bzw. tätigkeitsbezogenen Organisationsmaßnahmen vorzunehmen.

2. Objektiv-rechtliches Gebot zur Einführung von Homeoffice

Zentrale Bedeutung kommen bei der Ausgestaltung einer Homeoffice-Regelung der Wirkungsweise sowie den Ausschlussgründen[541] zu.

a) Der Regelung des § 28b Abs. 7 IfSG liegt nach ihrem Wortlaut ein mehrschrittiges Verfahren zur Änderung des vertraglich vereinbarten Arbeitsorts zugrunde, das sich nur mit der Entstehungsgeschichte der Norm

539 Dazu *Uffmann*, RdA 2019, 360 (363 mwN).
540 Vgl. *Fuhlrott/Oltmanns*, ArbRAktuell 2021, 64 (68); *Müller*, BB 2021, 372 (374).
541 Dazu sogleich unter IV.3.

erklären lässt. Die Pflicht des Arbeitgebers, den Beschäftigten im Fall von Büroarbeit oder vergleichbaren Tätigkeiten anzubieten, diese Tätigkeiten in deren Wohnung auszuführen (Angebotspflicht, S. 1), entspricht § 2 Abs. 4 Corona-ArbSchV aF.[542] Die Angebotspflicht besteht jedoch nur, wenn keine zwingenden betriebsbedingten Gründe entgegenstehen.[543] Da die Beschäftigten nach den Vorgaben des § 2 Abs. 4 Corona-ArbSchV aF frei darin blieben, dieses Angebot anzunehmen, war die zivilrechtliche Herangehensweise über ein verpflichtendes Angebot mit Ausnahmeregelung sinnvoll. Mit der Überführung dieser Regelung in das IfSG und der Einführung einer spiegelbildlichen Pflicht der Beschäftigten, das Angebot des Arbeitgebers anzunehmen, soweit ihrerseits keine Gründe entgegenstehen (Annahmepflicht, S. 2), entstanden jedoch systematische und teleologische Friktionen. Der Gesetzeswortlaut suggeriert nunmehr, dass die Initiative zur Einführung von Homeoffice allein vom Arbeitgeber ausgeht. Die den Beschäftigten treffende Pflicht, im Homeoffice zu arbeiten, ist demnach nur eine mittelbare, da ihr ein Angebot des Arbeitgebers vorausgehen muss. Weil im Kontext einer pandemischen Lage sowohl Arbeitgeber als auch Beschäftigte ein Interesse an der Verlagerung der Tätigkeit in das Homeoffice haben können und die größtmögliche Kontaktreduzierung im Interesse des Normgebers liegt, spricht viel dafür, beiden Parteien die Möglichkeit zur Initiative einzuräumen.[544] Ohnehin ist mit der bloßen Pflicht zur Veränderung des Arbeitsvertrags infektionsschutzrechtlich nur wenig gewonnen, wenn die Parteien nicht daran gebunden sind, die getroffene Vereinbarung auch tatsächlich umzusetzen.[545]

b) Das Ziel der Eindämmung des Infektionsgeschehens ließe sich wirksam nur durch eine Regelung erreichen, die *ipso iure* die Änderung des Arbeitsorts herbeiführt, ohne dass es eines zivilrechtlichen Umsetzungsakts bedürfte.[546] Dass auch der Gesetzgeber mit der Regelung diese Wirkung auf der Rechtsfolgenseite herbeiführen wollte, zeigt sich in der Gesetzes-

---

542 Vgl. BT-Drs. 19/28732, S. 20.

543 *Kollmer*, in: Kollmer/Klindt/Schucht, ArbSchG, § 2 Corona-ArbSchV Rn. 7; *Müller*, BB 2021, 372 (373), der zudem darauf hinweist, dass bei nachträglichem Entstehen zwingender betriebsbedingter Gründe die Angebotspflicht rückwirkend entfällt.

544 *Kubiciel*, jurisPR-StrafR 2/2021, Anm. 2.

545 *Sagan/Witschen*, NZA 2021, 593 (594).

546 So auch *Sagan/Witschen*, NZA 2021, 593 (594, 596), die einen eigenen Vorschlag für eine solche Regelung unterbreiten („Büroarbeit oder vergleichbare Tätigkeiten sind in der Wohnung des Beschäftigten auszuführen, wenn keine zwingen-

begründung, die von einem verpflichtenden Tätigwerden im Homeoffice ausgeht („müssen […] ausführen").[547] Ein derartiger Regelungscharakter würde der Durchführung eines formalisierten Verfahrens zur Prüfung entgegenstehender Gründe (zB auf der Grundlage behördlich zur Verfügung gestellter Formulare) nicht entgegenstehen. Dieses wäre zudem auch zweckmäßig, da die Verlagerung des Arbeitsorts in die privaten Wohnräume des Beschäftigten gegen dessen Willen nicht möglich wäre (vgl. Art. 13 Abs. 1 GG). Vor dem Hintergrund möglicher behördlicher Abfragen und der Notwendigkeit der erneuten Durchführung des Verfahrens bei veränderten tatsächlichen Gegebenheiten[548], wäre dazu eine Dokumentationspflicht vorzusehen.[549]

c) Die Geltendmachung einer solchen Regelung im zivilgerichtlichen Verfahren scheidet hingegen aus. Was der Wortlaut und die systematische Stellung des § 28b Abs. 7 IfSG bereits nahelegen, entspricht auch der Vorstellung des Gesetzgebers[550]: Die Norm begründet kein subjektives Recht der Arbeitsvertragsparteien auf Verlagerung des Arbeitsorts in das Homeoffice.[551] Die individualrechtlichen Möglichkeiten der Beschäftigten zur Durchsetzung einer Verlagerung der Arbeitsstätte in den häuslichen Kontext sind daher begrenzt. Indirekter Druck auf den Arbeitgeber ließe sich allenfalls über ein Zurückbehaltungsrecht gemäß § 273 Abs. 1 BGB aufbauen. Danach kann der Beschäftigte seine Arbeitsleistung so lange zurückbehalten, bis der Arbeitgeber seiner Fürsorgepflicht aus § 618 BGB nachkommt.[552] Die Einschaltung der zuständigen Behörden, ohne zuvor das Gespräch mit dem Arbeitgeber zu suchen, ist vor dem Hintergrund der

---

den betrieblichen Gründe entgegenstehen und soweit dies dem Beschäftigten möglich ist.").

547 BT-Drs. 19/28732, S. 21.

548 Vgl. hierzu *Herfs-Röttgen*, NZA 2021, 388 f.

549 Siehe dazu näher unter IV.4.

550 Vgl. dazu den Referentenentwurf zur SARS-CoV-2-Arbeitsschutzverordnung, S. 9 (abrufbar unter: https://www.bmas.de/SharedDocs/Downloads/DE/Gesetze/Regierungsentwuerfe/reg-sars-cov-2-arbeitsschutzverordnung.pdf?__blob=publicationFile&v=2, zuletzt abgerufen am 31.5.2021).

551 *Siebert/Pletke*, öAT 2021, 96 (98); ebenso zu § 2 Abs. 4 ArbSchV aF *Fuhlrott/Oltmanns*, ArbRAktuell 2021, 64 (67); *Herfs-Röttgen*, NZA 2021, 388; *Müller*, BB 2021, 372.

552 Siehe dazu unter 4. Teil B.II.3.a).

kündigungsrechtlichen Rechtsprechung zum Whistleblowing[553] hingegen nicht zielführend.[554]

3. Entgegenstehende Gründe

Eine Pflicht zur Einführung von Homeoffice muss aufgrund der Betroffenheit verschiedener Grundrechte Ausnahmen für Härtefälle vorsehen.

a) Auf Arbeitgeberseite benennt § 28b Abs. 7 S. 1 IfSG zwingende betriebsbedingte Gründe, die einer Verlagerung der Arbeit in das Homeoffice entgegenstehen können. Solche liegen in der Regel vor, wenn ansonsten die Betriebsabläufe erheblich eingeschränkt würden oder gar nicht aufrechterhalten werden könnten.[555] Dies kann insbesondere dann der Fall sein, wenn Bürotätigkeiten derart mit anderen Nebentätigkeiten verbunden sind (zB Schalterdienste oder IT-Service), dass eine Anwesenheit im Betrieb erforderlich ist.[556] Zwingend sind diese Gründe allerdings nur dann, wenn sie nicht abgestellt werden können. Im Einzelfall kann es für den Arbeitgeber zumutbar sein, durch Umstellung der Arbeitsorganisation Nebentätigkeiten gesammelt einzelnen Beschäftigten zu übertragen.[557] Stehen der Tätigkeit im Homeoffice technische oder organisatorische Gründe entgegen (bspw. fehlende IT-Ausstattung oder unzureichende Qualifizierung der Beschäftigten), ist die Angebotspflicht des Arbeitgebers nur vorübergehend bis zur Beseitigung des Verhinderungsgrundes suspendiert.[558] Dabei werden auch betriebswirtschaftliche Aspekte Beachtung finden müssen. Dies gilt insbesondere für Betriebe, die nicht über eine für das Arbeiten im häuslichen Kontext ausreichende digitale Infrastruktur verfügen oder bei denen die Arbeit im Homeoffice den Erwerb von Lizenzen oder

---

553 Siehe die Übersicht bei *Waltermann*, ArbR, Rn. 193.

554 Vgl. *Eufinger*, GWR 2021, 152; *Wiebauer*, NZA 2015, 22 f.; aA ArbG Dessau-Roßlau 12.8.2020 – 1 Ca 65/20, NZA-RR 2021, 132 Rn. 29, 32, das bei der Meldung von Verstößen gegen öffentlich-rechtliche Quarantänebestimmungen das Vorliegen eines innerbetrieblichen Missstandes ablehnt.

555 BT-Drs. 19/28732, S. 20. Siehe auch die Auflistung zwingender betriebsbedingter Gründe bei *Kollmer*, in: Kollmer/Klindt/Schucht, ArbSchG, § 2 Corona-ArbSchV Rn. 8.

556 Vgl. BMAS (Hrsg.), 2.4. FAQ zur Corona-ArbSchV (abrufbar unter: https://www.bmas.de/DE/Corona/Fragen-und-Antworten/Fragen-und-Antworten-ASVO/faq-corona-asvo.html, zuletzt abgerufen am 31.5.2021).

557 *Herfs-Röttgen*, NZA 2021, 388 (389).

558 BT-Drs. 19/28732, S. 20.

Programmen für die Beschäftigten notwendig macht, da die Anschaffungskosten für derlei grundsätzlich der Arbeitgeber trägt.[559] Die Berücksichtigung der wirtschaftlichen Lage eines Unternehmens erschwert jedoch die Auslegung des Begriffs der zwingenden betriebsbedingten Gründe, da sich aus dem Wortlaut keine Grenzen ableiten lassen. Zudem spielen finanzielle Aspekte für den Bevölkerungsschutz zunächst einmal keine Rolle und finden regelmäßig erst nachgelagert auf der Entschädigungsebene Beachtung (vgl. § 56 Abs. 5 IfSG). Die Feststellung, was betriebswirtschaftlich zwingend für ein Unternehmen ist, obliegt den zuständigen Behörden. Gerade in Bezug auf die betriebswirtschaftliche Situation wird es sich in der Regel um vertrauliche Informationen und Dokumente handeln; eine Offenlegungsverpflichtung ist dann mit Blick auf Art. 12 Abs. 1, 2 Abs. 1 GG grundrechtsrelevant.[560]

b) Beschäftigte können ihrerseits gemäß § 28b Abs. 7 S. 2 IfSG entgegenstehende Gründe geltend machen, soweit ihnen die Ausübung ihrer Tätigkeit im Homeoffice nicht möglich ist. Beispielhaft benennt die Gesetzesbegründung räumliche Enge, Störungen durch Dritte oder unzureichende technische Ausstattung.[561] Der Prüfungsmaßstab für das Vorliegen entgegenstehender Gründe wurde dabei bewusst niedrig angelegt, um den Beschäftigten in dem grundrechtssensiblen Bereich des Homeoffice Spielräume zu belassen. Die Arbeitgeber können daher auch nur eine Mitteilung darüber verlangen, dass die Arbeit von zu Hause nicht möglich ist.[562] Eine Begründungspflicht besteht nicht. Für Solo-Selbstständige wäre wiederum auf die in ihrer Sphäre liegenden betrieblichen Gründe abzustellen. Darunter fällt dann gleichwohl auch die Situation in den privaten Wohnräumen der Selbstständigen, sodass sich prüfungstechnisch keine Besonderheiten ergeben.

---

559 *Fuhlrott/Oltmanns*, ArbRAktuell 2021, 64 (66, 68); *Müller*, BB 2021, 372 (374).

560 Vgl. die Rspr. des BVerfG zu § 325 HGB, BVerfG 24.3.2011 – 1 BvR 488/11, BeckRS 2011, 49809 Rn. 4 mwN.

561 BT-Drs. 19/28732, S. 21.

562 BT-Drs. 19/28732, S. 21.

4. Überwachung und Sanktionen

Zur wirkungsvollen Durchsetzung der Regelung ist es notwendig, dass die zuständigen Behörden die Einhaltung der infektionsschutzrechtlichen Vorgaben überwachen und Verstöße sanktionieren können.

a) Dies hat auch der Gesetzgeber erkannt und den Vollzug des § 28b Abs. 7 IfSG den durch Landesrecht zu bestimmenden zuständigen Behörden übertragen (§ 28b Abs. 7 S. 3 iVm § 54 S. 1 IfSG). Aufgrund des sachlichen Zusammenhangs mit dem Arbeitsschutzrecht hat der Gesetzgeber den Ländern empfohlen, ihre Arbeitsschutzbehörden mit dem Vollzug der Regelung zu betrauen.[563] Dieser Empfehlung sind viele Bundesländer nachgekommen.[564] Die Effektivität der Homeoffice-Regelung als infektionsschutzrechtliche Standardmaßnahme sollte durch ein formalisiertes Verfahren gestärkt werden. Um die Überprüfung des Vorliegens zwingender betriebsbedingter Gründe zu ermöglichen, müssen die Betriebe bislang auf Verlangen der zuständigen Behörde die erforderlichen Auskünfte erteilen.[565] Zwar soll dadurch kein zusätzlicher Dokumentationsaufwand auf Arbeitgeberseite entstehen, gerade in größeren Unternehmen dürfte die Dokumentation jedoch zweckmäßig sein.[566] Denkbar ist auch, dass die zuständigen Behörden zur Kontrolle und Durchsetzung der Regelung den Arbeitgebern im Rahmen von Einzelabfragen[567] Meldungen über den Anteil der im Homeoffice tätigen Beschäftigten abverlangen, um auf dieser Grundlage über die Notwendigkeit von Betriebsprüfungen entscheiden zu können. Die mit dem Kontrollsystem verbundene Anreizwirkung zur Ein-

---

563 BT-Drs. 19/28732, S. 21.

564 Siehe die Zuständigkeitszuweisungen in § 6 Abs. 4 Infektionsschutz- und Befugnisgesetz Nordrhein-Westfalen (IfSBG-NRW) idF v. 4.5.2021; Homeoffice-Vollzugsordnung Schleswig-Holstein (SHHOVollzVO) idF v. 27.4.2021; § 1 Abs. 6c S. 3 Verordnung des Sozialministeriums über Zuständigkeiten nach dem Infektionsschutzgesetz Baden-Württemberg (IfSGZustV BW) idF v. 22.5.2021; §§ 65 S. 4, 67 Abs. 3 Zuständigkeitsverordnung Bayern (ZustV Bayern) idF v. 4.5.2021; § 1 Infektionsschutzzuständigkeitsverordnung Brandenburg (IfSZV BB) idF v. 27.4.2021 iVm Ziff. 3.5 Anlage 1 zu § 1 IfSZV BB; § 1 Nr. 1 lit. d Infektionsschutzgesetz-Zuständigkeitsverordnung Sachsen-Anhalt (ZustVO IfSG SA) idF v. 23.4.2021.

565 BT-Drs. 19/28732, S. 21.

566 *Müller*, BB 2021, 372 (373); *Siebert/Pletke*, öAT 2021, 96 (98) zu konkreten Inhalten einer solchen Niederschrift.

567 Regelmäßige Berichtspflichten dürften analog § 22 Abs. 1 S. 1 ArbSchG unzulässig sein, vgl. Landmann/Rohmer/*Wiebauer*, GewO, § 22 ArbSchG Rn. 22.

führung von Homeoffice könnte zugleich zu einer höheren Homeoffice-Quote führen.[568] Gleichzeitig dürfte der damit verbundene Mehraufwand auf Arbeitgeberseite gering sein, wenn davon ausgegangen wird, dass die Unternehmen die Umsetzung der verpflichtenden Regelung ohnehin dokumentieren.

Fraglich erscheint jedoch, auf welcher gesetzlichen Grundlage die zuständigen Behörden tätig werden sollen. Da die Arbeitsschutzbehörden vorliegend nicht zur Überwachung des Arbeitsschutzes tätig werden, können Vollzugsmaßnahmen nicht auf §§ 22 Abs. 1 S. 1, 21 Abs. 1 ArbSchG gestützt werden.[569] Eine entsprechende Anwendung der Vorschrift kommt wegen der Geltung des Vorbehalts des Gesetzes in der Eingriffsverwaltung[570] nicht in Betracht.

Auch dem Begriff „Vollzug“ in § 28b Abs. 7 S. 3 IfSG (iVm § 54 S. 1 IfSG) können keine konkreten behördlichen Befugnisse entnommen werden. Das Gesetz umreißt lediglich die behördliche Aufgabe.[571] Aus diesem Grund erscheint es sinnvoll, im IfSG die konkreten Eingriffsbefugnisse der zuständigen Behörden gesetzlich festzulegen; sei dies auch nur in Form einer Generalklausel, die die zuständigen Behörden dazu ermächtigt, die notwendigen Maßnahmen zur Kontrolle und Durchsetzung der Homeoffice-Regelung zu ergreifen. Als Vorbild könnte aufgrund der sachlichen Nähe zum Arbeitsschutzrecht die Regelung des § 22 ArbSchG dienen.

b) Im Arbeitsschutzrecht können sich Beschäftigte bei Verstößen gegen das ArbSchG unter bestimmten Voraussetzungen im Weg der Arbeitsschutzbeschwerde gemäß § 17 Abs. 2 ArbSchG an die zuständige Behörde wenden. Dieses Instrument steht bei Missachtung der Vorgaben des § 28b Abs. 7 IfSG allerdings nicht zur Verfügung, da mit der Arbeitsschutzbe-

---

568 Im Mai 2021 lag der Anteil der Beschäftigten, die zumindest teilweise im Homeoffice tätig waren, trotz der Regelung des § 2 Abs. 4 Corona-ArbSchV aF bei nur 31 Prozent, wobei das Homeoffice-Potential auf ca. 56 Prozent geschätzt wird, vgl. *Alipour et al.*, ifo Schnelldienst digital, 6/2021, 3.3.2021; FD-ArbR 2021, 439318.

569 Siehe auch *Sagan/Witschen*, NZA 2021, 593 (596).

570 Näher dazu Maunz/Dürig/*Grzeszick*, GG, Art. 20 Rn. 111 ff.

571 Etwas anderes ergibt sich auch nicht aus landesrechtlichen Zuständigkeitsvorschriften, die lediglich eine weitere Konkretisierung der behördlichen Aufgabe vornehmen, vgl. § 6 Abs. 4 IfSBG NRW („Die *Kontrolle* und *Durchsetzung* von Regelungen nach §§ 28, 28a, 28b und 32 [IfSG] kann […] auch durch die für den Vollzug des Arbeitsschutzgesetzes zuständigen Behörden in eigener Zuständigkeit wahrgenommen werden […]“).

schwerde nur Verstöße des Arbeitgebers gegen – im weiteren Sinn[572] – arbeitsschutzrechtliche Regelungen gerügt werden können; darunter fallen Standardmaßnahmen nach dem Infektionsschutzgesetz nicht.[573] Der umgekehrte Fall der Überprüfung entgegenstehender Gründe auf Beschäftigtenseite ist nach dem Willen des Gesetzgebers – zu Recht – nicht vorgesehen. Beschäftigte können bereits durch formlose Mitteilung auf Verlangen des Arbeitgebers ihrer Darlegungspflicht genügen.[574] Die damit verbundene Kontrollfunktion dürfte für den Beschäftigten schwerer wiegen als eine (praktisch kaum vorstellbare) Überwachung durch die zuständige Behörde. Anders sollte jedoch bei Solo-Selbstständigen verfahren werden. Hier ist wiederum an eine entsprechende Auskunftspflicht im Rahmen von Einzelabfragen zu denken.

c) Verstöße gegen § 28b Abs. 7 IfSG sind bislang nicht buß- oder strafbewehrt. Während Verstöße gegen die auf Grundlage des § 18 Abs. 3, 1 ArbSchG erlassene Corona-ArbSchV jedenfalls dann eine bußgeldbewehrte Ordnungswidrigkeit darstellen, wenn der Arbeitgeber einer vollziehbaren Anordnung der Arbeitsschutzbehörde zuwiderhandelt (§ 25 Abs. 1 Nr. 2, 2, § 22 Abs. 3 S. 1 Nr. 1 ArbSchG),[575] listet die Bußgeldvorschrift des § 73 Abs. 1a IfSG den § 28b Abs. 7 IfSG nicht in ihrem Katalog auf. Es ließe sich daher die Einfügung einer neuen Nr. 11n in § 73 Abs. 1a IfSG erwägen, die auf § 28b Abs. 7 IfSG verweist. Danach sollte ordnungswidrig handeln, wer vorsätzlich oder fahrlässig entgegen § 28b Abs. 7 S. 1 und 2 IfSG nicht an der Umsetzung der Regelung mitwirkt.[576] Eine Bußgeldvorschrift ist jedoch angesichts des Zwecks der Pandemiebekämpfung nur dann wirkungsvoll, wenn sie auch die Beschäftigten adressiert.[577] Gemäß § 73 Abs. 2 Hs. 2 IfSG kann der Verstoß gegen die Mitwirkungspflicht mit einer Geldbuße bis zu fünfundzwanzigtausend Euro geahndet werden.

---

572 Dazu Landmann/Rohmer/*Wiebauer*, GewO, § 17 ArbSchG Rn. 20.

573 AA *Sagan/Witschen*, NZA 2021, 593 (595). Siehe zu den unterschiedlichen Schutzzwecken von Arbeitsschutzrecht und Infektionsschutzrecht bereits unter 5. Teil B.I.

574 BT-Drs. 19/28732, S. 21.

575 Zu weiteren Risiken für den Arbeitgeber *Reiserer/Hagen/Tormählen*, DStR-Aktuell 2021, 33 (34).

576 Unter „Mitwirkung" ist zu verstehen, dass die Beteiligten auf die Einführung von Homeoffice hinwirken und, soweit die Einführung – aufgrund entgegenstehender Gründe – nicht möglich ist, auf Verlangen der zuständigen Behörden Auskunft über die entgegenstehenden Gründe geben.

577 *Kubiciel*, jurisPR-StrafR 2/2021, Anm. 2.

Für Beschäftigte und Solo-Selbstständige sollte das Bußgeld durch einen Verweis in § 73 Abs. 2 Hs. 1 IfSG jedoch in der Höhe begrenzt sein; danach können Ordnungswidrigkeiten nur mit einer Geldbuße bis zu zweitausendfünfhundert Euro geahndet werden.

5. Flankierende Schutzvorschriften

Daneben gelten die das Arbeitsverhältnis betreffenden Vorschriften unverändert weiter. Insbesondere werden durch die infektionsschutzrechtliche Pflicht zur Arbeit im Homeoffice die Vorgaben des allgemeinen Arbeitsschutzes und des Arbeitszeitschutzes nicht suspendiert.[578] Es erscheint hingegen vertretbar, dass die erforderliche Gefährdungsbeurteilung des häuslichen Arbeitsplatzes (§§ 3–5 ArbSchG) zur wirkungsvollen Kontaktreduzierung und vor dem Hintergrund der zeitlichen Befristung der Vorschrift auf der Grundlage von Prüflisten und Fragebögen durch den Beschäftigten selbst vorgenommen werden kann.[579] In Betrieben mit einem Betriebsrat hat dieser gemäß § 80 Abs. 1 Nr. 1 BetrVG über die Umsetzung des § 28b Abs. 7 IfSG zu wachen. Beteiligungsrechte des Betriebsrats[580] kommen nur hinsichtlich der konkreten Ausgestaltung der Tätigkeit im Homeoffice in Betracht; die Entscheidung über die Einführung von Homeoffice wird dem Arbeitgeber durch die infektionsschutzrechtliche Regelung entzogen, sodass kein Raum für betriebliche Mitbestimmung bleibt.[581] Arbeitnehmer iSv § 5 Abs. 1 BetrVG können sich aber mit einer Beschwerde gemäß §§ 84, 85 BetrVG an den Betriebsrat wenden, wenn sie sich benachteiligt oder ungerecht behandelt fühlen. Keine Besonderheiten gelten im Hinblick auf den Daten- und Geschäftsgeheimnisschutz; allerdings kann dieser im Einzelfall der Ausführung von Tätigkeiten im Homeoffice als zwingender betriebsbedingter Grund entgegenstehen.[582]

---

578 Vgl. *Kollmer*, in: Kollmer/Klindt/Schucht, ArbSchG, § 2 Corona-ArbSchV Rn. 9.

579 *Herfs-Röttgen*, NZA 2021, 388 (390) im Anschluss an *Hidalgo*, NZA 2019, 1449 (1455).

580 Dazu ausführlich unter 4. Teil B.I.2.d).

581 *Sagan/Witschen*, NZA 2021, 593 (595); anders *Fuhlrott/Oltmanns*, ArbRAktuell 2021, 64 (68) zu § 2 Abs. 4 Corona-ArbSchV aF.

582 BMAS (Hrsg.), 2.4. FAQ zur Corona-ArbSchV (abrufbar unter: https://www.bmas.de/DE/Corona/Fragen-und-Antworten/Fragen-und-Antworten-ASVO/faq-corona-asvo.html, zuletzt abgerufen am 31.5.2021); *Herfs-Röttgen*, NZA 2021, 388 (389 f.). Zu einem Schutzkonzept für Arbeitgeber zur Vermeidung von

Für Versicherte in der gesetzlichen Unfallversicherung (§§ 2, 3, 6 SGB VII) besteht im Homeoffice Versicherungsschutz im gleichen Umfang wie bei Ausübung der Tätigkeit auf der Unternehmensstätte (§ 8 Abs. 1 S. 3 SGB VII[583]). Damit hat der Gesetzgeber die durch die Rechtsprechung des BSG[584] aufgedeckte Lücke im Versicherungsschutz geschlossen, wonach der Versicherte, wenn er innerhalb der eigenen Wohnung Wege nicht in unmittelbarem betrieblichen, sondern in eigenwirtschaftlichem Interesse (zB zur Nahrungsaufnahme oder zum Toilettengang) zurücklegt, nach alter Rechtslage keinen Unfallversicherungsschutz genoss. Versichert sind nunmehr[585] auch Wege vom Homeoffice zur Kindertagesstätte (§ 8 Abs. 2 Nr. 2a SGB VII).[586]

Bußgeld- und Haftungsrisiken im Bereich des Daten- und Geheimnisschutzes *Kraus/Leister*, CCZ 2021, 111 ff.

583 Eingefügt durch das Gesetz zur Förderung der Betriebsratswahlen und der Betriebsratsarbeit in einer digitalen Arbeitswelt (Betriebsrätemodernisierungsgesetz) v. 14.6.2021, BGBl. I, S. 1762.

584 BSG 5.7.2016 – B 2 U 5/15 R, NZS 2016, 948 ff. (Nahrungsaufnahme); SG München 4.7.2019 – S 40 U 227/18, NZA-RR 2019, 616 ff. (Toilettengang).

585 Anders bislang BSG 30.1.2020 – B 2 U 19/18 R, BeckRS 2020, 1741 Rn. 23 ff.

586 Instruktiv zum Ganzen *Aumann*, Arbeitsunfall 4.0, S. 144 ff., 272 ff.

Teil 6 – Thesen

1. Der Begriff der Arbeit im Homeoffice umfasst als Unterfall der mobilen Arbeit und in Abgrenzung zur Telearbeit die Erbringung der vertraglich geschuldeten Arbeitsleistung in den privaten Räumen des Arbeitnehmers.

2. Für die Frage nach dem Bestehen eines Anspruchs auf Verlagerung der Arbeit in das Homeoffice oder nach der Rechtmäßigkeit einer Versetzung des Arbeitnehmers in selbiges spielen die Grundrechte der Arbeitsvertragsparteien eine entscheidende Rolle. Die vom Gesetzgeber zur Bewältigung der Pandemie beschlossenen Maßnahmen zielen darauf ab, das Funktionieren des Gesundheitswesens in einer epidemischen Lage sicherzustellen und die öffentliche Gesundheit zu schützen. Wegen der Ausstrahlungswirkung der Grundrechte in privatrechtliche Beziehungen hat auch der Arbeitgeber dem Gesundheitsschutz der Arbeitnehmer (Art. 2 Abs. 2 S. 1 GG) Rechnung zu tragen. Da er gemäß der §§ 3, 4 ArbSchG, § 618 Abs. 1 BGB und seiner Rücksichtnahmepflicht aus § 241 Abs. 2 BGB die Verantwortung für die Sicherheit und die Gesundheit der Arbeitnehmer trägt, muss er präventive Maßnahmen umsetzen; dazu zählt auch die Verlagerung der Arbeit in das Homeoffice.

3. a) Aufseiten der Arbeitnehmer spielt das Grundrecht auf Unverletzlichkeit der Wohnung gemäß Art. 13 Abs. 1 GG eine entscheidende Rolle: Selbst in dem Fall, dass die Versetzung in das Homeoffice ausdrücklich nur vorübergehender Natur ist, stellt sie einen Eingriff in Art. 13 Abs. 1 GG dar. Die Wohnung wird trotz der zeitlichen Begrenzung der Maßnahme zur Arbeitsstätte.

b) Die Anordnung mobiler Arbeit in Pandemiezeiten ist keine weniger eingriffsintensive Alternative zur Anordnung von Homeoffice. Den meisten Arbeitnehmern dürfte es insbesondere in Pandemiezeiten bereits an der Möglichkeit fehlen, eine andere geeignete Lokalität aufzusuchen, die mit weniger gesundheitlichen Risiken verbunden ist und an der der Zugang zu benötigter arbeitstechnischer Infrastruktur gewährleistet ist.

c) Hinzu kommt, dass viele Arbeitnehmer in Pandemiezeiten für die Betreuung ihrer Kinder sorgen müssen, weshalb Art. 6 Abs. 1, 2 GG in die Überlegungen einzubeziehen ist. Zum nachvollziehbaren und in der Rechtsprechung ausdrücklich anerkannten Interesse der Eltern, ihre Kinder selbst zu betreuen, kommt der Umstand, dass Schulen und Kindertagesstätten möglicherweise für nicht absehbare Zeit geschlossen sind und weitere Optionen wie die Betreuung durch die Großeltern oder die Elternteile anderer Kinder ausscheiden, sodass in vielen Fällen keine andere Möglichkeit bleibt, als die Kinder selbst zu betreuen, was die Verlagerung der Arbeit in das Homeoffice erfordert.

d) Die den Schutzbereich des Art. 3 Abs. 1 GG tangierende Ungleichbehandlung von Arbeitnehmern, die ihre Arbeit begriffsnotwendig in der Betriebsstätte oder im Außendienst erledigen müssen, und solchen, die im Homeoffice arbeiten können, findet ihre Rechtfertigung darin, dass die Erbringung von Dienstleistungen fernab der Bürotätigkeit in der Regel nicht im Homeoffice erfolgen kann und sich die Verlagerung der Arbeit in das Homeoffice auch dann positiv auf das Infektionsgeschehen auswirkt, wenn lediglich ein Teil der Beschäftigten davon betroffen ist.

4. Aufseiten des Arbeitgebers streiten sein Recht auf unternehmerische Gestaltungsfreiheit aus Art. 2 Abs. 1, 12 Abs. 1 und 14 Abs. 1 GG. Ein Anspruch, der es dem Arbeitnehmer ermöglicht, einseitig eine Verlagerung des Arbeitsorts herbeizuführen, greift in die dem Arbeitgeber obliegende Organisationsfreiheit ein, zu deren Kern es gehört, darüber entscheiden zu können, wo er welchen Arbeitnehmer mit Aufgaben betraut. Zudem kommen möglicherweise ein Mehraufwand in der Organisation und höhere Kosten auf ihn zu.

5. Ein Interesse an der Verlagerung der Tätigkeit in das Homeoffice besteht nicht nur aus der gesamtgesellschaftlichen Perspektive der Pandemiebekämpfung, sondern auch aus Sicht der Arbeitsvertragsparteien.

a) Aufseiten des Arbeitgebers steht das Interesse am Erhalt des Leistungspotentials im Vordergrund, wenn es dem Arbeitnehmer unmöglich oder unzumutbar ist, den geschuldeten Leistungsort aufzusuchen. Daneben kann ihm auch daran gelegen sein, Schutzpflichten (§ 618 BGB) zu erfüllen oder Planungssicherheit zu gewinnen.

Die Unmöglichkeit, den Arbeitsort aufzusuchen, lässt die Leistungspflicht für die Dauer des Leistungshindernisses gemäß § 275 Abs. 1 BGB entfallen (zeitliche Teilunmöglichkeit). Dies gilt insbesondere deshalb, weil der Arbeitsort nicht aufgrund der pandemiebedingten Ausnahmesituation durch ergänzende Vertragsauslegung automatisch angepasst wird.

b) Das Interesse des Arbeitnehmers an der Anpassung des Arbeitsort besteht neben dem Schutz der eigenen Person und der Angehörigen in vielen Fällen auch unabhängig von der Pandemie. Der Erhalt des Entgeltanspruchs dürfte in den Fällen, in denen der Arbeitnehmer trotz der Unerreichbarkeit des Arbeitsorts Lohn(fort)zahlung erhält (Kein Lohn ohne Arbeit), von nachgelagerter Bedeutung sein.

aa) Dazu zählen die Fälle der Arbeitsunfähigkeit in Folge von Krankheit (§ 3 EFZG) und die Fälle der Anordnung von Quarantäne (§ 56 IfSG). Liegt das Leistungshindernis in einer Betriebsschließung begründet, ist der Arbeitgeber ebenfalls zur Lohnzahlung verpflichtet (§ 615 S. 3 iVm S. 1 BGB). Selbst bei flächendeckenden Betriebsschließungen steht dem weder ein fehlender Betriebsbezug entgegen noch, dass die Arbeitsleistung nicht anderweitig verwertbar ist. Dasselbe gilt für eine möglicherweise bestehende Existenzgefährdung des Arbeitgebers. Lehnt der Arbeitnehmer ein rechtmäßiges Angebot auf Verlagerung der Tätigkeit in das Homeoffice ab, muss er sich dasjenige anrechnen lassen, was er infolgedessen zu erwerben böswillig unterlässt (§ 615 S. 3 iVm S. 2 BGB).

bb) Ist es dem Arbeitnehmer zwar möglich, aber nicht zumutbar, am geschuldeten Arbeitsort im Betrieb tätig zu werden, kann er Anspruch auf Lohn bzw. auf Lohnersatzleistungen haben. Einschlägig sind § 616 BGB, § 56 Abs. 1a IfSG und § 45 SGB V.

6. Ein allgemeiner gesetzlicher Anspruch auf Versetzung in das Homeoffice besteht *de lege lata* nicht. Bereichsspezifische Regelungen enthalten § 16 Abs. 1 S. 2 BGleiG und § 164 Abs. 1, 4 S. 1 Nr. 4 SGB IX. Daneben enthält § 28b Abs. 7 IfSG eine befristete Pflicht der Arbeitsvertragsparteien, die Arbeitsleistung in der Wohnung des Beschäftigten zu erbringen.

7. Ein Anspruch auf Versetzung in das Homeoffice kann sich während der Coronavirus-Pandemie allerdings auch aus dem Arbeitsvertrag selbst ergeben.

8. a) Der Arbeitgeber kann den Arbeitsort im Rahmen seines Weisungsrechts gemäß § 106 S. 1 GewO nach billigem Ermessen näher bestimmen. Grundsätzlich nicht vom Umfang des Weisungsrechts erfasst sind die pri-

vaten Räume des Arbeitnehmers, die unter dem Schutz des Art. 13 Abs. 1 GG stehen und dem Zugriff des Arbeitgebers *a priori* entzogen sind. Die im Rahmen der Coronavirus-Pandemie verhängten behördlichen Anordnungen (insb. Betriebsschließungen) stellen eine zeitlich begrenzte Ausnahme dar, während der der Arbeitnehmer aufgrund der arbeitsvertraglichen Rücksichtnahmepflichten gemäß § 241 Abs. 2 BGB dazu verpflichtet sein kann, der Versetzung in das Homeoffice Folge zu leisten. Dazu sind die Interessen der Arbeitsvertragsparteien im Einzelfall umfassend abzuwägen (siehe dazu die Thesen 2. bis 4.), wobei zu beachten ist, dass die pandemiebedingte Versetzung in das Homeoffice mit verhältnismäßig geringen Belastungen für den Arbeitnehmer verbunden ist, da es sich lediglich um eine zeitlich beschränkte Maßnahme handelt.

b) Scheidet die Versetzung in das Homeoffice durch Weisung aus, kann der Arbeitgeber den Umfang des ihm zustehenden Weisungsrechts für pandemiebedingte Not- und Ausnahmesituationen im Einzelfall durch betriebsbedingte Änderungskündigung gemäß §§ 2, 1 Abs. 2, 3 KSchG auf den häuslichen Bereich ausweiten. Bei der Prüfung der sozialen Rechtfertigung der geänderten Arbeitsbedingungen ist wiederum die Wertung des Art. 13 Abs. 1 GG zu berücksichtigen.

9. a) Ein Anspruch des Arbeitnehmers auf Arbeit im Homeoffice lässt sich grundsätzlich aus dem Weisungsrecht des Arbeitgebers herleiten, wenn dieser aufgrund der ihm obliegenden Rücksichtnahmepflichten gemäß § 241 Abs. 2 BGB von seinem Weisungsrecht nur in der Weise ermessensgerecht Gebrauch machen kann, dass dem Arbeitnehmer die Beschäftigung im Homeoffice gestattet ist (Ermessensreduzierung „auf Null“). Dies setzt allerdings voraus, dass die Möglichkeit zur Versetzung in das Homeoffice aufgrund einer einzel- oder kollektivvertraglichen Regelung oder aufgrund eines Gesetzes vom Umfang des Weisungsrechts erfasst ist (zB bei Versetzungsklauseln). Das aufgrund einer Not- oder Ausnahmesituation erweiterte Weisungsrecht des Arbeitgebers kann hingegen nicht mit der Folge eingeschränkt sein, dass der Arbeitnehmer in das Homeoffice zu versetzen ist; es wäre systemwidrig, aus der zugunsten des Arbeitgebers wirkenden Erweiterung des Weisungsrechts einen Vorteil für den Arbeitnehmer herzuleiten.

b) Verletzt der Arbeitgeber die ihm obliegenden arbeitsschutzrechtlichen Pflichten gemäß § 618 Abs. 1 BGB, §§ 3, 4 Nr. 3 ArbSchG iVm C-ASR bzw. Corona-ArbSchV, steht dem Arbeitnehmer grundsätzlich ein

Leistungsverweigerungsrecht gemäß § 273 Abs. 1 BGB zu. Ein Anspruch auf eigenmächtige Verlagerung des Arbeitsorts in das Homeoffice folgt daraus nicht. Zum einen obliegt es allein dem Arbeitgeber, wie er seinen arbeitsschutzrechtlichen Verpflichtungen nachkommt, zum anderen beeinflussen die Schutzpflichten nicht die Arbeitspflicht selbst, sondern sie verpflichten den Arbeitgeber lediglich, bestimmte Rahmenbedingungen einzuhalten.

c) Der Arbeitgeber kann jedoch aufgrund seiner arbeitsvertraglichen Rücksichtnahmepflichten gemäß § 241 Abs. 2 BGB verpflichtet sein, innerhalb der Grenzen des ihm Zumutbaren und rechtlich Möglichen auf den Wunsch nach Vertragsanpassung als Reaktion auf unerwartete Änderungen der tatsächlichen Umstände einzugehen. In Fällen, in denen der Arbeitnehmer aufgrund von Vorerkrankungen durch eine Infektion mit dem Coronavirus besonders gefährdet ist oder private Gründe das Erscheinen in der Betriebsstätte unzumutbar machen (etwa wegen zu übernehmender Kinderbetreuung), dürfte das Interesse des Arbeitnehmers an der Arbeit im Homeoffice regelmäßig überwiegen.

10. Eine pandemiespezifische Homeoffice-Regelung bezweckt die Verbesserung des Infektionsschutzes und damit die Bewahrung der Funktionsfähigkeit des Gesundheitssystems sowie den Schutz des Lebens und der Gesundheit der Bevölkerung (Art. 2 Abs. 2 S. 1 GG); damit unterscheidet sie sich in ihrer Zielrichtung grundsätzlich von einer generellen Homeoffice-Regelung, bei der Flexibilisierungsgesichtspunkte und die bessere Vereinbarkeit von Beruf und Privatleben im Vordergrund stehen.

11. Die Regelung sollte in Form einer infektionsschutzrechtlichen Maßnahme als objektiv-rechtliches Gebot (und nicht als subjektives Recht der Arbeitsvertragsparteien) ausgestaltet sein mit der Folge, dass die Verlagerung der Arbeit in das häusliche Umfeld nicht von der Initiative einer Partei abhängt und so dem Gedanken des Infektionsschutzes am besten Rechnung trägt.

12. Bei der konkreten Ausgestaltung einer pandemiespezifischen Homeoffice-Regelung sollten mehrere Aspekte Beachtung finden:

a) Die Regelung sollte, um einen effektiven Beitrag zur Pandemiebewältigung zu leisten, neben Arbeitgebern und Beschäftigten auch Kleine Selbstständige (insb. Solo-Selbstständige) erfassen. Zeitlich sollte sie mit

Blick auf Eingriffe in die Grundrechte der Betroffenen (siehe dazu die Thesen 2. bis 4.) auf die Zeit der Pandemie begrenzt sein, wobei aufgrund fehlender Planungssicherheit davon abgesehen werden sollte, die Geltungsdauer der Vorschrift von der Entwicklung der Sieben-Tage-Inzidenz abhängig zu machen.

b) Eine Eindämmung des Infektionsgeschehens lässt sich wirksam nur durch eine Regelung erreichen, die *ipso iure* die Änderung des Arbeitsorts herbeiführt, ohne dass es eines zivilrechtlichen Umsetzungsakts bedürfte.

c) Wegen der Betroffenheit verschiedener Grundrechte sollte die Regelung – wie in § 28b Abs. 7 IfSG angelegt – Ausnahmen für Härtefälle vorsehen. Gemäß § 28b Abs. 7 S. 1 IfSG können zwingende betriebsbedingte Gründe einer Verlagerung der Arbeit in das Homeoffice entgegenstehen. Solche liegen vor, wenn ansonsten die Betriebsabläufe erheblich eingeschränkt würden oder gar nicht aufrechterhalten werden könnten, wobei dem Arbeitgeber zumutbar ist, die Arbeit im Homeoffice durch Umstellung der Arbeitsorganisation zu ermöglichen oder (in einem gewissen Rahmen) fehlende technische Infrastruktur anzuschaffen. Zur besseren Nachprüfbarkeit der entgegenstehenden Gründe durch die zuständigen Behörden ist die Durchführung eines formalisierten Verfahrens mit Dokumentationspflicht vorzusehen.

Auch die Beschäftigten sollen entgegenstehende Gründe geltend machen können (etwa eine räumlich beengte Wohnsituation, Störungen durch Dritte oder unzureichende technische Ausstattung). Der Prüfungsmaßstab ist wie bei § 28b Abs. 7 IfSG mit Blick auf die betroffenen Grundrechte niedrig anzusetzen; eine Begründungspflicht ist nicht vorzusehen.

d) Um eine wirkungsvolle Durchsetzung zu gewährleisten, ist es notwendig, dass die zuständigen Behörden die Einhaltung der infektionsschutzrechtlichen Vorgaben überwachen und Verstöße sanktionieren können. Bislang sieht die gesetzliche Regelung keine konkreten Eingriffsbefugnisse vor. Diese sollten zukünftig im IfSG (etwa in Form einer Generalklausel) gesetzlich festgelegt werden. Als Vorbild kann aufgrund der sachlichen Nähe zum Arbeitsschutzrecht § 22 ArbSchG dienen. Auch ein Verfahren, das den Beschäftigten ermöglicht, Verstöße zu melden (vgl. § 17 Abs. 2 ArbSchG), kann die Effektivität einer Homeoffice-Regelung stärken.

Weiterhin ist es zweckmäßig, Sanktionen für Verstöße gegen die Homeoffice-Regelung vorzusehen, etwa durch Einfügung einer neuen Nr. 11n in § 73 Abs. 1a IfSG, die auf § 28b Abs. 7 IfSG verweist. Zwar macht es mit Blick auf die Effektivität der Regelung Sinn, auch andere als Arbeitgeber zu adressieren, jedoch sollte das Bußgeld für Beschäftigte und Solo-Selbstständige durch einen Verweis in § 73 Abs. 2 Hs. 1 IfSG in der Höhe begrenzt sein.

e) Das Arbeitsrecht flankierende Schutzvorschriften gelten daneben unverändert fort. Zwar werden durch die infektionsrechtliche Pflicht zur Arbeit im Homeoffice die Vorgaben des allgemeinen Arbeitsschutzes und des Arbeitszeitschutzes nicht suspendiert, zur effektiven Eindämmung der Pandemie sollte jedoch die erforderliche Gefährdungsbeurteilung des häuslichen Arbeitsplatzes (§§ 3 bis 5 ArbSchG) durch den Beschäftigten selbst vorgenommen werden können. Beteiligungsrechte des Betriebsrats kommen nur bezüglich der konkreten Ausgestaltung der Tätigkeit im Homeoffice in Betracht (vgl. § 87 Abs. 1 Nr. 14 BetrVG); die Entscheidung über die Einführung von Homeoffice wird dem Arbeitgeber durch die infektionsschutzrechtliche Regelung entzogen, sodass kein Raum für betriebliche Mitbestimmung bleibt. Abgesehen davon, dass der Daten- und Geschäftsgeheimnisschutz im Einzelfall der Ausführung von Tätigkeiten im Homeoffice entgegenstehen kann, ergeben sich in dieser Hinsicht keine Besonderheiten. Unfallversicherungsschutz besteht für Versicherte im Homeoffice im gleichen Umfang wie bei Ausübung der Tätigkeit in der Unternehmensstätte (§ 8 Abs. 1 S. 3 SGB VII).

Literaturverzeichnis

Alipour, Jean-Victor/Falck, Oliver/Schüller, Simone, Germany's Capacity to Work from Home, CESifo Working Papers 8227/2020.

Auktor, Christian, Die Verteilung des Betriebsrisikos nach der Schuldrechtsreform. Kritische Gedanken zur Neufassung des § 615 BGB, ZTR 2002, 464–465.

Aumann, Annemarie, Arbeitsunfall 4.0. Die Abgrenzung beruflicher und privater Risikosphären in der modernen Arbeitswelt, Baden-Baden 2019.

Baeck, Ulrich/Deutsch, Markus/Winzer, Thomas, Arbeitszeitgesetz: ArbZG. Kommentar, 4. Aufl., München 2020.

(zit.: *Baeck/Deutsch/Winzer*, ArbZG, § … Rn. …)

Baeck, Ulrich/Winzer, Thomas/Abend, Tobias, Neuere Entwicklungen im Arbeitsrecht. Corona-Virus und kein Ende in Sicht: Das Wichtigste aus arbeitsrechtlicher Sicht, NZG 2020, 1129–1131.

Baeck, Ulrich/Winzer, Thomas/Schaaf, Stefan, Neuere Entwicklungen im Arbeitsrecht. Das „Mobiles Arbeiten"-Gesetz des Bundesministeriums für Arbeit und Soziales – Was wird aus dem Referentenentwurf des Bundesarbeitsministers?, NZG 2021, 14–18.

Bartmann, Elisabeth/Ondrejka, Philipp, Home-Office in Zeiten von COVID-19: Überblick und aktuelle Fragen, ZAS 2020, 163–169.

Bauer, Jobst-Hubertus/Opolony, Bernhard, Arbeitsrechtliche Fragen bei Katastrophen, NJW 2002, 3503–3508.

Bayer, Bastian, Krisengewitter „Mobiles Arbeiten"? – Teil 1, ArbRAktuell 2020, 433–436.

Bayreuther, Frank, Einrichtung eines Systems der Arbeitszeiterfassung, NZA 2020, 1–9.

Bayreuther, Frank, Möglichkeiten und Grenzen der Änderung von Arbeitsbedingungen, NZA 2019, 735–741.

Beden, Yannik/Rombey, Sebastian, Leistungsverweigerung des Arbeitnehmers wegen Zugehörigkeit zur COVID-19-„Risikogruppe", BB 2020, 2870–2876.

Berger-Delhey, Ulf, „Oft scheint der Teufel an der Tür zu klopfen, und es ist doch nur der Schornsteinfeger". Arbeitsrecht und Schuldrechtsreform, ZTR 2002, 66–69.

Besgen, Thomas/Prinz, Nicolai (Hrsg.), Arbeiten 4.0. Arbeitsrecht und Datenschutz in der digitalisierten Arbeitswelt, 4. Aufl., Bonn 2018.

(zit.: *Bearb.*, in: Besgen/Prinz, Arbeiten 4.0, § … Rn. …)

Bertram, Axel/Falder, Roland/Walk, Frank, Home Office in Zeiten von Corona. Ein Leitfaden zu Home Office und mobilem Arbeiten, 1. Aufl., München 2020.

Bertz, Marcus, Kurzarbeit in Zeiten der Corona-Krise, NJW-Spezial 2020, 242–243.

Benkert, Daniel, Lohnansprüche und unternehmerisches Risiko in Zeiten der Pandemie, NJW-Spezial 2020, 306–307.

Benkert, Daniel, Arbeitsrechtliche Aspekte der Arbeit im Home-Office, NJW-Spezial 2019, 306–307.

Biebl, Martin, Lockdown zählt zum Betriebsrisiko, SPA 2021, 81–82.

Biedenkopf, Kurt H., Die Betriebsrisikolehre als Beispiel richterlicher Rechtsfortbildung. Vortrag gehalten vor der Juristischen Studiengesellschaft in Karlsruhe am 23. Februar 1970, Karlsruhe 1970.

Bitzenhofer, Dominik, Grundlagen des Weisungsrechts, Berlin 2020.

Böckenförde, Ernst-Wolfgang, Staat, Verfassung, Demokratie: Studien zur Verfassungstheorie und zum Verfassungsrecht, 2. Aufl., Frankfurt am Main 1992.

Boecken, Winfried/Düwell, Franz Josef/Diller, Martin/Hanau, Hans (Hrsg.), Gesamtes Arbeitsrecht, Baden-Baden 2016.

(zit.: NK-GA/*Bearb.*, § … Rn. …)

Boemke, Burkhard, Privatautonomie im Arbeitsvertragsrecht, NZA 1993, 532–538.

Boemke, Burkhard, Anmerkung zu BAG, 18.10.2012 – 6 AZR 86/11, RdA 2013, 240–243.

Bonanni, Andrea, Die Folgen von Corona für Arbeitnehmer und Arbeitgeber, ArbRB 2020, 110–117.

Bonin, Holger/Eichhorst, Werner et al., Verbreitung und Auswirkung von mobiler Arbeit und Homeoffice, in: BMAS (Hrsg.), Forschungsbericht Nr. 549 (abrufbar unter: https://www.bmas.de/SharedDocs/Downloads/DE/Publikationen/Forschungsberichte/fb-549-pdf-verbreitung-auswirkung-mobiles-arbeiten.pdf?__blob=publicationFile&v=^1, zuletzt abgerufen am 31.5.2021).

Bonin, Holger/Krause-Pilatus, Annabelle/Rinne, Ulf, Arbeitssituation und Belastungsempfinden im Kontext der Corona-Pandemie. Ergebnisse einer repräsentativen Befragung im Februar 2021, in: BMAS (Hrsg.), Forschungsbericht Nr. 570 (abrufbar unter: https://www.bmas.de/SharedDocs/Downloads/DE/Publikationen/Forschungsberichte/fb-570-arbeitssituation-belastungsempfinden-corona-pandemie.pdf?__blob=publicationFile&v=2, zuletzt abgerufen am 31.5.2021).

Bundesrechtanwaltskammer (Hrsg.), Stellungnahme Nr. 86/2020 zum Referentenentwurf eines Gesetzes zur mobilen Arbeit (Mobile Arbeit-Gesetz – MAG), Dez. 2020 (abrufbar unter: https://brak.de/zur-rechtspolitik/stellungnahmen-pdf/stellungnahmen-deutschland/2020/dezember/stellungnahme-der-brak-2020-86.pdf, zuletzt abgerufen am 31.5.2021).

Brenke, Karl, Home-Office: Möglichkeiten werden bei weitem nicht ausgeschöpft, in: DIW (Hrsg.), Wochenbericht 5/2016, S. 95–105 (abrufbar unter: https://www.diw.de/documents/publikationen/73/diw_01.c.526036.de/16-5.pdf, zuletzt abgerufen am 31.5.2021).

Brose, Wiebke, Das erkrankte Kind des Arbeitnehmers im Arbeits- und Sozialrecht, NZA 2011, 719–724.

Brox, Hans/Walker, Wolf-Dietrich, Allgemeines Schuldrecht, 45. Aufl., München 2021.

Bundesministerium für Wirtschaft und Energie (Hrsg.), Digitalisierung in Deutschland – Lehren aus der Corona-Krise. Gutachten des Wissenschaftlichen Beirats beim Bundesministerium für Wirtschaft und Energie (abrufbar unter: https://www.bmwi.de/Redaktion/DE/Publikationen/Ministerium/Veroeffentlichung-Wissenschaftlicher-Beirat/gutachten-digitalisierung-in-deutschland.pdf?__blob=publicationFile&v=12, zuletzt abgerufen am 31.5.2021).

Canaris, Claus-Wilhelm, Gläubigerverzug und Unmöglichkeit, in: Armbrüster, Christian (Hrsg.), Recht genau: liber amicorum für Jürgen Prölss zum 70. Geburtstag, München 2009, S. 21–45.

Collardin, Marcus, Aktuelle Rechtsfragen der Telearbeit, Berlin 1995.

Dahl, Holger/Göpfert, Burkard/Helm, Rüdiger (Hrsg.), Arbeitsrechtlicher Umgang mit Pandemien. Praxisleitfaden am Beispiel der Corona-Krise, Frankfurt am Main 2020.

Däubler, Wolfgang, Arbeitsrecht in Coronazeiten. Betriebsratsarbeit – Arbeitnehmerfragen – Arbeitshilfen, Frankfurt am Main 2020.

Däubler, Wolfgang, Digitalisierung und Arbeitsrecht. Künstliche Intelligenz, Homeoffice, Arbeit 4.0, 7. Aufl., Frankfurt am Main 2020.

Dehmel, Esther/Hartmann, Nina, Das Coronavirus (COVID-19) auf dem Vormarsch – Die wichtigsten arbeitsrechtliche Themen, BB 2020, 885–891.

Deutscher Gewerkschaftsbund (Hrsg.), Stellungnahme zum Referentenentwurf des BMAS eines Gesetzes zur mobilen Arbeit (Mobile Arbeit-Gesetz – MAG) v. 22.12.2020 (abrufbar unter: https://www.dgb.de/downloadcenter/++co++15d90832-445f-11eb-8083-001a4a160123, zuletzt abgerufen am 31.5.2021).

Dreier, Horst, Grundgesetz Kommentar: GG, Band I: Art. 1–19, 3. Aufl., Tübingen 2013.

(zit.: Dreier/*Bearb.*, GG, Art. … Rn. …)

Düwell, Franz Josef, Arbeit im Home-Office: Gesetzesentwurf zunächst gestoppt, nun verschlankt, Problem gelöst?, BB 2020, 2868–2869.

Düwell, Franz Josef, Rechtsfragen zur Arbeitsunfähigkeit bei COVID-19, BB 2020, 891–894.

Düwell, Franz Josef, Warten auf ein Gesetz zur mobilen Arbeit, BB 2020, 2676–2679.

Ehmann, Horst, Das Lohnrisiko bei Smog-Alarm. Unmöglichkeit oder Annahmeverzug oder Kurzarbeit nach Abschied von der Betriebsrisikolehre, NJW 1987, 401–410.

Ehmann, Horst, Betriebsrisikolehre und Kurzarbeit: zur Verlagerung des Lohnrisikos im Arbeitskampf und Arbeitsfrieden, Berlin 1979.

Ennuschat, Jörg/Wank, Rolf/Winkler, Daniela, Gewerbeordnung. Kommentar, 9. Aufl., München 2020.

(zit.: EWW/*Bearb.*, § … Rn. …)

Enriquez, Miguel, Die hybride Rechtsnatur des Weisungsrechts des Arbeitgebers. Konkretisierungsrechte als neue Kategorie subjektiver Rechte des Könnens, ZfA 2011, 121–159.

Epping, Volker, Grundrechte, 8. Aufl., Berlin u. Heidelberg 2019.

Epping, Volker/Hillgruber, Christian, Beck'scher Online-Kommentar zum Grundgesetz, 47. Edition, Stand: 15.5.2021.

(zit.: BeckOK-GG/*Bearb.*, Art. … Rn. …)

Erman, Walter (Begr.), BGB mit AGG, EGBGB, ErbbauRG, LPartG, ProdHaftG, VBVG, VersAusglG, WEG und ausgewählten Rechtsquellen des IPR. Handkommentar, 16. Aufl., Köln 2020.

(zit.: Erman/*Bearb.*, § … Rn. …)

Ernst, Wolfgang, Sachmängelhaftung und Gefahrtragung. Abgrenzungen und Wechselwirkungen in der Dynamik des Vertragsvollzug, in: Baums, Theodor/Lutter, Marcus/Schmidt, Karsten/Wertenbruch, Johannes (Hrsg.), Festschrift für Ulrich Huber zum siebzigsten Geburtstag, Tübingen 2006, S. 165–238.

Eufinger, Alexander, Kündigung wegen Anzeige von Verletzung der Quarantänebestimmungen durch den Arbeitgeber, Anmerkung zu ArbG Dessau-Roßlau, 12.8.2020 – 1 Ca 65/20, GWR 2021, 152.

European Labour Force Survey (ELFS), 2018 (abrufbar unter: https://ec.europa.eu/eurostat/statistics-explained/index.php?title=Employment_-_annual_statistics#Remote_work_significantly_up_in_2020, zuletzt abgerufen am 31.5.2021).

Falter, Gernot, Schutzpflichten und Direktionsrecht des Arbeitgebers in der Pandemie, in: Baeck, Ulrich (Hrsg.), Festschrift für Jobst-Hubertus Bauer, München 2010, S. 291–302.

Falter, Gernot, Die Arbeitsleistung in der Pandemie, BB 2009, 1974–1980.

Fischer, Ulrich, Unterlassungsanspruch des Betriebsrates bei Einführung eines Arbeitsmodells zum „mobilen Arbeiten"?. Anmerkung zu LAG Hessen, 18.6.2020 – 5 TaBVGa 74/20, jurisPR-ArbR 14/2021, Anm. 8.

Fischinger, Philipp S./Hengstberger, Silas, Arbeitsrechtliche Fragen in der Corona-Krise, JA 2020, 561–568.

Fischinger, Philipp S./Hengstberger, Silas, Lohnanspruch bei pandemiebedingten Leistungshindernissen?!, NZA 2020, 559–564.

Fuhlrott, Michael/Fischer, Katharina, Corona: Virale Anpassungen des Arbeitsrecht NZA 2020, 345–350.

Fuhlrott, Michael/Oltmanns, Sönke, Befristetes Recht auf Homeoffice: Die SARS-CoV-2-Arbeitsschutzverordnung und der Weg dahin, ArbRAktuell 2021, 64–69.

Franzmann, Armin/Best, Ronja, Corona als Einfallstor in die Privatsphäre von Arbeitnehmer*innen? Erste Kündigungen zu Zeiten der Corona-Pandemie, AuR 2021, 112–116.

Geck, Barbara/Hey, Thomas (Hrsg.), Telearbeit. Homeoffice. Mobiles Arbeit – Grundlagen und rechtliche Leitplanken, Düsseldorf 2021.

Giesen, Richard, Gesetzgebungspläne zur „mobilen Arbeit", ZfA 2021, 177–196.

Gotthardt, Michael, Arbeitsrecht nach der Schuldrechtsreform, Neue Rechtslage für bestehende Arbeitsverträge ab 1.1.2003, 2. Aufl., München 2003.

Gräf, Stephan/Rögele, Matthias, Zusammentreffen von Betriebs- und Wegerisiko. Zum Lohnfortzahlungsanspruch bei gleichzeitiger Überschwemmung von Betrieb und Weg zum Betrieb, NZA 2013, 1120–1124.

Greiner, Stefan, Direktionsrecht und Direktionspflicht, Schadensersatz und Annahmeverzug bei Leistungshinderung des Arbeitnehmers, RdA 2013, 9–16.

Greiner, Stefan, Familienfreundliches Arbeitsrecht? – Die Erkrankung des Kindes als Gegenstand widersprüchlicher Regelungen, NZA 2007, 490–495.

Greiner, Stefan/Genenger, Angie, Die unechte Direktionsrechtserweiterung, NZA 2008, 969–977.

Greve, Holger, Infektionsschutzrecht in der Pandemielage – Der neue § 28 a IfSG, NVwZ 2020, 1786-1792.

Greve, Holger/Lassahn, Philipp, Die bundeseinheitliche „Notbremse“ – Verfassungsfragen zum Vierten Bevölkerungsschutzgesetz, NVwZ 2021, 665-670.

Grimm, Detlef, Lohnfortzahlung und Entgeltrisiko bei Corona (COVID-19), DB 2020, 1177–1182.

Gröpl, Christoph, Staatsrecht I. Staatsgrundlagen, Staatsorganisation, Verfassungsprozess mit Einführung in das juristische Lernen, 12. Aufl., München 2020.

Grunau, Philipp/Ruf, Kevin/Steffes, Susanne/Wolter, Stefanie, Mobile Arbeit aus der Sicht von Beschäftigten. Homeoffice bietet Vorteile, aber auch Tücken, IAB-Kurzbericht 11/2019 (abrufbar unter: http://doku.iab.de/kurzber/2019/kb1119.pdf, zuletzt abgerufen am 31.5.2021).

Gsell, Beate/Krüger, Wolfgang/Lorenz, Stephan/Reymann, Christoph (Hrsg.), beck-online.Großkommentar zum Zivilrecht, Stand: 1.4.2021.

(zit.: BeckOGK-BGB/*Bearbeiter*, § … Rn. …)

Gutzeit, Martin, Die schwangere Kranke vor dem BAG – Monokausale Wirrungen, NZA 2003, 81–86.

Günther, Jens/Böglmüller, Matthias, COVID-19-Pandemie und und Home-Office, ArbRAktuell 2020, 186–188.

Häcker, Franziska, Schöne neue Arbeitswelt?. Vor- und Nachteile von Home-Office und Mobilarbeit unter besonderer Berücksichtigung der arbeitsrechtlichen Anforderungen, ArbRB 2019, 343–346.

Hager, Günter, Von der Konstitutionalisierung des Zivilrechts zur Zivilisierung der Konstitutionalisierung, JuS 2006, 769–775.

Hahn, Claudia, Telearbeit und Home-Office im öffentlichen Dienst, öAT 2018, 202–205.

Hammermann, Andrea/Voigtländer, Michael, Bürobeschäftigte in Deutschland. Eine Regionalanalyse, IW-Trends 3/20 (abrufbar unter: https://www.iwkoeln.de/fileadmin/user_upload/Studien/IW-Trends/PDF/2020/IW-Trends_2020-03-04_Hammermann-Voigtl%C3%A4nder.pdf, zuletzt abgerufen am 31.5.2021).

Hau, Wolfgang/Poseck, Roman (Hrsg.), Beck’scher Online-Kommentar zum BGB, 58. Edition, Stand: 1.5.2020.

(zit.: BeckOK-BGB/*Bearb.*, § … Rn. …)

Helm, Rüdiger/Bundschuh, Veronica/Wulff, Manfred (Hrsg.), Arbeitsrechtliche Beratungspraxis in Krisenzeiten. Aktuelle Fragestellungen in der Pandemie, Baden-Baden 2020.

(zit.: *Bearb.*, in: Helm/Bundschuh/Wulff, Krisenzeiten, § … Rn. …)

Herfs-Röttgen, Ebba, Die Corona-Arbeitsschutzverordnung und ihre Stolpersteine, NZA 2021, 388–392.

Hidalgo, Martina, Arbeitsschutz im Home Office – ein Lösungsvorschlag, NZA 2019, 1449–1458.

Hohenstatt, Klaus-Stefan/Krois, Christopher, Lohnrisiko und Entgeltfortzahlung während der Corona-Pandemie, NZA 2020, 413–418.

Henssler, Martin, Risiko als Vertragsgegenstand, Tübingen 1994.

Henssler, Martin/Heinz Josef Willemsen/Heinz-Jürgen Kalb (Hrsg.), Arbeitsrecht Kommentar, 9. Aufl., Köln 2020.

(zit.: HWK/*Bearb.*, § … Rn. …)

Hoyningen-Huene, Gerrick von/Boemke, Burkhard, Die Versetzung, Heidelberg 1991.

Hromadka, Wolfgang, Grenzen des Weisungsrechts – Zur Auslegung des § 106 GewO, NZA 2012, 233–239.

Hromadka, Wolfgang, Versetzung durch Weisung – Zu § 106 GewO und §§ 315, 275 Abs. 2 BGB, in: Boemke, Burkhard/Lembke, Mark/Linck, Rüdiger, Festschrift für Gerrick Frhr. v. Hoyningen-Huene zum 70. Geburtstag, München 2014, S. 145–156.

Isensee, Josef/Kirchhof, Paul, Handbuch des Staatsrechts der Bundesrepublik Deutschland,

- Band VI: Freiheitsrechte, 2. Aufl., Heidelberg 2001.
- Band VIII: Grundrechte: Wirtschaft, Verfahren, Gleichheit, 3. Aufl., Heidelberg 2010.

(zit.: *Bearb.*, in: Handbuch des Staatsrechts, Bd. …, § … Rn. …)

Jarass, Hans D./Pieroth, Bodo (Begr.), GG. Grundgesetz für die Bundesrepublik Deutschland, Kommentar, 16. Aufl., München 2020.

(zit.: Jarass/Pieroth/*Bearb.*, GG, Art. … Rn. …)

Jauernig, Othmar (Begr.), BGB. Bürgerliches Gesetzbuch mit Rom-I-, Rom-II-VO, Rom-III-VO, EuUnthVO/HUntProt und EuErbVO. Kommentar, 18. Aufl., München 2021.

(zit.: Jauernig/*Bearb.*, BGB, § … Rn. …)

Junker, Markus/Beckmann, Roland Michael/Rüßmann, Helmut (Hrsg.), juris Praxis-Kommentar BGB. Band 2: Schuldrecht, 9. Aufl., Saarbrücken 2020.

(zit.: jurisPK-BGB/*Bearb.*, § … Rn. …)

Kalb, Heinz-Jürgen, Rechtsgrundlage und Reichweite der Betriebsrisikolehre, Berlin 1977.

Katzenmeier, Christian, Grundrechte in Zeiten von Corona, MedR 2020, 461–465.

Kersten, Jens/Rixen, Stephan, Der Verfassungsstaat in der Corona-Krise, 1. Aufl., München 2020.

Kiel, Heinrich/Lunk, Stefan/Oetker, Hartmut, Münchener Handbuch zum Arbeitsrecht,

- Band 1: Individualarbeitsrecht, 5. Aufl., München 2021
- Band 3: Kollektives Arbeitsrecht I, 4. Aufl., München 2019.

(zit.: MHdB-ArbR/*Bearb.*, § ... Rn. ...)

Kilian, Wolfgang/Borsum, Wolfgang/Hoffmeister, Uwe, Telearbeit und Arbeitsrecht – Ergebnisse eines Forschungsprojekts, NZA 1987, 401–408.

Kingreen, Thorsten/Poscher, Ralf, Grundrechte. Staatsrecht II, 36. Aufl., Heidelberg 2020.

Klatt, Matthias/Meister, Moritz, Der Grundsatz der Verhältnismäßigkeit. Ein Strukturelement des globalen Konstitutionalismus, JuS 2014, 193–199.

Klawitter, Stephan, Das Arbeitsvertragsrecht in der Coronakrise, in: Effer-Uhe, Daniel/Mohnert, Alica (Hrsg.), Vertragsrecht in der Coronakrise, Baden-Baden 2020, S. 223–244.

Klein, Christian, Arbeitsrechtliche Problem- und Fragestellungen in der Corona-Pandemie, NJ 2020, 377–387.

Kleinebrink, Wolfgang, Die Abdingbarkeit des Betriebsrisikos des Arbeitsgebers – Reichweite und Gestaltungsmöglichkeiten nicht nur in Zeiten von Corona, DB 2020, 1457–1462.

Knickrehm, Sabine/Kreikebohm, Ralf/Waltermann, Raimund (Hrsg.), Kommentar zum Sozialrecht, 6. Aufl., München 2019.

(zit.: KKW/*Bearb.*, § ... Rn. ...)

Köhler, Matthias/Schürgers, Adrian, Home-Office und Mobiles Arbeiten: Praktisch umgesetzt, BB 2020, 2613–2617.

Kohte, Wolfhard, Corona-Pandemie: Infektionsschutzrechtliche Verpflichtung der Arbeitgeber zum Angebot von Schnelltests für Beschäftigte und Testpflicht für Beschäftigte rechtmäßig. Anmerkung zu OVG Bautzen, 30.3.2021 – 3 B 83/21, jurisPR-ArbR 18/2021, Anm. 9.

Kollmer, Norbert/Klindt, Thomas/Schucht, Carsten (Hrsg.), ArbSchG. Arbeitsschutzgesetz mit BetrSichG, BaustellV, LasthandhabV, PSA-BV, BiostoffV, MuSchArbV, LärmVibrationsArbSchV, OStrV, ArbMedVV, ArbStättVV, EMFV. Kommentar, 4. Aufl., 2021.

(zit.: *Bearb.* in: Kollmer/Klindt/Schucht, ArbZG, § ... Rn. ...)

Kramer, Stefan (Hrsg.), IT-Arbeitsrecht. Digitalisierte Unternehmen: Herausforderungen und Lösungen, 2. Aufl., München 2019.

(zit.: *Bearb.*, in: Kramer, IT-Arbeitsrecht, ... Rn. ...)

Kramer, Stefan, Gestaltung arbeitsvertraglicher Regeln zur Telearbeit, DB 2000, 1329–1333.

Kraus, Michael/Leister, Alexander, Daten und Geheimnisschutz im Homeoffice – Schutzkonzept zur Vermeidung von Bußgeld- und Haftungsrisiken, CCZ 2021, 111–114.

Krause, Rüdiger, Strömungen des Annahmeverzugs im Arbeitsverhältnis, ZfA 2018, 126–148.

Krebs, Peter, Sonderverbindung und außerdeliktische Schutzpflichten, München 2000.

Krieger, Steffen/Rudnik, Tanja/Povedano Peramato, Alberto, Homeoffice und Mobile Office in der Corona-Krise, NZA 2020, 473–480.

Kroiß, Ludwig (Hrsg.), Rechtsprobleme durch COVID-19 in der anwaltlichen Praxis, Baden-Baden 2020.

(zit.: Kroiß/*Bearb.*, Rechtsprobleme durch Covid-19, § ... Rn. ...)

Kubiciel, Michael, Arbeitsschutz(straf)recht und Homeoffice-Compliance, jurisPR-StrafR 2/2021, Anm. 2.

Landmann, Robert von/Rohmer, Gustav (Begr.), Gewerbeordnung und ergänzende Vorschriften, Band I – Gewerbeordnung Kommentar, 85. Ergänzungslieferung, München 2020.

(zit.: Landmann/Rohmer/*Bearb.*, GewO, § ... Rn. ...)

Lakies, Thomas, Das Weisungsrecht des Arbeitgebers (§ 106 GewO) – Inhalt und Grenzen, BB 2003, 364–369.

Larenz, Karl, Methodenlehre der Rechtswissenschaft, 6. Aufl., Berlin 1991.

Lichtenberg, Lucas, Kurzfristige Urlaubsunterbrechung durch E-Mail-Lektüre, RdA 2020, 265–269.

Linck, Rüdiger, Die Billigkeit im Spiegel der neuesten Rechtsprechung des Bundesarbeitsgerichts, in: Boemke, Burkhard/Lembke, Mark/Linck, Rüdiger, Festschrift für Gerrick Frhr. v. Hoyningen-Huene zum 70. Geburtstag, München 2014, S. 255–270.

Linck, Rüdiger/Preis, Ulrich/Schmidt, Ingrid (Hrsg.), Kündigungsrecht. Großkommentar zum gesamten Recht der Beendigung von Arbeitsverhältnissen, 6. Aufl., München 2021.

(zit.: APS/*Bearb.*, § ... Rn ...)

Lindner-Figura, Jan/Oprée, Frank/Stellmann, Frank (Hrsg.), Geschäftsraummiete. Handbuch, 4. Aufl., München 2017.

(zit.: *Bearb.*, in: Lindner-Figura/Oprée/Stellmann, Geschäftsraummiete, Kap. ... Rn. ...)

Luke, Joachim, § 615 S. 3 BGB – Neuregelung des Betriebsrisikos, NZA 2004, 244–247.

Lüttringhaus, Jan D./Eggen, Jonathan, Versicherungsschutz und Corona-Pandemie: Deckungs- und Haftungsfragen im Kontext der Betriebsunterbrechungs- und Veranstaltungsausfallversicherung, r+s 2020, 250–258.

Mangold, Hermann von (Begr.), Kommentar zum Grundgesetz: GG, Band 1: Art. 1–19 GG, 7. Aufl., München 2018.

(zit: v. Mangold/Klein/Starck/*Bearb.*, GG, Art. ... Rn. ...)

Mann, Thomas/Worthmann, Esther-Maria, Berufsfreiheit (Art. 12 GG) – Strukturen und Problemkonstellationen, JuS 2013, 385–392.

Maschmann, Frank, Arbeitsverträge und Verträge mit Selbstständigen. Rechtliche Qualifizierung von Dienstleistungsverhältnissen als Abgrenzungs- und Einordnungsproblem, Berlin 2001.

Maunz, Theodor/Dürig, Günter (Begr.), Grundgesetz Kommentar, 93. Ergänzungslieferung, München 2020.

(zit.: Maunz/Dürig/*Bearb.*, GG, Art. … Rn. …)

Mestmäcker, Ernst-Joachim, Zur gesellschaftlich organisierten Berufsfreiheit, in: Hefermehl, Wolfgang (Hrsg.), Festschrift für Harry Westermann zum 65. Geburtstag, Karlsruhe 1974, S. 411–426.

Meyer, Uwe, Homeoffice – Rechtsfragen in der betrieblichen Praxis, ZAT 2020, 62–67.

Moll, Wilhelm (Hrsg.), Münchener Anwaltshandbuch Arbeitsrecht, 5. Aufl., München 2021.

(zit.: MAH-ArbR/*Bearb.*, § … Rn. …)

Mues, Werner/Müncheberg, Kai, Die Einführung von Home-Office in Pandemie-Zeiten – Welche Voraussetzungen müssen erfüllt sein?, ArbRB 2020, 214–217.

Münch, Ingo von/Kunig, Philip (Begr.), Grundgesetz-Kommentar: GG, Band 1: Präambel bis Art. 69, 6. Aufl., 2012.

(zit.: *Bearb.*, in: v. Münch/Kunig, GG, Art. … Rn. …)

Müller, Stefan, Die neue Home-Office-(Angebots-)Pflicht nach der SARS-CoV-2-Arbeitsschutzverordnung, BB 2021, 372–375.

Müller, Stefan, Anspruch auf Erbringung der Tätigkeit im Homeoffice, Anmerkung zu ArbG Augsburg, 7.5.2020 – 3 Ga 9/20, COVuR 2020, 332–334.

Müller, Stefan, Homeoffice im Pandemiefall, FA 2020, 123–129.

Müller, Stefan, Homeoffice in der arbeitsrechtlichen Praxis. Rechtshandbuch für die Arbeit 4.0, 2. Aufl., Baden-Baden 2020.

Müller, Stefan, Entzug und Anordnung einer Homeoffice-Tätigkeit durch Weisung des Arbeitgebers, DB 2019, 1624–1626.

Müller, Ricarda, Das Heuerverhältnis nach dem Seearbeitsgesetz von 2013, Baden-Baden 2019.

Müller-Glöge, Rudi, Aktuelle Rechtsprechung zum Recht der Entgeltfortzahlung im Krankheitsfall, RdA 2006, 105–116.

Müller-Glöge, Rudi/Preis, Ulrich/Schmidt, Ingrid (Hrsg.), Erfurter Kommentar zum Arbeitsrecht, 21. Aufl., München 2021.

(zit.: ErfK/*Bearb.*, § … Rn. …)

Murswiek, Dietrich, Die Corona-Waage – Kriterien für die Prüfung der Verhältnismäßigkeit von Corona-Maßnahmen, NVwZ 2020, 281-282.

Neumann, Dirk/Biebl, Josef (Hrsg.), Arbeitszeitgesetz. Kommentar, 16. Aufl., München 2013.

(zit.: Neumann/Biebl/*Bearb.*, § … Rn. …)

Neumann, Dirk/Pahlen, Ronald/Greiner, Stefan/Winkler, Jürgen/Jabben, Jürgen, Sozialgesetzbuch IX. Rehabilitation und Teilhabe behinderter Menschen. Kommentar, 14. Aufl., München 2020.

(zit.: NPGWJ/*Bearbeiter*, § … Rn. …)

Noack, Karoline, Entgeltfortzahlung und Entschädigung – Entgeltrisiko und die Durchsetzbarkeit des Anspruchs aus § 56 IfSG, NZA 2021, 251–256.

Notthoff, Martin, Umfang des Versicherungsschutzes der Betriebsschließungsversicherung im Falle der hoheitlichen Schließungsanordnung, r+s 2020, 551–556.

Oberthür, Nathalie, Telearbeit im Homeoffice, MDR 2015, 1269–1272.

Palandt, Otto (Begr.), Bürgerliches Gesetzbuch: BGB mit Nebengesetzen. Kommentar, 80. Aufl., München 2021.

(zit.: Palandt/*Bearb.*, § … Rn. …)

Papier, Hans-Jürgen, Freiheitsrechte in Zeiten der Pandemie, DRiZ 2020, 180–183.

Pfrang, Sebastian Ferdinand, Das Ausbleiben arbeitsrechtlicher Weisungen im Arbeitsverhältnis, Baden-Baden 2020.

Picker, Christian, Gesetzlicher Anspruch auf Homeoffice?, ZRP 2020, 167.

Picker, Christian, Rechtsanspruch auf Homeoffice?, ZfA 2019, 269–290.

Picker, Eduard, Betriebsrisikolehre und Annahmeverzug – Thesen zu einer Rückbesinnung, JZ 1979, 285–294.

Pielow, Johann-Christian, Beck'scher Online-Kommentar zur Gewerbeordnung, 53. Edition, Stand: 1.3.2021.

(zit.: BeckOK-GewO/*Bearb.*, § … Rn. …)

Preis, Ulrich (Hrsg.), Der Arbeitsvertrag. Arbeitsrecht, Sozialrecht, Steuerrecht, Gestaltung, Vertragsmuster, Klauseln, 6. Aufl., Köln 2020.

(zit.: Preis/*Bearb.*, Arbeitsvertrag, … Rn. …)

Preis, Ulrich, Von der Antike zur digitalen Arbeitswelt – Herkunft, Gegenwart und Zukunft des Arbeitsrechts, RdA 2019, 75–88.

Preis, Ulrich/Mazurek, Daniel/Schmid, Matthias, Rechtsfragen der Entgeltfortzahlung in der Pandemie, NZA 2020, 1137–1144.

Reichold, Hermann, Betriebsrisiko als „Substratsgefahrtragung“, ZfA 2006, 223–231.

Reiserer, Kerstin/Hagen, Christa/Tormählen, Johanna, Gesetzgebung: Die neue Corona-Arbeitsschutzverordnung und die Pflicht zum Angebot von Homeoffice, DStR-Aktuell 2021, 33–34.

Richardi, Reinhard (Hrsg.), Betriebsverfassungsgesetz: BetrVG mit Wahlordnung, 16. Aufl., München 2018.

Richardi, Reinhard, Leistungsstörungen und Haftung im Arbeitsverhältnis nach dem Schuldrechtsmodernisierungsgesetz, NZA 2002, 1004–1012.

Rieble, Volker/Picker, Christian, Arbeitsschutz und Mitbestimmung bei häuslicher Telearbeit, ZfA 2013, 383–432.

Riehm, Thomas/Thomas, Quirin, Das Leistungsstörungsrecht und seine Grenzen in Zeiten von Covid-19 – Am Beispiel des freien Dienstvertrags, JURA 2020, 1164–1171.

Rixen, Stephan, Gesundheitsschutz in der Coronavirus-Krise – Die (Neu-)Regelung des Infektionsschutzgesetzes, NJW 2020, 1097–1103.

Rolfes, Marcus Friedrich, Und es geht doch: Versicherungsschutz in der Betriebsschließungsversicherung für SARS-CoV-2, VersR 2020, 1021–1024.

Rolfs, Christian/Giesen, Richard/Kreikebohm, Ralf/Meßling, Miriam/Udsching, Peter (Hrsg.), Beck'scher Online-Kommentar zum Arbeitsrecht, 59. Edition, Stand: 15.3.2021.

(zit: BeckOK-ArbR/*Bearb.*, § … Rn. …)

Rolfs, Christian/Giesen, Richard/Kreikebohm, Ralf/Meßling, Miriam/Udsching, Peter (Hrsg.), Beck'scher Online-Kommentar zum Sozialrecht, 60. Edition, Stand: 1.3.2021.

(zit: BeckOK-SozR/*Bearb.*, § … Rn. …)

Ruffert, Matthias, Privatrechtswirkung der Grundrechte. Von Lüth zum Stadionurteil – und darüber hinaus?, JuS 2020, 1–6.

Säcker, Franz Jürgen/Rixecker, Roland/Oetker, Hartmut/Limperg, Bettina, Münchener Kommentar zum Bürgerlichen Gesetzbuch,

- Band 1: Allgemeiner Teil (§§ 1–240, Allg. PersönlR, ProstG, AGG), 8. Aufl., München 2018.
- Band 2: Schuldrecht Allgemeiner Teil I (§§ 241–320), 8. Aufl., München 2019.
- Band 3: Schuldrecht Allgemeiner Teil II (§§ 311–432), 8. Aufl., München 2019.
- Band 5: Schuldrecht Besonderer Teil II (§§ 535–630h, BetrKV, HeizkostenV,

WärmeLV, EFZG, TzBfG, KSchG, MiLoG), 8. Aufl., München 2020.

(zit.: MüKo-BGB/*Bearb.*, § … Rn. …)

Säcker, Franz Jürgen/Schubert, Claudia, Leistungsstörungen bei langfristigen Nutzungsverträgen durch hoheitliche Erfüllungshindernisse, BB 2020, 2563–2570.

Sachs, Michael (Hrsg.), Grundgesetz: GG, Kommentar, 9. Aufl., München 2021.

(zit.: Sachs/*Bearb.*, GG, Art. … Rn. …)

Sagan, Adam/Brockfeld, Marius, Arbeitsrecht in Zeiten der Corona-Pandemie, NJW 2020, 1112–1117.

Sagan, Adam/Brockfeld, Marius, Arbeitsschutzstandard und Arbeitsschutzregel. Soft law gegen die Corona-Pandemie, NZA-Beil. 2020, 17–23.

Sagan, Adam/Witschen, Stefan, Homeoffice im Infektionsschutzgesetz: Der neue § 28b VII IfSG, NZA 2021, 593–596.

Sangs, André, Das Dritte Gesetz zum Schutz der Bevölkerung bei einer epidemischen Lage von nationaler Tragweite und Gesetzgebung während der Pandemie, NVwZ 2020, 1780–1785.

Schaer, Frank, Die Auswirkungen des Coronavirus auf das Arbeitsverhältnis – Rechte und Pflichten der Parteien, MDR 2020, R 5-R 7.

Schaub, Günter (Begr.), Arbeitsrechts-Handbuch. Systematische Darstellung und Nachschlagewerk für die Praxis, 18. Aufl., München 2020.

(zit.: Schaub/*Bearb.*, ArbRHdB, § … Rn. …)

Schiefer, Bernd, Mobile Arbeit – Aktuelle Fragen und der 2. Referentenentwurf „Mobile-Arbeit-Gesetz" (MAG), DB 2021, 114–123.

Schliemann, Harald, Homeoffice wegen Corona – eine arbeitsrechtliche Skizze, FA 2020, 90–93.

Schlegel, Rainer/Meßling, Miriam/Bockholdt, Frank, COVID-19. Corona-Gesetzgebung – Gesundheit und Soziales, München 2020.

Schmechel, Tanja, Die Rolle des Betriebsrats bei der Einführung und Durchführung von Telearbeit, NZA 2004, 237–241.

Schmid, Viola, Die Familie in Artikel 6 des Grundgesetzes, Berlin 1989.

Schmidt, Kerstin/Novara, Fabian, Arbeitsrechtliche Aspekte der Pandemievorsorge und -bekämpfung, DB 2009, 1817–1822.

Schmitt-Rolfes, Günter, Coronavirus und Homeoffice-Arbeit, AuA 2020, 209.

Schmitz, Holger/Neubert, Carl-Wendelin, Praktische Konkordanz in der Covid-Krise – Vorübergehende Zulässigkeit schwerster Grundrechtseingriffe zum Schutz kollidierenden Verfassungsrechts am Beispiel von Covid-19-Schutzmaßnahmen, NVwZ 2020, 666–671.

Schneider, Daniel David, Entgeltfortzahlung und Konkurrenzen, Berlin 2014.

Schöllmann, Ingo, Mobile Working, Telearbeit, Desksharing, NZA-Beil. 2019, 81–86.

Schulze, Reiner (Schriftl.), BGB. Handkommentar, 10. Aufl., Baden-Baden 2019.

(zit.: HK-BGB/*Bearb.*, § … Rn. …)

Schuster, Doris Maria/Schunder, Luca, Corona-ArbSchV – Testlauf für ein „Homeoffice"-Gesetz, NZA-Editorial 3/2021.

Schwarze, Roland, Recht der Leistungsstörungen, 2. Aufl., Berlin 2017.

Schwede, Joachim, Homeoffice wegen Covid-19 – Arbeitsschutzrechtliche Erwägungen, ArbRAktuell 2020, 160–162.

Shirvani, Foroud, Defizitäres Infektionsschutz-Entschädigungsrecht – Zum Reformbedarf im IfSG-Entschädgigungsrecht, NVwZ 2020, 1457–1462.

Siebert, Jens/Pletke, Matthias, Mobile Arbeit/Homeoffice – Anspruch und Verpflichtung während der Pandemie und was kommt danach?, öAT 2021, 96–99.

Sievers, Jochen, Infiziertes Arbeitsrecht? – Wie ein Virus auf das Arbeitsrecht einwirkt, jM 2020, 189–201.

Söllner, Alfred, Einseitige Leistungsbestimmung im Arbeitsverhältnis, Wiesbaden 1966.

Staudinger, Julius von (Begr.), Kommentar zum Bürgerlichen Gesetzbuch mit Einführungsgesetz und Nebengesetzen,

- Buch 2: Recht der Schuldverhältnisse, §§ 241–243, 2019.
- Buch 2: Recht der Schuldverhältnisse, §§ 255–304. Leistungsstörungsrecht 1, 2019.
- Buch 2: Recht der Schuldverhältnisse, Vorbem. zu §§ 611 ff., 611–613.

Dienstvertragsrecht 1, 2015.
- Buch 2: Recht der Schuldverhältnisse, §§ 613a-619a. Dienstvertragsrecht 2, 2016.
(zit.: Staudinger/*Bearb.*, § … Rn. …)

Steinau-Steinrück, Robert von/Beismann, Lukas, (Corona-)Homeoffice und betriebliche Übung, NJW-Spezial 2020, 626–627.

Steinau-Steinrück, Robert von/Jöris, Nils, Corona – Das Spannungsverhältnis zwischen Arbeitsschutz und Lohnrisiko, NZA 2020, 1368–1371.

Stern, Klaus (Hrsg.), Das Staatsrecht der Bundesrepublik Deutschland, Band IV/1: Die einzelnen Grundrechte, München 2006.
(zit.: *Bearb.*, in: Stern, Grundrechte IV/1, S. …)

Stück, Volker, Die Beendigung von Arbeitsverhältnissen aufgrund der Corona-Pandemie, MDR 2021, 268–273.

Thiel, Markus, Polizei- und Ordnungsrecht, 4. Aufl., Baden-Baden 2019.

Thüsing, Gregor/Hütter-Brungs, Gisela, Crowdworking: Lenkung statt Weisung – Was macht den Arbeitnehmer zum Arbeitnehmer?, NZA-RR 2021, 231–237.

Uffmann, Katharina, Aktuelle Fragen der Solo-Selbstständigkeit, RdA 2019, 360–371.

Visser, Laura, Mobile Arbeit für alle – Ein Projekt zwischen Koalitionsvertrag und Europarecht, ZRP 2021, 112–115.

Voßkuhle, Andreas, Grundwissen – Öffentliches Recht: Der Grundsatz der Verhältnismäßigkeit, JuS 2007, 429–431.

Waltermann, Raimund, Arbeitsrecht, 19. Aufl., München 2018.

Wank, Rolf, Der „Arbeitnehmer" im deutschen Arbeitsschutzrecht - Auswirkungen des Unionsrechts, ARP 2020, 50–54.

Wank, Rolf, Juristische Methodenlehre. Eine Anleitung für Wissenschaft und Praxis, München 2020.

Weller, Marc-Philippe/Lieberknecht, Markus/Habrich, Victor, Virulente Leistungsstörungen – Auswirkungen der Corona-Krise auf die Vertragsdurchführung, NJW 2020, 1017–1022.

Weller, Marc-Philippe/Schwemmer, Sophia, Veranstaltungsabsagen und ihre Folgen für Besucher und Dienstleister, NJW 2020, 2985–2990.

Wiebauer, Bernd, Whistleblowing im Arbeitsrecht, NZA 2015, 22–27.

Wiese, Günther, Personale Aspekte und Überwachung der häuslichen Telearbeit, RdA 2009, 344–353.

Wilrich, Thomas, Der SARS-CoV-2-Arbeitsschutzstandard des BMAS. Nur unverbindliche Empfehlung – aber Bedeutung im Arbeitsschutzrecht, NZA 2020, 634–637.

Wlotzke, Otfried, Anmerkung zu BAG, 8.5.1996 – 5 AZR 315/95, AP BGB § 618 Nr. 23.

Zerres, Thomas, Bürgerliches Recht. Allgemeiner Teil, Schuldrecht, Sachenrecht, Zivilprozessrecht, 9. Aufl., Berlin u. Heidelberg 2019.

Zöllner, Wolfgang/Loritz, Karl-Georg/Hergenröder, Curt Wolfgang, Arbeitsrecht, 7. Aufl., München 2015.

Zmarzlik, Johannes, Zulässigkeit gewerblicher Sonn- und Feiertagsarbeit, BB 1991, 901–910.

FSC
www.fsc.org
MIX
Papier | Fördert
gute Waldnutzung
FSC® C083411

Kolibri 360 GmbH
Ferdinand-Jühlke-Straße 7
99095 Erfurt, Deutschland
produktsicherheit@kolibri360.de